高等院校核心课程系列规划教材

旅游规划与开发

主　编　白翠玲　秦安臣
副主编　董　硕　杨建朝　康晓梅

ZHEJIANG UNIVERSITY PRESS
浙江大学出版社

内容提要

本教材主要包括以下几个模块：第一，旅游规划与开发的理论基础模块；第二，旅游规划与开发流程模块，包括资源、市场、形象、产品等部分。第三，旅游规划与开发的支撑模块，包括接待和服务设施规划，保障体系等部分。除此之外，还包括案例分析模块。本教材注重基本理论、基本知识的介绍和基本技能的训练，力求阐述全面、结构合理、内容准确、观点鲜明、资料翔实、简洁实用，可作为高等院校旅游管理本科生、研究生及成人学习的教材。

图书在版编目（CIP）数据

旅游规划与开发／白翠玲，秦安臣主编．—杭州：浙江大学出版社，2013.7(2021.1重印)
ISBN 978-7-308-11910-8

Ⅰ．①旅… Ⅱ．①白… ②秦… Ⅲ．①旅游规划—高等学校—教材 ②旅游资源开发—高等学校—教材 Ⅳ．①F590

中国版本图书馆CIP数据核字（2013）第170826号

旅游规划与开发

主　编　白翠玲　秦安臣

副主编　董　硕　杨建朝　康晓梅

丛书策划　朱　玲
责任编辑　王元新
装帧设计　俞亚彤
出版发行　浙江大学出版社
（杭州市天目山路148号　邮政编码310007）
（网址：http://www.zjupress.com）
排　　版　杭州中大图文设计有限公司
印　　刷　浙江新华数码印务有限公司
开　　本　787mm×1092mm　1/16
印　　张　14.75
字　　数　359千
版 印 次　2013年7月第1版　2021年1月第5次印刷
书　　号　ISBN 978-7-308-11910-8
定　　价　38.00元

前 言

旅游规划是随着旅游实践的发展而发展起来的一门综合性、实践性的学科。当前旅游消费体现出全民性、日常性和创新性。全民性是指在现阶段人均国内生产总值达到3000美元时，几乎全民都是旅游的消费主体，旅游业成为与人民群众切身利益相关的事业；日常性是指旅游正在成为人们日常的刚性消费需求，逐渐成为人民的一种生活方式；创新性指的是人们的需求总是要求旅游消费不断升级、质量不断提高、产品不断创新。这三个特性要求旅游供给方提供新颖产品、综合产品，满足消费者复杂的消费需求和社会心理，这是对整个消费环境的综合考验，也是推动旅游业社会化生产的重要因素。旅游规划是实现旅游业满足旅游需求的重要保障。

在以上背景下，政府引导管理逐步规范。2009年国务院《关于加快发展旅游业的意见》(国发〔2009〕41号)决定，把旅游业培育成为国民经济的战略性支柱产业和人民群众更加满意的现代服务业。《我国国民经济和社会发展十二五规划纲要》明确提出了"把扩大消费需求作为扩大内需的战略重点"和"把推动服务业大发展作为产业结构优化的战略重点"，将"积极发展旅游业"作为建设现代产业体系的重要内容。2013年颁布的《国民旅游休闲纲要(2013—2020年)》，提出到2020年，职工带薪年休假制度基本落实，旅游休闲将成为经济社会发展和共同富裕目标体系的要素之一。《中华人民共和国旅游法》已经全国人大正式通过，这为中国旅游业健康发展提供了国家法律的支持。同时，旅游学科一级学科地位的确立，使得旅游研究的视角、研究对象及研究内容都发生了重大变化。

基于以上背景，我们组织人员编写了此书。从形式和内容上来看，本教材有以下特点：第一，兼顾宏观规划理论与微观规划设计；第二，博采众长，注重理论性，结合实际规划与开发中的流程，形成较为系统完整的旅游规划与开发体系；第三，结合相关国家标准，体现其规范性，并结合实际中的不合理之处进行修改，体现其可操作性，切合实际需要；第四，在具体内容中，对旅游规划中的产品规划、土地利用规划、旅游接待和服务设施规划等部分进行详细阐述，这弥补了大多数同类教材的空白；第五，对于旅游功能分区、主题定位与形象塑造等内容，在宏观理论的基础上进行了操作层面的阐述，具有一定的实际性。

本教材注重基本理论、基本知识的介绍和基本技能的训练，力求阐述全面、结构合理、内容准确、观点鲜明、资料翔实、简洁实用，可作为高等院校旅游管理本科生、研究生及成人学习的教材。

本教材由白翠玲、秦安臣担任主编，董硕、杨建朝、康晓梅担任副主编，和文征、张启参编。具体分工如下：白翠玲编写第一章、第七章，康晓梅、秦安臣编写第二章，张启、秦安臣编写第三章，和文征编写第四章，董硕编写第五章、第六章、第八章，杨建朝编写第九章、第十章，全书由秦安臣指导，白翠玲、秦安臣编写大纲，由白翠玲总纂定稿。

本教材在编写过程中，参阅了大量文献资料，汲取了许多学者的研究成果，同时得到了浙江大学出版社的大力支持，在此一并表示衷心感谢！

尽管编者为本书的编写付出了最大努力，但由于编者水平有限，书中不足之处在所难免，恳请广大读者批评指正。

编 者

2013 年 7 月

目 录

第一章 概 述

学习目标

- 了解旅游规划的发展历程
- 熟悉旅游规划与开发的目的、意义和作用
- 掌握旅游规划与开发的内涵、特征与分类
- 了解旅游规划与开发的技术路线，熟悉旅游规划与开发的程序，掌握旅游规划与开发的内容

旅游业被誉为无烟产业和永远的朝阳产业，目前已发展成为全球最大的产业之一。许多国家和地区都把旅游业定位为主导产业或支柱产业。如何挖掘各种旅游资源，提高旅游资源吸引力；如何形成良好旅游目的地形象，促进旅游业三大效益协调发展；如何推动旅游业可持续发展已成为各地旅游业发展的当务之急。

第一节 旅游规划与开发的发展历程

旅游规划与开发是旅游业发展到一定程度的产物。随着旅游业的发展，无论是国内还是国外，旅游规划与开发在理论框架、方法和技术等方面，都有了长足的进步。

一、国外旅游规划与开发的发展历程

国外旅游业发展较国内早，旅游规划与开发在理论探索和实践应用方面的起步也早。从 19 世纪 50 年代开始，旅游规划与开发经历了初步发展、独立拓展、快速发展和深入发展等四个阶段。

（一）初步发展阶段（20 世纪 30 年代至 50 年代末）

在这一时期，随着人们收入的增多、闲暇时间的增多以及交通工具和方式的改进，世界上一些地区的旅游业开始从小规模的零散状态转变为具有稳定的功能、一定的规模、重复运行的现代旅游系统。当时旅游开发商或经营者只关注旅游业带来的短期的经济收益，而忽视旅游对社会和环境长远的影响。为了改变现状，一些国家或地区的规划开始涉及旅游

规划，对旅游要素有计划地进行组织。20 世纪 30 年代，英国、法国、爱尔兰、美国的学者开始做一些基础性的市场评估和场地的设计。但这只是旅游规划的雏形，并不是严格意义上的规划。20 世纪 50 年代，旅游规划开始出现。其中，较为完整的当属 1959 年美国夏威夷州州立规划中的旅游规划，那是现代旅游规划的先驱。到目前为止，夏威夷仍然是旅游天堂。

这个阶段的特点有：第一，旅游规划与开发依托于城市规划或区域规划，是城市规划或区域规划的组成部分；第二，旅游规划编制内容以服务设施等硬件的建设为主，遵循经济开发的理念，对旅游本身的关注很少；第三，旅游开发者或经营者关注经济利益，对社会和环境效益关注很少；第四，旅游规划依据的理论区域经济学、旅游地理学等有明显的城市规划或区域规划痕迹。

（二）独立拓展阶段（20 世纪 60 年代至 70 年代末）

20 世纪 60 年代到 70 年代中期，世界旅游业蓬勃发展，旅游市场需求逐步加大。在市场推动下，旅游规划在全球范围内扩展，出现了根本意义上的旅游规划。如斯里兰卡、尼泊尔、马来西亚、巴厘岛、斐济、法国及澳大利亚都相继制订了旅游规划。

这个阶段的特点有：第一，旅游规划已经独立于城市规划或地区规划，出现了真正的专项旅游规划；第二，旅游规划编制的核心内容为旅游资源的开发与利用，以及新旅游区的开发与旧旅游区的改造等；第三，旅游规划依据的理论基础以旅游经济学、旅游地理学为核心，兼有社会学、心理学的痕迹，但涉及不多；第四，旅游开发者或经营者对经济效益的关注依然大于对社会效益和环境效益的关注，开始关注社会因素；第五，旅游规划在全球范围内广泛发展，旅游规划理念得到很多国家和地区的认可和重视，但旅游规划与实际操作脱节，规划方法多而杂，规范化的需求日趋强烈；第六，世界旅游组织、世界银行等国际组织都在积极推动旅游规划的发展，并参与指导，出现了系统性的旅游规划研究专著，尤其是 1979 年由 Gunn 著的《旅游规划》对以后的规划实践有重要的指导价值。

（三）快速发展阶段（20 世纪 80 年代）

20 世纪 80 年代，旅游规划与开发受到更多地区和国家的关注和重视，尤其是经济欠发达国家和地区。发达国家或地区开始新一轮的旅游规划的修订（如 1980 年的美国夏威夷规划的修订），欠发达国家或地区开始涉及旅游规划（如 1981 年的奴萨—坦格旅游规划）。

这个阶段的特点有：第一，随着旅游规划实践经验的积累，旅游规划的综合性和系统性开始体现，总体规划成为规划的主要形式。这源于旅游规划失败案例增多，旅游对环境和文化开发的负面影响受到关注，漠视当地的文化、传统和居民的价值观的消极影响开始显现，对旅游立法和旅游活动的有效组织的需求迫切，更多的国家希望通过综合性的、全面性的旅游规划来控制旅游的发展，以减轻不可预测的消极影响，避免潜在的问题的发生。第二，旅游规划的核心内容增加了旅游作为商品的需求和旅游产品的内容，但规划者对目的地相关利益者（如当地居民）的关注很少，对环境保护和文化的关注仍然较少。第三，旅游规划的研究方法和研究成果层出不穷，但是旅游规划理论并没有同步发展。Gunn 在 1988 年出版的《旅游规划》中第一次提出了旅游系统的概念，丰富和完善了旅游规划的内容体系。Murphy 在 1985 年出版了《旅游规划：社区方法》，强调在旅游规划过程中应有居民的早期参与，强调社会和环境在规划中的重要性。Pearce 在 1989 年出版了《旅游开发》，认为旅游规划应该关注把社会和经济发展融入旅游中。其他领域的研究成果也被吸收应用到旅游规划中来，如旅游地生命周期理论和区位论等。这些理论为旅游规划实践提供了坚实的基础。

(4)深入发展阶段(20 世纪 90 年代至今)

经过半个多世纪的发展，旅游规划与开发的理论和实践都得到了长足发展，旅游规划与开发进入了一个新的历史时期。

这个阶段的特点有：第一，旅游规划的内容、方法和程序日趋成熟，进入深入发展阶段；第二，规划者开始重视旅游资源开发与环境保护之间的关系，环境保护、社会文化以及相关利益者的分析进入旅游规划体系，可持续发展思想和方法成为旅游规划的基础；第三，旅游市场与旅游规划之间的关系受到关注和重视，旅游市场营销规划进入了旅游规划与开发体系；第四，信息技术和网络技术的快速发展为旅游规划与开发提供了新的工具，经济全球化使得旅游市场的竞争性和多元化的特点越来越明显，为旅游规划注入了新的元素。

二、国内旅游规划的发展历程

虽然我国的旅游规划起步较晚，但随着旅游业在我国的快速发展，旅游规划也呈现出一派欣欣向荣的景象，不论是理论探索还是实践应用，都逐步与国际旅游规划接轨。我国旅游规划与开发的发展历程可以分为四个阶段。

(一)探索阶段(20 世纪 80 年代初期以前)

20 世纪 70 年代，中国旅游业开始发展。国家旅游局等行政管理部门开始建立，旅游研究刚刚起步，旅游规划理论和实践的探索刚刚开始。

这个阶段的特点有：第一，旅游规划属于城市规划的范畴，没有独立的旅游规划，规划成员亦以城市规划师和建筑师为主，如北京大观园的规划就是由北京市规划局牵头，北京市公路局、水利局、林业局、旅游局等部门配合，建筑师参与设计的。第二，旅游规划由政府直接参与，大多属于政府行为。第三，旅游规划类型包括旅游城市规划和旅游风景名胜规划。

(二)积累和发展阶段(20 世纪 80 年代初至 80 年代末期)

20 世纪 80 年代，随着我国旅游业的快速发展，中国政府把旅游业确定为正式的产业门类，从此中国的旅游业进入了一个大发展的时期。一个重要的标志是，1985 年 12 月国务院第 92 次常务会议明确把旅游业列入国家的“七五”计划，计划每年增加五个亿的投资。旅游业列入国家计划，就要求国家旅游局必须进行长远规划和年度计划，各地也都必须要进行中国旅游规划的长远规划和年度计划。

这个阶段的特点有：第一，该时期有了独立的旅游规划，开始编制区域旅游规划。第二，有了专门从事旅游规划的专家和学者。该时期的旅游规划者主要以旅游地理学者和园林学者为主。旅游地理学者主要从旅游资源开发与策划的角度开展旅游规划的编制工作；园林学者主要从旅游景区规划的角度开展旅游规划的编制工作。北京大学陈传康教授、中国科学院郭来喜教授、河北省地理研究所郭康、同济大学阮仪三教授和丁文魁教授等学者开始从地理学和风景园林学的角度开展旅游规划的理论研究和实践研究。如郭来喜对秦皇岛昌黎黄金海岸的规划成为中国旅游地规划范例；陈传康对丹霞山的规划、郭康对秦皇岛老岭的规划、阮仪三对江南水乡古镇的规划等，都对中国旅游规划理论的大发展产生了深远的影响。第三，旅游规划内容以旅游资源开发与策划为主，形成了资源规划的积累。

第四，旅游规划对象和成果基本上是“投资少、见效快”的优质资源区域。

(三)深入发展阶段中期(20世纪90年代初期至90年代末期)

这个阶段是中国旅游业快速发展的阶段，是中国政府主导旅游业发展的阶段。

这个阶段的特点有：第一，国外旅游规划理论与案例开始引进国内。1990年，中国有了第一个国际旅游规划项目——联合国计划开发署通过外经贸部国际经济技术交流中心确定为西藏旅游发展规划提供24万美元。第二，旅游资源开发成为旅游规划的主流。1993年制订了《旅游资源普查规范(试行稿)》，这标志着中国旅游规划开始走上了规范化阶段。第三，旅游开发与规划的内容开始关注旅游市场分析，规划框架经济学特征明显，旅游规划的成果客观上体现在“吃、住、行、游、购、娱”的内容框架。第四，为适应旅游业的快速发展，各个区域争相编制旅游规划，旅游规划成果数量增多，但重形式轻内容、重规划轻实施等问题严重。第五，旅游规划的编制人员和编制机构呈现多元化趋势，经济学、管理学、生态学、社会学、心理学等学科的人员也参与到旅游规划中来，充分体现了旅游多学科的性质。

(四)规范化和提升阶段(21世纪初期至今)

进入21世纪以后，国际经济格局发生了巨大变化，中国作为国际经济格局中的重要角色，旅游业进入了快速发展的黄金时期。该阶段，针对以往规划中出现的问题，进行规范管理，旅游规划也走入了一个有序发展阶段。

这个阶段的突出特点有：第一，国家对旅游规划规范化管理明显。2000年出台了《旅游发展规划管理办法》、《旅游规划通则》，颁布了《旅游规划设计单位资质认定暂行办法》；2001年公布了第一批甲级旅游规划设计资质单位；2013年《中华人民共和国旅游法》颁布，这些标志着中国旅游规划进入了规范化管理阶段。第二，国内旅游规划工作与国际接轨，国际专家先后参与了四川旅游总体规划、山东旅游总体规划、云南旅游总体规划等区域旅游规划。第三，旅游规划编制技术和方法创新较多，新兴理论，如系统论、控制论等；新技术，如全球定位系统、地理信息系统、遥感技术等，被引入到旅游规划中来，提升了旅游规划的质量。第四，国内旅游规划设计企业如雨后春笋般在全国各地涌现，多类型、多层次、多学科介入是旅游规划突出的时代特点，不同学科在规划思想、规划队伍组成、规划内容上开始融合，旅游规划的商业化行为引起了关注。

三、中国旅游规划思想的导向演进

随着旅游业的发展以及交叉学科的渗透，旅游规划导向也在不断演进，历经了资源导向、市场导向、经济导向、形象导向、产品导向和社会导向六个阶段。

(一)资源导向

资源导向思想盛行于中国旅游规划起步阶段的20世纪80年代初。中国旅游规划与旅游地理学的发展几乎同步。旅游地理学系统化的发展是中国早期旅游规划发展的保障和基础。因此，中国早期的旅游规划带有非常明显的地理学痕迹，规划内容主要是区域旅游资源普查、分类、评价和开发。

(二)市场导向

市场导向思想盛行于中国旅游规划深入发展阶段的20世纪90年代。旅游资源非优区的旅游发展成为这个阶段的关注热点。尤其是大量人造景观的出现，使人们认识到旅游资源不是旅游发展的唯一依托。即只要有市场，无论旅游资源优秀与否，都可以通过策划与创意，把市场适销对路的旅游产品推向市场，促进旅游业的发展。在这一阶段，对旅游市场需求进行分析和评价成为旅游规划的前提和基础。

（三）经济导向

经济导向思想盛行于旅游产业地位不断提升的20世纪末，当时形成了旅游发展规划和旅游建设规划并存的格局。旅游产业在区域经济中的定位受到重视，旅游业对区域就业和收入等影响的分析成为旅游规划的核心内容之一，强调旅游规划中的经济效益分析。

（四）形象导向

形象导向思想盛行于深入发展阶段的20世纪末期，是市场导向规划思想的延伸。该思想缘于人们对旅游形象的认知和期望大大提高，导致形象塑造和传播成为旅游规划中的核心内容。

（五）产品导向

产品导向思想盛行于规范化发展的21世纪初期，是资源导向思想和市场导向的综合。该思想强调在资源评价和市场分析的基础上，以旅游产品为中心，以重点项目为依托，开发适合市场需求的旅游产品体系。

（六）社会导向

社会导向思想出现于21世纪初期。由于人们的生活水平不断提升，旅游业不断发展，尤其是《国民休闲纲要》的发布，导致休闲旅游时代的到来，旅游成为国民生活的一个重要组成部分。该思想强调旅游规划中的社会效益，在资源、市场、产品、形象、产品分析的基础上，对利益相关者的分析受到重视，尤其是当地居民在旅游业发展中的安排和组织，成为旅游规划中的内容之一。

总之，旅游规划的导向是一个不断追求创新的过程。从早期的以资源开发为导向，到产品导向和社会导向，经历了一个由传统的旅游规划阶段发展到适应现代市场机制和社会发展方向的旅游规划阶段。由于旅游业面向的主要是市场，因而市场是规划开发的起点。要以客源市场为导向、以旅游地的系统规划为核心，以旅游产品为载体，最终实现社会、经济和社会效益的共同实现。

四、现阶段旅游规划需求新趋势

（1）由宏观逐步向微观过渡。旅游规划由省市、地区逐步向县、乡（镇）、村过渡，由不同性质的旅游区向具体的旅游景点建设和项目设施建设过渡，由旅游发展规划向旅游建设规划过渡。在空间上整体呈现由区域规划、总体规划向控制性规划和建筑性规划过渡的总趋势。

（2）更加重视规划是否符合当地客观实际，是否科学合理，重视规划的发展前瞻性与现实可操作性相统一。

（3）更加注重旅游与其他相关学科的技术手段的综合运用，实现多学科专业化分工合作。

（4）要求在旅游规划的组织实施过程中，按照相应规范化的技术标准进行科学运作，这样才能有利于对规划实行目标化管理和成本控制。

（5）快速多变的市场竞争要求规划的组织高效有力，规划的制订、修编周期将大大缩短。从这一点来看，旅游规划的快速设计时代将要来临。

第二节　旅游规划与开发的相关概念与分类

一、相关概念的界定

旅游规划的编制和实施离不开基础概念体系和基本原理的支撑。在这些相关概念中，休闲、度假和观光，休闲与旅游关系，以及旅游系统显得尤为重要，只有在规划的过程中正确认识这些概念，才能满足旅游规划的需求。

(一)休闲

被称为"休闲之父"的亚里士多德说:"凡是在一种自由选择、自我满足的状态下，从事一种并无特殊目的也不感到劳累的活动，即属休闲。"他认为休闲是人生的目的，而工作是为了实现这个目的的手段。中世纪，天主教控制着大部分休闲活动，其教导人们:生活的目的是为来世做准备，无所事事是灵魂的敌人，休闲的最高境界是祈求拯救的冥思。这导致人们把劳动当做最神圣、最高的境界，休闲则被看做是罪恶。这种观念一直持续到了20世纪。但产业革命、城市化，使人们闲暇时间增多，收入增加，社会压力增加，引起人们生产和生活方式的巨大变化，价值观随之变化，导致人们对劳动和休闲的认知发生变化，促进人们产生新的生活方式——休闲随之诞生。

现代休闲学始于1899年，代表人物是社会学家凡勃伦(Thorstein Veblen)。他出版的《有闲阶级论》是现代休闲学研究的开山之作。他认为休闲就是对时间的一种非生产消费，即休闲只是达到让身心放松愉悦的目的，没有实际效益的产生。这种观点忽略了休闲深层次的含义。杜马哲迪尔指出休闲包括三个密不可分的部分:放松(relaxation)，娱乐(entertainment)和个性发展(personal development)。休闲是人们将自己从工作、家庭、社会的义务中摆脱出来，为了休息、转换心情、增长知识而自发地参与的，可以自由发挥创造力的任何社会活动的总称。

杰弗瑞·戈比在《你生命中的休闲》一书中写道:"要是把有关leisure的种种定义归归类，就会发现它们出现在四种基本的语境中，分别是时间(time)、活动(activity)、存在状态(state of existence)和心态(state of mind)[①]。"Manmell(1987)认为，休闲就是"逃离常规和充满压力感的环境以及寻求身心恢复之机会"。休闲的直接存在物是时间，主要是指人们求得生存需要之外的时间。具体的休闲呈现物是表现人类生活方式的一种动态和过程，是人们体悟人生、自我完善、实现自由的需求。西方学者自20世纪80年代以来，我国学者陈传康等(1997)在20世纪90年代中后期开始注意到休闲将会是旅游发展中的一个重要契机。此后，关于休闲的研究分别从哲学、经济学、社会学的层面上全面展开，并成为目前旅游研究中的热点之一。

(二)休闲与旅游

休闲与旅游在研究中存在着千丝万缕的联系。休闲是发生在闲暇时间(除了睡眠、工

① 杰弗瑞·戈比著，康筝译.你生命中的休闲[M].昆明:云南人民出版社，2000.

作、吃饭等基本需要之外的时间),根据个人意愿来打发和消磨时间的活动。旅游是发生在闲暇时间的众多活动中的一种。

关于休闲与旅游的关系,始终争议不断。Crouch(1999)认为,休闲和旅游是期望与旅游之间的耦合,强调两者的相伴相生;K. Butler(1995)等学者认为旅游与休闲的联系不可避免;Swain(1995)认为旅游与休闲在理论上是互补的。越来越多的西方学者将旅行观光(旅游)视为休闲方式的一种[①]。如 Moore(1995)从行为学角度分析,比较旅游与休闲的游客动机和需要,他认为旅游是休闲的一种特殊形式。Leiper(1993)提出旅游的空间上位移性,是其与日常娱乐之间最大的区别。Kelly(1996)将休闲游憩方式概括为运动锻炼、户外游憩、休闲和艺术、流行文化和大众媒体、旅行和旅游等五种基本形式。

Sue Warn 在如图 1-1 所示的图的左侧绘制了两个同心圆,外圈标注 Leisure(闲暇),内圈标注 Recreation(休闲);在右侧绘制了另一个圆,标注 Tourism(旅游);左右两圆相交,Recreation(休闲)与 Tourism(旅游)共有部分称 Non-local recreation(非本地休闲),Recreation(休闲)未与 Tourism(旅游)相交部分称 Local recreation(本地休闲)[②]。

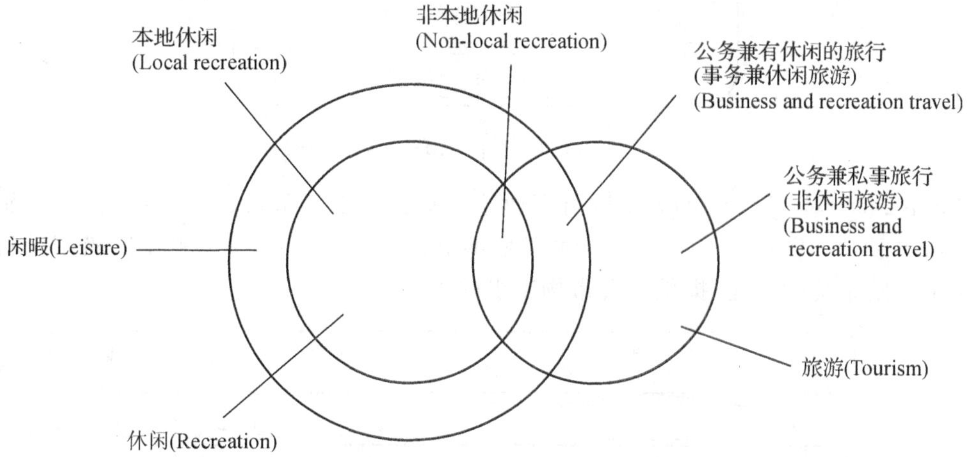

图 1-1 休闲与旅游关系图(Sue Warn 原绘,刘德谦解读)

刘德谦认为 Sue Warn 在研究中表达的主要观点:第一,从大小同心圆可知,闲暇(leisure)的范围比休闲(Recreation)更宽泛,而休闲(Recreation)虽然只是闲暇(Leisure)的一部分,但是它是闲暇的主体,是闲暇的核心。第二,左右两圆的存在,表明休闲(Recreation)或者闲暇(Leisure),与旅游(Tourism)并不是同一或者互相包容的关系。第三,左右两圆相交时,Recreation(休闲)与 Tourism(旅游)的共有部分,即离开常住地的休闲,即是图中所标的 Non-local recreation(非本地休闲),自然也就是休闲旅游了。第四,那么没有离开常住地的休闲呢,那就是图中休闲(Recreation)未与旅游(Tourism)相交的部分,既然没有离开常住地,所以自然是图中所称的本地休闲(Local recreation)了。

(三)旅游系统

Jafari(1992)提出:"为了理解旅游业,有必要将其作为一个整体或者作为一个系统来研

---

① 吴必虎,俞曦.旅游规划原理[M].北京:中国旅游出版社,2010

② Sue Warn. Recreation & Tourism[M]. UK: Nelson Thores Ltd, 2002.

究。”旅游规划的对象也可以理解为旅游系统。从目前的研究来看，旅游系统模型包括旅游系统的功能结构模型、旅游系统的空间系统模型和旅游系统的复杂性模型三类。

1. 旅游系统的功能结构模型

旅游功能系统模型的最早研究者是Gunn(1972)。如图1-2所示，该模型包括需求和供给两个板块。需求板块由旅游者组成，供给板块由信息、促销、交通、服务和吸引物组成。这些要素之间相互依赖。旅游者通过交通这一媒介从市场流向旅游目的地，而市场则通过营销这一媒介从目的地流向市场。

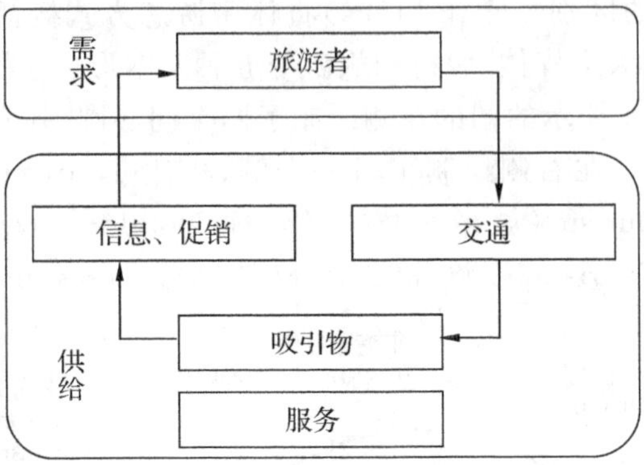

图1-2 Gunn(1972)的旅游功能系统模型

Gunn(2003)对1972年的模型进行了改进。如图1-3所示，该模型更加抓住了旅游系统的本质关系——供给与需求关系。尤其是供给系统的各个子系统相互依赖，共同作用，实现整个供给系统的功能，提供符合市场需求的旅游产品。

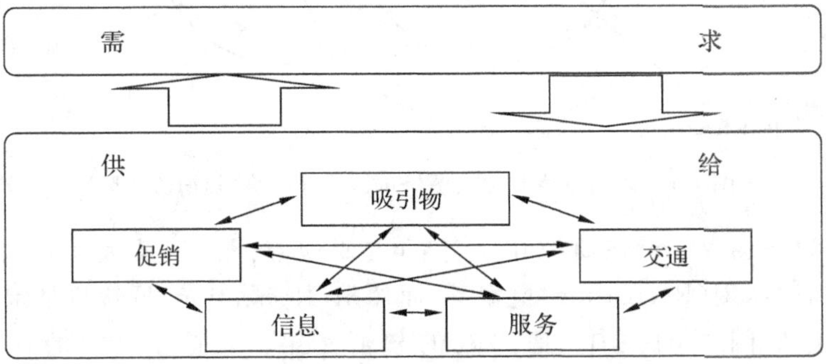

图1-3 Gunn(2003)的旅游功能系统模型

Mill-Morrison(1992)提出的旅游功能系统模型，如图1-4所示。图中包括旅游者的决策系统和旅游目的地的营销系统。在营销系统中，旅游目的地通过广告、分销系统等营销环节把产品信息传递到市场，从而鼓励旅游者到目的地的旅游行为；在决策系统中，旅游者首先产生旅游需求，然后决定目的地、旅行时间和旅游方式等。这个模型明显表明了旅游功能系统有效运行的动力就在于“推”和“拉”两个作用。

吴必虎(1998)认为，在亚洲，尤其是中国，政府在旅游发展过程中控制着绝大多数的资源与权力政策、法规和行政过程会对旅游系统产生巨大影响，因此增加了一个“支持系统”。这样就形成了包括客源市场系统、出行系统、目的地系统和支持系统四个部分的结构模型，

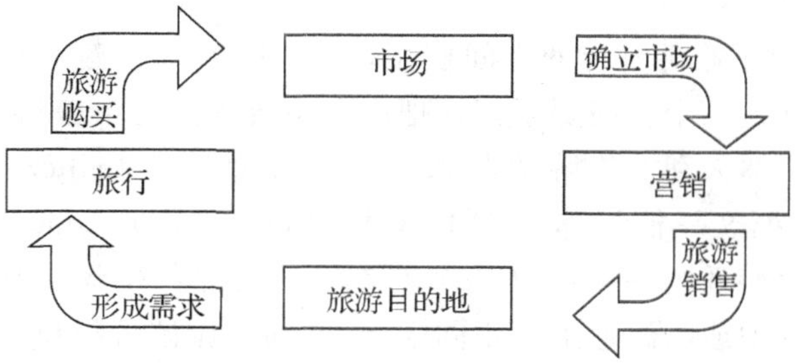

图 1-4 Mill-Morrison(1992)的旅游功能系统模型

如图 1-5 所示。客源市场系统是指在游憩活动谱上各段落的休闲者和旅游者及其活动等因素构成的子系统;出行系统是指为了促使或保障旅游者出行的一系列基本因素,其中包括运移游客的交通设施及服务;目的地系统是指为已经到达旅游目的地的游客提供满足旅游需求的一系列因素的综合体,包括旅游吸引物、设施和服务,该系统是与旅游者联系最直接、最密切的子系统,它与出行系统中的交通因素一起构成旅游的"吃、住、行、游、购、娱六要素"。以上三个子系统是旅游系统的内部系统,而支持系统则是由政策、制度、环境、基础设施、人才和社区等因素组成的系统,是旅游业发展的外部保障,处在旅游系统的外围,旅游规划必须协调旅游业与这些行业的关系。可见,旅游"六要素"无法涵盖旅游系统,但较为完善地涵盖了观光旅游产品的内容,而对于商务旅游、节庆旅游、度假旅游等旅游产品则无法涵盖。

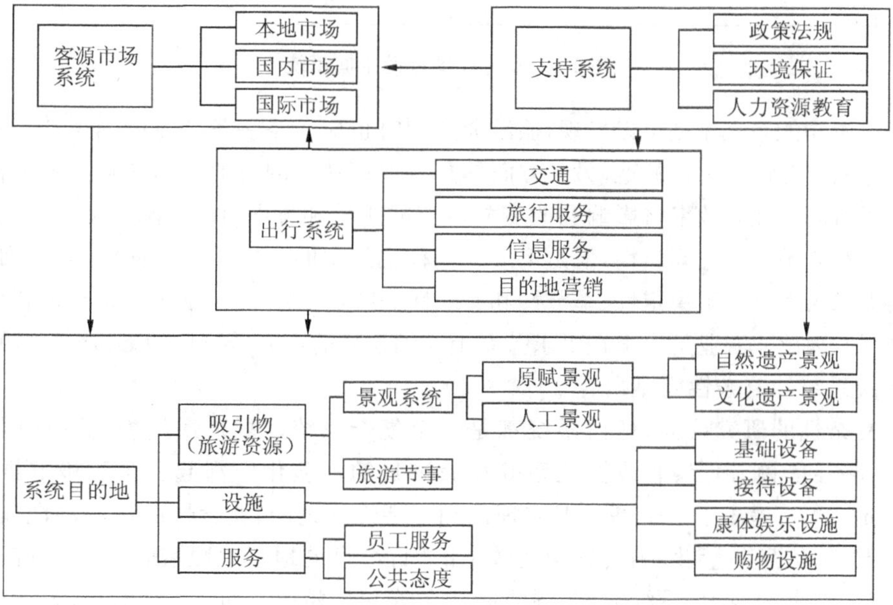

图 1-5 吴必虎的系统模型

由以上分析可知,Gunn 明确指出了供给与需求间的匹配关系是实现旅游系统功能的基础,旅游系统分析的关键就是对旅游产品供给与需求的分析,这为旅游规划指明了方向。但是,Gunn 的结构模型相对微观,仅仅阐述了旅游目的地与市场的关系。

2. 旅游系统的空间模型

Leiper(1979)提出了旅游系统的空间模型，并于1990年重建。在该模型中，突出了客源地、目的地和旅游通道三个空间要素。他把旅游系统描述为由旅游通道连接的客源地和目的地的组合。后来，澳大利亚旅游学者 A. J. Veal 总结了 Leiper 模型的框架，如图1-6所示。现在人们常常把这一框架称为 O-D 对模型(Origin Destination Pairs)。在该模型中，Leiper 也指出了旅游系统中的另外两个要素——旅游者和旅游业，旅游业中的不同部门分布于客源地、目的地或旅游通道等不同空间，共同为旅游者提供一个完整的旅游产品。在 Leiper 的模型中既可看到甘恩旅游功能模型的影子(供给与需求的相互关系)，又可发现客源地和目的地的空间关系。因此，Leiper 对旅游系统的分析是从旅游空间结构和旅游供求两个层面着手的。

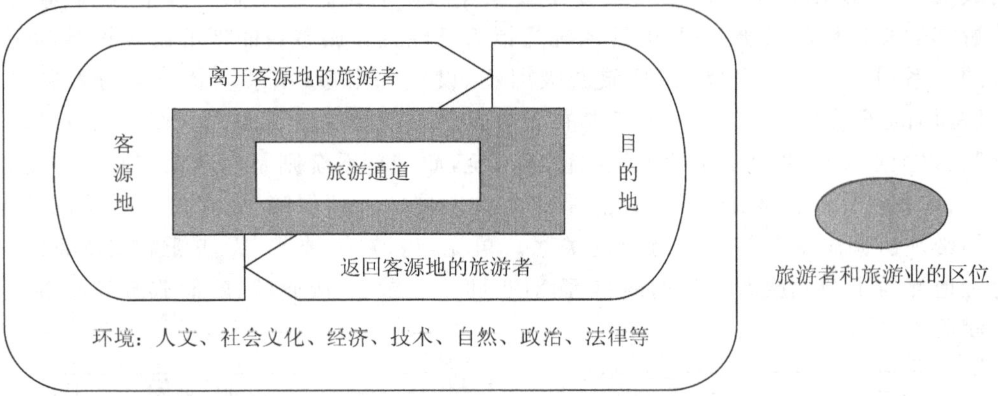

图1-6　Leiper 的旅游空间系统

对照旅游功能系统模型可以发现，旅游通道同时也应该是一条信息的通道。一方面是市场需求信息从客源地流向目的地，另一方面是具有促销功能的目的地信息从目的地流向客源地。旅游通道的特征和效率将影响和改变旅游流的规模和方向(保继刚，1992)。虽然，Leiper 重视旅游者和旅游业的空间属性，但是 Leiper 同样也强调供给与需求间的关系。比如，他认为客源地的需求天生具有不稳定性、季节性和非理性等特点，另一方面旅游目的地的供给又是割裂的、刚性的，因此旅游业是一个在供求关系上充满矛盾的产业(转引自 Cooper 等，1998)。

3. 旅游系统的复杂性模型研究

关于复杂性的研究认为，任何系统都是一个复杂系统。复杂系统中的一些因素，如历史偶然性、路径依赖、锁定、非线性关系等在旅游目的地演化中都起到了积极的推动作用。McKercher(1999)提出了一个基于混沌理论和复杂性理论的、概念性的旅游混沌模型，该模型包括旅游者、信息向量、影响信息沟通效率的因素、目的地、外部旅游主体、旅游外部影响因素、旅游内部影响因素、系统输出、混沌制造者等9个要素。如图1-7所示，要素间的复杂互动使旅游系统以一种非线性的方式运行，紊乱和突变是内在于该系统的特点，这使得该系统具有不可预测性和不可控制性。

4. 综合评述

在功能结构分析中，Gunn(2002)提出的旅游功能系统模型是对旅游系统认识的一个飞跃。因为，Gunn 的研究使我们认识到，供求关系是旅游系统最基本的结构，吸引物、服务、

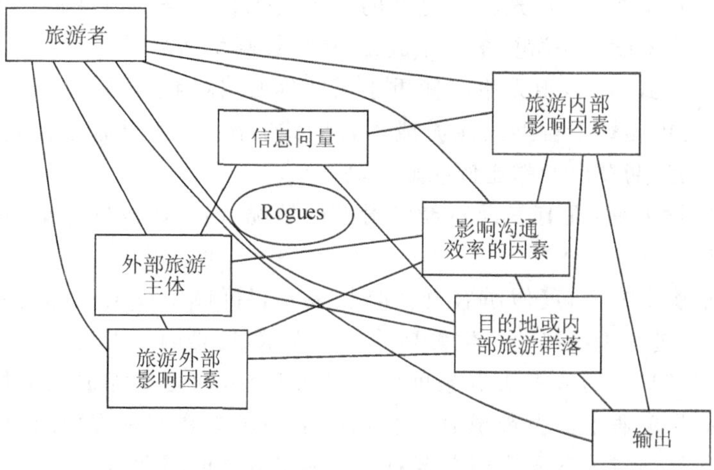

图 1-7 McKercher 的旅游混沌系统

交通等因素构成了旅游系统的子系统——旅游产业体系。Leiper 的主要贡献是把旅游功能系统投射到了地理空间上，他的模型对旅游空间结构的研究具有重要意义。Leiper 的模型应该被看做是旅游空间结构模型或旅游地理系统模型。在空间维度之外，Leiper 的模型并没有超越旅游功能系统模型。McKercher 意识到了这个问题，在他的旅游混沌模型中，存在着大量的旅游者和旅游目的地。他进一步指出旅游系统是个由非线性关系主导的复杂系统，因此，在讨论旅游系统时规模经济是不可忽视的。McKercher 把复杂系统的理论引入到了旅游分析中，但他的概念模型显然不能让人满意。他并没有很好地揭示旅游系统中非线性关系产生的原因。

（三）观光旅游与休闲度假旅游

1. 观光旅游

观光旅游是一项最基本的旅游方式，是旅游发展的初级阶段出现的旅游形式。如观赏异国名胜，看祖国大好河山。旅游者通过到异地观光游览可以开阔眼界、增长见识、陶冶情操、怡情悦性。这是旅游业发展初期的一种旅游形式，并在一定时期内仍将继续占据重要地位。

2. 休闲度假旅游

休闲度假旅游是社会经济发展到一定阶段的产物。该旅游形式的主要目的是身心放松。休闲度假旅游更多的是精神享受高于物质享受，是一个高度内涵的旅游，需要一个多样性的消费平台，以向旅游者提供高质量服务的旅游方式。在休闲度假旅游中并不排除观光旅游。

3. 两者区别

观光旅游与休闲度假两者的区别主要表现在：

第一，在停留时间方面，观光旅游时间短，休闲度假时间长。

第二，在消费能力方面，观光旅游消费较低，休闲度假消费较高。从世界旅游发展规律来看，休闲度假旅游在发达地区的一些高收入人群中逐渐兴起，这种情形决定了休闲度假旅游者的消费能力的增高，且相对于观光旅游而言，在目的地停留的时间比较长，而且会产生重复消费，是很值得开发的市场。

第三，在旅游目的方面，观光旅游更多的是满足感官的需要，目的是“到此一游”，增长见识，丰富经历。休闲度假旅游更多的是放松身心，提高生活品质。

第四，在旅游方式方面，观光旅游侧重于团队旅游，休闲度假则团队、家庭自助和散客并重。休闲度假游更偏好于自助式旅游或半自助式旅游（仅通过旅行社安排机票、酒店）。在出游单位上，家庭、朋友出游的比例明显增高。

第五，在敏感性方面，尤其是面对经济滑坡的情况，出于成本的考虑，休闲度假旅游较观光旅游更敏感。

第六，在需求层次方面，度假游客群体是从观光客群体中逐渐成熟转变而产生的。度假游客旅游消费的进一步成熟会产生更高的文化需求，这是因为游客的体验已经不仅是到森林度假区呼吸新鲜空气，或者去温泉度假区洗温泉浴，而是更加追求度假地的文化氛围和内涵。因此，如果度假地经营能够在文化层次上满足游客的多方要求，度假地的度假文化就会逐步成熟，就会成为巩固度假游客对目的地忠诚度的驱动力。

第七，在对目的地的选择方面，休闲度假是异地一地停留型的，停留时间长；观光旅游都是多目的地型的，在某一目的地逗留时间短。与观光旅游所追求的“多走多看”的价值心态不同，休闲度假者则往往在一个地方停留较长的时间，而且消费的目的性非常明确。

第八，在目的地重复方面，休闲度假旅游具有一个显著的特点，就是游客对其认同的度假地具有持久的兴趣和稳定的忠诚度，因为度假游客对度假目的地带来的熟悉感、亲切感非常在意，很关注外出度假感觉和在家里生活感觉的内在联系。因此，度假目的地就会拥有一批稳定的回头客群体，这一群体越庞大，休闲度假地服务的针对性就越强，针对该群体提供服务的人性化程度就越高。

第九，在配套设施方面，休闲度假更侧重于服务设施的完善性和品位，尤其是娱乐设施，观光旅游更侧重购物和游览。与观光游更加关注经济成本相对比，休闲度假游更加关心时间成本，即追求从客源地到目的地交通上的低时间成本和快捷性。因为度假旅游更关心尽快进入休闲状态，提高度假的质量。因此度假目的地与客源地的距离不应太遥远，一般追求“点对点”的直接交通方式。

第十，在旅游服务质量方面，休闲度假的要求要高于观光旅游。在旅游环境方面，休闲度假更侧重于安全舒适的环境，尤其是宜人的气候环境，游客人数最好控制在游客心理承载量的限度内。观光旅游侧重的是异于日常环境的环境，对心理承载量方面要求较低。

（四）休闲旅游与度假旅游的区别

休闲与度假虽然在环境的选择、目的地选择和出游方式等方面有很多相同之处，但作为两种不同的旅游方式，也有所区别，如表 1-1 所示。

表 1-1 观光旅游、休闲旅游与度假旅游的区别

旅游形式	发展阶段	目的	旅游方式	目的地的选择	时间/期间	配套设施	开发重点
观光旅游	基本形式 常见形式 比重大	猎奇、增长见识、丰富经历	随团出游	多目的地，对目的地的选择多为名胜古迹、名山名水	时间安排紧凑	对配套设施的要求较低	观光区
休闲旅游	社会经济发展到一定程度的产物	从容游玩	自驾游、家庭自助游、散客为主	一地性，城市周边、自然山水、农家乐园、休闲文化主题公园	一日游居多	注重娱乐性设施	休闲区、主题乐园
度假旅游		放松身心	散客、 家庭式	一地性逗留和第二家园为主，临海、靠山、面湖	行程松散，滞留型	要求其设施完善性和品质性塑造的度假氛围	高档设施、高雅环境

在经济高速发展的前提下，人民生活水平不断提高，旅游者逐步意识到休闲旅游与其生活和健康密切相关，休闲意识增强，市场需求多样化，休闲旅游产业应运而生。

2009 年 12 月 1 日，《国务院关于加快发展旅游业的意见》明确提出把旅游业培育成国民经济的战略性支柱产业和人民群众更加满意的现代服务业，为不断增进在旅游休闲方面的国民福利和为我国旅游业新一轮腾飞确定了方向。2010 年中科院出版了《休闲绿皮书》，该书认为，2009 年我国居民休闲消费最核心的部分达 1.7 亿元，相当于社会消费品零售总额的 13%，相当于 GDP 的 5%，并提出国民旅游是旅游发展的主体，而休闲旅游占了很大的比重。

尤其是 2013 年《国民旅游休闲纲要(2013—2020 年)》(以下简称《纲要》)的出台，对于休闲旅游是一个政策上的促进和引导。《纲要》指出，到 2020 年职工带薪年休假制度基本得到落实，城乡居民旅游休闲消费水平大幅增长，健康、文明、环保的旅游休闲理念成为全社会的共识，国民旅游休闲质量显著提高，与小康社会相适应的现代国民旅游休闲体系基本建成。

休闲旅游作为一种新的旅游形式，在以下几个方面与度假旅游有所差别。

第一，从旅游目的来看，休闲旅游侧重于从容游玩，强调行程上的松散；度假旅游侧重于放松身心，注重精神上的放松，如康身健体、休憩疗养、消遣娱乐。

第二，从目的地的选择来看，休闲旅游在时间上更多占用的是周末闲暇，所以在目的地的选择上，多选择城市近郊，多为城市居民的周末一地旅游休闲；度假旅游在时间上更多占用的是节假日，所以在目的地的选择上，多是在距离较远的旅游度假地或第二家园。

第三，从对服务的要求来看，休闲旅游注重休闲地安全、舒适的环境，完善的服务体系，侧重于美食、娱乐(敏感性大、替代性强)等；而度假旅游更重视环境的优雅和设施的品位，更重要的是高品质的服务体系，强调异地的生活方式。

第四，从旅游方式来看，休闲旅游强调自驾游、家庭自助游，以散客为主；度假旅游以散客和家庭游为主。

二、旅游规划与开发的概念

1. 旅游规划的概念

“凡事预则立，不预则废”，就说的是规划的重要性。从字面上来讲，规划就是为了实现某些目标而对未来做的一种安排，是对未来整体性、长期性、基本性问题的思考、考量和设计未来整套行动方案。规划具有长远性、全局性、战略性、方向性、概括性和鼓动性，既包括战略层面的谋划和方案制定，也包括战术层面的具体执行。

顾名思义，旅游规划就是为实现旅游业发展目标而对未来进行的总体安排。旅游规划是指对未来某个地区旅游业的发展方向、产品开发、宣传促销及环境保护等一系列重要事项的总体安排，它对该地区旅游业的发展具有宏观指导和动态调控作用。

国内外学者对于旅游规划的内涵提出了自己的见解。Davidoff 和 Reiner 明确提出：“规划作为对未来的预测，处理可预见的事件，是唯一能使旅游业获得好处的方法。”Getz(1987)认为旅游规划是“在调查研究与评价的基础上寻求旅游业对人类福利及环境质量的最优贡献的过程”。Murphy(1985)认为：“旅游规划是预测与调整旅游系统内的变化，以促进有秩序的开发，从而扩大旅游开发所产生的社会、经济与环境效益。”

2003 年 5 月 1 日起实施的《旅游规划通则》(GB /T 18971—2003)提出：旅游发展规划是根据旅游业的历史、现状和市场要素的变化所制定的目标体系，以及为实现目标体系在特定的发展条件下对旅游发展的要素所做的安排。马勇(2010)认为旅游规划是“在旅游系统发展现状调查评价的基础上，结合社会、经济和文化的发展趋势以及旅游系统的发展规律，以优化总体布局、完善功能结构以及推进旅游系统与社会和谐发展为目标的战略设计和实施的动态过程”。

综上所述，旅游规划定义应强调了几个方面：

第一，规划目的：通过满足旅游者以及当地居民、旅游开发商、当地政府等相关利益主体的需求，来实现旅游地资源与社会、经济与环境的最优化配置。

第二，规划基础：以资源调查、市场调查和社会经济与文化发展环境调查评价为基础。突出旅游地资源属性、特色和旅游地发展规律。

第三，规划手段：预测规划对象的发展趋势，调整规划对象的要素安排。

第四，规划对象：从系统化的角度，对规划地的旅游系统进行规划。

第五，规划内容和步骤：在调查评级、规划目标、战略设计、战略实施。

由此可知，旅游规划的定义为：在旅游地资源调查、市场调查和社会经济与文化发展环境调查评价的基础上，体现和顾及相关利益主体的需求，确定旅游地开发目标，并制定优化总体布局、完善功能结构以及促进旅游系统综合效益为目的地的战略，以及战略实施的动态过程。

旅游规划要从系统全局和整体出发，着眼于旅游规划对象的综合整体优化，正确处理旅游系统的复杂结构，从发展和立体的视角来考虑和处理问题，进而扩大开发建设过程的社会、经济与环境效益。

2. 旅游开发的概念

旅游开发是指人们为了发掘、改善和提高旅游资源的吸引力而致力从事的开拓和建设活动。旅游开发要遵循：(1)特色性原则。开发利用旅游资源的实质就是要寻找、发掘和利用旅游资源的特色。经过开发的旅游资源，不仅应使它的原有的特色得以保持，同时，还应使其原有特色更加鲜明和有所创新和发展，绝对要避免开发后的旅游资源使原有的特色遭到破坏。(2)共生性原则，即这一旅游项目与另一旅游项目之间是共生的。旅游资源的共生性，包括自然资源与自然资源之间、自然资源与文化资源之间、文化资源与文化资源之间的共生性现象，而且不同的旅游项目，其共生现象是不同的。(3)网络化原则。旅游业是一个扩大化了的网络，是自然网络。

三、旅游规划的类型

按照不同的标准，旅游规划有不同的分类。本书按照时间、空间范围和规划内容进行划分，有如下类型。

(一)按时间划分的旅游规划类型

按照时间划分，《通则》中把旅游规划类型划分为近期发展规划(3～5 年)、中期发展规划(5～10 年)或远期发展规划(10～20 年)。但随着社会经济和旅游业的快速发展，旅游地所依托的社会经济环境、旅游市场的需求等变化迅速，过长的规划期可能使规划丧失对实际的指导意义。因此，在旅游规划编制中，近期发展规划一般为 1～3 年，中期规划为 3～5 年、中期发展规划或远期发展规划 5～10 年或者 10～20 年。

(二)按空间范围划分的旅游规划类型

根据中华人民共和国国家标准 GB/T18971—2003《旅游规划通则》，旅游规划分为两大类：旅游(业)发展规划和旅游区规划，如图 1-8 所示。

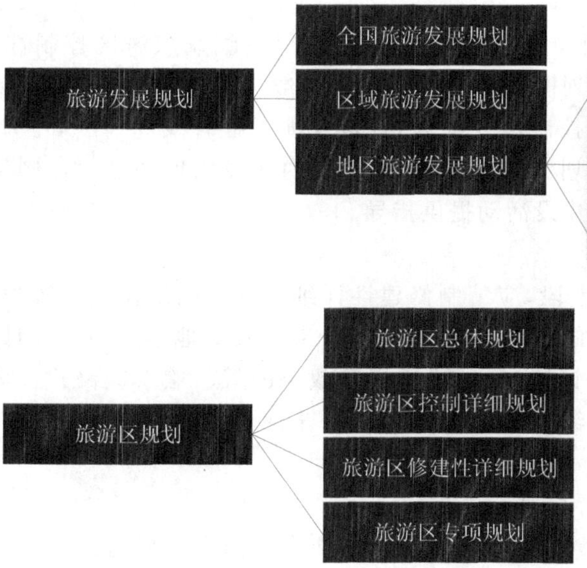

图 1-8 旅游(业)发展规划和旅游区规划分类

1. 旅游(业)发展规划

旅游(业)发展规划是根据旅游业的历史、现状和市场要素的变化所制定的目标体系，以及为实现目标体系在特定的发展条件下对旅游发展的要素所做的安排。其主要任务是明确旅游业在国民经济和社会发展中的地位和作用，提出旅游业发展目标，优化旅游业发展要素结构与空间布局，安排旅游业发展优先项目，促进旅游业持续、健康、稳定地发展。旅游发展规划按规划的范围和政府管理层次分为全国旅游业发展规划、区域旅游业发展规划和地方旅游业发展规划。地方旅游业发展规划又可分为省级旅游业发展规划、地市级旅游业发展规划和县级旅游业发展规划等。

2. 旅游区规划

旅游区是以旅游及其相关活动为主要功能或主要功能之一的空间或地域。旅游区规划是指为了保护、开发、利用和经营管理旅游区，使其发挥多种功能和作用而进行的各项旅游要素的统筹部署和具体安排。其任务是分析旅游区客源市场，确定旅游区的主题形象，划定旅游区的用地范围及空间布局，安排旅游区基础设施建设内容，提出开发措施。旅游区规划按规划层次分总体规划、控制性详细规划、修建性详细规划等。

(1)旅游区总体规划

旅游区在开发、建设之前，原则上应当编制总体规划。小型旅游区可直接编制控制性详细规划。旅游区总体规划的期限一般为10～20年。同时可根据需要对旅游区的远景发展作出轮廓性的规划安排。规划图件一般比例为1∶5000，图件包括旅游区区位图、综合现状图、旅游市场分析图、旅游资源评价图、总体规划图、道路交通规划图、功能分区图等其他专业规划图、近期建设规划图。对于旅游区近期的发展布局和主要建设项目，亦应做出近期规划，期限一般为3～5年。旅游区总体规划的任务是分析旅游区客源市场，确定旅游区的主题形象，划定旅游区的用地范围及空间布局，安排旅游区基础设施建设内容，提出开发措施。

(2)控制性详细规划

在旅游区总体规划的指导下，为了近期建设的需要，可编制旅游区控制性详细规划。规划年限一般为10年左右。规划图件需要图纸比例一般为1∶1000到1∶2000。图件包括旅游区综合现状图、各地块的控制性详细规划图、各项工程管线规划图等。旅游区控制性详细规划的任务是，以总体规划为依据，详细规定区内建设用地的各项控制指标和其他规划管理要求，为区内一切开发建设活动提供指导。

(3)修建性详细规划

对于旅游区当前要建设的地段，应编制修建性详细规划。图纸比例一般为1∶500到1∶2000。图件包括综合现状图、修建性详细规划总图、道路及绿地系统规划设计图、工程管网综合规划设计图、竖向规划设计图、鸟瞰或透视等效果图等。旅游区修建性详细规划的任务是，在总体规划或控制性详细规划的基础上，进一步深化和细化，用以指导各项建筑和工程设施的设计和施工。

(三)按规划内容划分的旅游规划类型

从旅游内容来看，旅游规划可以分为旅游综合规划和旅游专题规划。

1. 旅游综合规划

旅游综合规划是从全局的角度对整个区域旅游发展的战略安排。旅游总体规划是在旅游资源调查评价的基础上，根据国家的方针政策和国民经济发展的需要，综合分析区域旅游发展条件、区域旅游发展的战略定位、区域旅游资源特点、区域旅游战略实施等。

2. 旅游专题规划

旅游专题规划是指在旅游综合规划的指导下，针对某些专题(或称部门)而制订的针对性较强的规划。如专门针对旅游资源调查、评价和开发的规划;针对客源市场调查与分析的规划;针对旅游线路、旅游商品、旅游环境保护、旅游管理和人才培训计划等的规划等。

旅游总体规划是与旅游专项(部门)规划对应而言的,它具有全局战略性,对景区内各景点及具体建筑项目不作详细规划。

时间长、范围广、内容综合的规划相对于时间短、范围小、内容专项的规划,一般级别要更高一些。级别低的规划必须要服从级别高的规划,级别低规划的编制也要以级别高的规划为依据和指导,并在内容上有一致性。

第三节 旅游规划与开发的内容与流程

一、旅游规划与开发的内容

(一)旅游规划的内容

1.旅游发展规划的主要内容

旅游发展规划的主要内容包括:全面分析规划区旅游业发展历史与现状、优势与制约因素,并与相关规划衔接;分析规划区的客源市场需求总量、地域结构、消费结构及其他结构,预测规划期内客源市场需求总量、地域结构、消费结构及其他结构;提出规划区的旅游主题形象和发展战略;提出旅游业发展目标及其依据;明确旅游产品开发的方向、特色与主要内容;提出旅游发展重点项目,对其空间及时序作出安排;提出要素结构、空间布局及供给要素的原则和办法;按照可持续发展原则,注重保护和开发利用的关系,提出合理的措施;提出规划实施的保障措施;规划实施的总体投资分析,主要包括旅游设施建设、配套基础设施建设、旅游市场开发、人力资源开发等方面的投入与产出方面的分析。

2.旅游区规划的主要内容

(1)旅游区总体规划内容

旅游区总体规划内容包括对旅游区的客源市场的需求总量、地域结构、消费结构等进行全面分析与预测。界定旅游区范围,进行现状调查和分析,对旅游资源进行科学评价。确定旅游区的性质和主题形象。确定规划旅游区的功能分区和土地利用,提出规划期内的旅游容量。规划旅游区的对外交通系统的布局和主要交通设施的规模、位置;规划旅游区内部的其他道路系统的走向、断面和交叉形式。规划旅游区的景观系统和绿地系统的总体布局。规划旅游区其他基础设施、服务设施和附属设施的总体布局。规划旅游区的防灾系统和安全系统的总体布局。研究并确定旅游区资源的保护范围和保护措施。规划旅游区的环境卫生系统布局,提出防止和治理污染的措施。提出旅游区近期建设规划,进行重点项目策划。提出总体规划的实施步骤、措施和方法,以及规划、建设、运营中的管理意见。对旅游区开发建设进行总体投资分析。

(2)旅游区控制性详细规划的主要内容

旅游区控制性详细规划的主要内容包括详细划定所规划范围内各类不同性质用地的界线。规定各类用地内适建、不适建或者有条件地允许建设的建筑类型。划分地块,规定建筑高度、建筑密度、容积率、绿地率等控制指标，并根据各类用地的性质增加其他必要的控制指标。规定交通出入口方位、停车泊位、建筑后退红线、建筑间距等要求。提出对各地块的建筑体量、尺度、色彩、风格等要求。确定各级道路的红线位置、控制点坐标和标高。

(3)旅游区修建性详细规划的主要内容

旅游区修建性详细规划的主要内容包括综合现状与建设条件分析、用地布局、景观系统规划设计、道路交通系统规划设计、绿地系统规划设计、旅游服务设施及附属设施系统规划设计、工程管线系统规划设计、竖向规划设计、环境保护和环境卫生系统规划设计。

(二)旅游开发的内容

旅游开发是以产生效益为目标的系统性行为。总体来看，旅游开发内容包括旅游资源的开发与利用、旅游地的交通安排、旅游辅助设施的建设、旅游市场的开拓。

二、旅游规划与开发的程序

旅游规划与开发的程序包括任务确定阶段、前期准备阶段、规划编制阶段和征求意见阶段等四个阶段。

(一)任务确定阶段

1. 委托方确定编制单位

委托方应根据国家旅游行政主管部门对旅游规划设计单位资质认定的有关规定确定旅游规划编制单位，通常有公开招标、邀请招标、直接委托等形式。公开招标是指委托方以招标公告的方式邀请不特定的旅游规划设计单位投标。邀请招标是指委托方以投标邀请书的方式邀请特定的旅游规划设计单位投标。直接委托是指委托方直接委托某一特定规划设计单位进行旅游规划的编制工作。

2. 制订项目计划书并签订旅游规划编制合同

委托方应制订项目计划书并与规划编制单位签订旅游规划编制合同。规定编制双方的责任和义务，包括编制内容、编制时间、编制费用和编制资质要求等。

(二)前期准备阶段

1. 政策法规研究

政策法规研究是指对国家和本地区旅游及相关政策、法规进行系统研究，全面评估规划所需要的社会、经济、文化、环境及政府行为等方面的影响。

2. 旅游资源调查

旅游资源调查是指对规划区内旅游资源的类别、品位进行全面调查，编制规划区内旅游资源分类明细表，绘制旅游资源分析图，具备条件时可根据需要建立旅游资源数据库，确定其旅游容量。调查方法可参照《旅游资源分类、调查与评价》(GB/T 18972—2003)。

3. 旅游客源市场分析

旅游客源市场分析是指在对规划区的旅游者数量和结构、地理和季节性分布、旅游方式、旅游目的、旅游偏好、停留时间、消费水平进行全面调查分析的基础上，研究并提出规划区旅游客源市场未来的总量、结构和水平。

4. 对规划区旅游业发展进行竞争性分析

对规划区旅游业发展进行竞争性分析是指确立规划区在交通可进入性、基础设施、景点现状、服务设施、广告宣传等各方面的区域比较优势，综合分析和评价各种制约因素及机遇。

（三）规划编制阶段

1.规划区主题确定

在前期准备工作的基础上，确立规划区旅游主题，包括主要功能、主打产品和主题形象。

2.确立规划分期及各分期目标。

3.提出旅游产品及设施的开发思路和空间布局。

4.确立重点旅游开发项目，确定投资规模，进行经济、社会和环境评价。

5.形成规划区的旅游发展战略，提出规划实施的措施、方案和步骤，包括政策支持、经营管理体制、宣传促销、融资方式、教育培训等。

6.撰写规划文本、说明和附件的草案。

（四）征求意见阶段

规划草案形成后，原则上应广泛征求各方意见，并在此基础上，对规划草案进行修改、充实和完善。

（五）旅游规划实施阶段

在旅游规划完成后就进入了按照规划进行实施的阶段。这个阶段的主要内容包括：旅游规划项目的开发模式、具体设计、施工方案以及招投标；土地利用方式和要求；资金运作模式和财务预算；市场营销策划及实施；管理机制的完善和运行等。

前四个阶段是旅游规划的阶段，第五个阶段属于旅游开发的阶段，旅游开发阶段是以旅游规划阶段为基础的。

三、旅游规划的技术路线

旅游规划的技术路线包括规划依据、规划总纲、规划主体和规划目标。规划依据包括规划基础、发展条件、政策法规和产业走向。规划总纲是旅游规划的总体战略，包括性质定位、形象设计、战略思路、战略目标和市场定位。规划主体包括旅游区划、产品规划、市场策划、产业要素、支持系统和保障系统。规划目标包括旅游效益和可持续发展。具体如图 1-9 所示。

四、旅游规划的成果

（一）旅游发展规划成果

旅游发展规划成果包括规划文本、规划图表及附件。规划图表包括区位分析图、旅游资源分析图、旅游客源市场分析图、旅游业发展目标图、旅游产业发展规划图等。附件包括规划说明和基础资料等。

（二）旅游区总体规划的成果

旅游区总体规划的成果包括规划文本和图件。图件包括旅游区区位图、综合现状图、旅游市场分析图、旅游资源评价图、总体规划图、道路交通规划图、功能分区图等其他专业规划图、近期建设规划图等。附件包括规划说明和其他基础资料等。

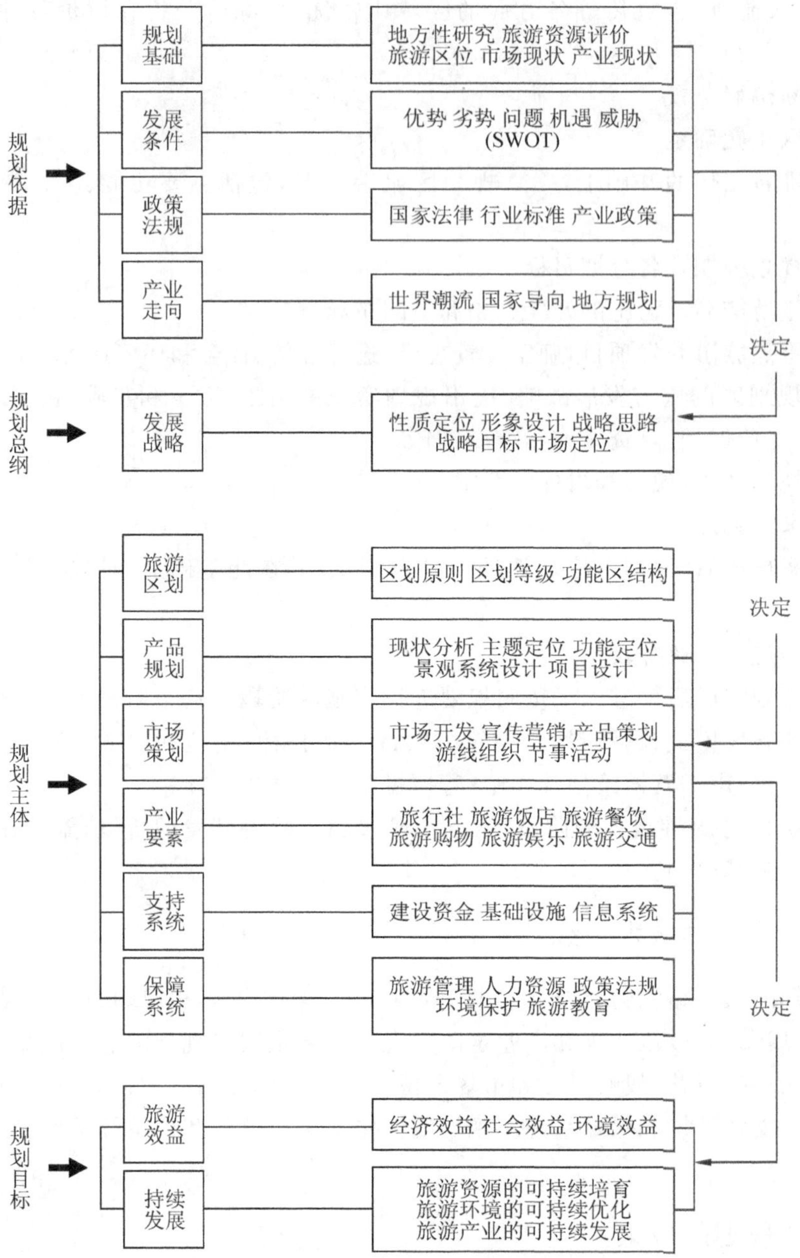

图 1-9　旅游规划与开发的技术路线图

(三)旅游区控制性详细规划的成果

旅游区控制性详细规划的成果包括规划文本和图件。图件包括旅游区综合现状图、各地块的控制性详细规划图、各项工程管线规划图等。附件包括规划说明及基础资料。

(四)旅游区修建性详细规划的成果

旅游区修建性详细规划的成果包括规划设计说明书和图件。图件包括综合现状图、修建性详细规划总图、道路及绿地系统规划设计图、工程管网综合规划设计图、竖向规划设计图、鸟瞰或透视效果图等。

五、旅游规划的评审、报批与修编

(一)旅游规划的评审

1. 评审方式

(1)旅游规划文本、图件及附件的草案完成后，由规划委托方提出申请，上一级旅游行政主管部门组织评审。

(2)旅游规划的评审采用会议审查方式。规划成果应在会议召开五日前送达评审人员审阅。旅游规划的评审，需经全体评审人员讨论、表决，并有四分之三以上评审人员同意，方为通过。评审意见应形成文字性结论，并经评审小组全体成员签字，方为有效。

2. 规划评审人员的组成

(1)旅游发展规划的评审人员由规划委托方与上一级旅游行政主管部门商定。旅游区规划的评审人员由规划委托方商当地旅游行政主管部门确定。旅游规划评审组由7人以上组成。其中行政管理部门代表不超过1/3，本地专家不少于1/3。规划评审小组设组长1人，根据需要可设副组长1～2人。组长、副组长人选由委托方与规划评审小组协商产生。

(2)旅游规划评审人员应由经济分析专家、市场开发专家、旅游资源专家、环境保护专家、城市规划专家、工程建筑专家、旅游规划管理官员、相关部门管理官员等组成。

3. 规划评审重点

旅游规划评审应围绕规划的目标、定位、内容、结构和深度等方面进行重点审议，包括：①旅游产业定位和形象定位的科学性、准确性和客观性；②规划目标体系的科学性、前瞻性和可行性；③旅游产业开发、项目策划的可行性和创新性；④旅游产业要素结构与空间布局的科学性、可行性；⑤旅游设施、交通线路空间布局的科学合理性；⑥旅游开发项目投资的经济合理性；⑦规划项目对环境影响评价的客观可靠性；⑧各项技术指标的合理性；⑨规划文本、附件和图件的规范性；⑩规划实施的操作性和充分性。

(二)旅游规划的报批

旅游规划文本、图件及附件，经规划评审会议讨论通过并根据评审意见修改后，由委托方按有关规定程序报批实施。

(三)旅游规划的修编

在规划执行过程中，要根据市场环境等各个方面的变化对规划进行进一步的修订和完善。

复习思考

1. 简述中国旅游规划思想的导向演进。
2. 分析休闲与旅游、观光旅游、休闲旅游和度假旅游的区别。
3. 分析旅游系统的结构及其组成。
4. 简述旅游规划的主要内容。
5. 旅游规划的步骤包括哪些？
6. 旅游规划的技术路线包括哪些？
7. 结合实际谈谈，旅游规划与旅游开放之间的区别。

【附录】

《中华人民共和国旅游法》中对旅游规划的规定

酝酿30多年，历经3次审议，继《国民旅游休闲纲要(2013—2020年)》颁布实施之后不久，人们翘首期盼多年的《中华人民共和国旅游法》由中华人民共和国第十二届全国人民代表大会常务委员会第二次会议于2013年4月25日通过，自2013年10月1日起施行。在全民休闲旅游需求日益旺盛的今天，在旅游业诸多现象被公众诟病的今天，这部法律将促进旅游业的可持续发展。

《中华人民共和国旅游法》内容包括总则、旅游者、旅游规划和促进、旅游经营、旅游服务合同、旅游安全、旅游监督管理、旅游纠纷处理、法律责任和附则等十章。其中第三章旅游规划和促进对旅游规划进行了法律规定。内容如下：

第十七条　国务院和县级以上地方人民政府应当将旅游业发展纳入国民经济和社会发展规划。

国务院和省、自治区、直辖市人民政府以及旅游资源丰富的设区的市和县级人民政府，应当按照国民经济和社会发展规划的要求，组织编制旅游发展规划。对跨行政区域且适宜进行整体利用的旅游资源进行利用时，应当由上级人民政府组织编制或者由相关地方人民政府协商编制统一的旅游发展规划。

第十八条　旅游发展规划应当包括旅游业发展的总体要求和发展目标，旅游资源保护和利用的要求和措施，以及旅游产品开发、旅游服务质量提升、旅游文化建设、旅游形象推广、旅游基础设施和公共服务设施建设的要求和促进措施等内容。

根据旅游发展规划，县级以上地方人民政府可以编制重点旅游资源开发利用的专项规划，对特定区域内的旅游项目、设施和服务功能配套提出专门要求。

第十九条　旅游发展规划应当与土地利用总体规划、城乡规划、环境保护规划以及其他自然资源和文物等人文资源的保护和利用规划相衔接。

第二十条　各级人民政府编制土地利用总体规划、城乡规划，应当充分考虑相关旅游项目、设施的空间布局和建设用地要求。规划和建设交通、通信、供水、供电、环保等基础设施和公共服务设施，应当兼顾旅游业发展的需要。

第二十一条　对自然资源和文物等人文资源进行旅游利用，必须严格遵守有关法律、法规的规定，符合资源、生态保护和文物安全的要求，尊重和维护当地传统文化和习俗，维护资源的区域整体性、文化代表性和地域特殊性，并考虑军事设施保护的需要。有关主管部门应当加强对资源保护和旅游利用状况的监督检查。

第二十二条　各级人民政府应当组织对本级政府编制的旅游发展规划的执行情况进行评估，并向社会公布。

第二十三条　国务院和县级以上地方人民政府应当制定并组织实施有利于旅游业持续健康发展的产业政策，推进旅游休闲体系建设，采取措施推动区域旅游合作，鼓励跨区域旅游线路和产品开发，促进旅游与工业、农业、商业、文化、卫生、体育、科教等领域的融合，扶持少数民族地区、革命老区、边远地区和贫困地区旅游业发展。

第二十四条　国务院和县级以上地方人民政府应当根据实际情况安排资金，加强旅游基础设施建设、旅游公共服务和旅游形象推广。

第二十五条　国家制定并实施旅游形象推广战略。国务院旅游主管部门统筹组织国家旅游形象的境外推广工作，建立旅游形象推广机构和网络，开展旅游国际合作与交流。

县级以上地方人民政府统筹组织本地的旅游形象推广工作。

第二十六条　国务院旅游主管部门和县级以上地方人民政府应当根据需要建立旅游公共信息和咨询平台，无偿向旅游者提供旅游景区、线路、交通、气象、住宿、安全、医疗急救等必要信息和咨询服务。设区的市和县级人民政府有关部门应当根据需要在交通枢纽、商业中心和旅游者集中场所设置旅游咨询中心，在景区和通往主要景区的道路设置旅游指示标识。

旅游资源丰富的设区的市和县级人民政府可以根据本地的实际情况，建立旅游客运专线或者游客中转站，为旅游者在城市及周边旅游提供服务。

第二十七条　国家鼓励和支持发展旅游职业教育和培训，提高旅游从业人员素质。

讨论问题：

1. 如何解读旅游法中关于旅游规划的法律规定？
2. 旅游法的出台对旅游规划与开发起到怎样的作用？

第二章　旅游规划与开发的理论体系

学习目标

- 掌握旅游规划与开发的理论体系结构
- 了解旅游规划哲学对旅游规划与开发的指导作用
- 明确规划学和旅游学的基础性作用
- 了解旅游规划和开发中的支撑理论和一系列技术方法

对未来的预知是人类的渴望，对不可预知的未来进行规划很早就包围了我们的生活，包括前知500年的神话传说和后知500年的神秘预言。人们很早就认识到，科学的规划是正确行动的先导。有了科学的规划，就可能导致胜利和成功；缺乏科学规划，就会蒙受不必要的损失，甚至招致严重的后果。虽然未来难以把握，但人类的认识、思维的进步使人们发现了规律的重要性。古人很早就有“辩道、顺道”的说法。“道”就是规律的掌握和理论的总结。随着历史经验的积累和科技的进步，人类认识自然的能力大大增强。因此，如果在进行目的地旅游规划的过程中可以做到某种程度上的先知先觉，对当地旅游事业的经营的益处是不言而喻的。所谓“工欲善其事，必先利其器”，故作为规划者本身去主动发现、认识和利用“理论和规律”对规划的成败起着决定性作用。

第一节　旅游规划与开发的理论体系构建

旅游规划与开发是旅游学科和规划学科相结合的产物，它既是新兴学科也是一门多学科交叉的边缘学科。要想做好旅游规划与开发工作显然离不开一个合理的理论体系的支撑和指导。本节主要介绍目前最具代表性的三位学者的旅游规划理论体系，并且在此基础之上构建本教材的旅游规划与开发的理论体系。

一、吴人韦的旅游规划与开发理论体系

(一)旅游规划与开发的理论性质

同济大学的吴人韦教授是我国最早的旅游规划教材编撰专家之一，他的旅游规划与开

发的理论体系影响了后来的旅游规划教材的编撰，具有基础性和指导性作用。因此，在这里加以介绍。吴人韦教授认为旅游规划的理论基础由旅游系统的边缘组合特性所决定。旅游规划理论的基础涉及诸多领域，包括旅游经济学、闲暇与游憩学、旅游心理学、旅游社会学、旅游人类学、旅游政策学、旅游地理学、旅游生态环境学、规划学等学科。他将旅游规划理论定性为旅游系统及其规划范畴，以概念、原理等抽象形式进行普遍的、系统化的理性认识。旅游与规划的结合，不是两者理论的相加，而是至少同时需要旅游学、规划学、系统学三种以上的学科知识，并研究发展形成新的理论内容与形式。因此，旅游规划理论的属性应为交叉学科理论。该交叉学科理论的研究对象及研究目的显然是应用性而非基础性的，故可认为，旅游规划理论的性质是应用性交叉学科理论，是对于旅游系统在规划范畴的系统化认识。

（二）旅游规划与开发的理论体系

吴人韦认为旅游规划理论要成为完整的体系，必须涉及经济、环境、人文三大板块及规划学中心板块。经济板块的理论主要研究在旅游资源分配、旅游生产、旅游加工、旅游服务的生产过程中人与人相互作用的效益和效用关系。环境板块的理论涉及旅游地理学、旅游生态环境学、风景园林学、旅游工程学等。该板块研究旅游现象在地球表层的分布规律，旅游者与大气圈、生物圈、水圈、岩石圈的关系，旅游者与旅游资源、基础设施、服务设施、旅游项目的关系，从而使旅游者空间环境行为的组织及旅游空间的建设安排获得科学依据。人文板块的理论则涉及游憩学、旅游政策学、旅游社会学、旅游心理学、旅游文化学、历史学、考古学等。该板块关系到旅游的价值取向和吸引力品位的塑造，它通过研究价值和意义体系，树立人生或社会理想的精神目标或典范，塑造文化内涵，从文化层面激发旅游者的智慧、正气和创造性，引导旅游者去思考目的、价值，去追求人的完美化。该理论为旅游规划的人文资源评价、发展预测、旅游项目优化、线路选择、游览经历优化、社会关系协调、特色与品位的塑造等方面提供依据。规划板块的理论则使上述三大板块得以整合，如当代规划学、系统工程学、未来学、计算机科学等，它们认识旅游系统的整体性和发展性，提高规划的科学性与合理性提供思想观念、理论方法和技术手段。

（三）旅游规划与开发的理论体系分析

旅游规划理论要成为合理有效的体系，还须建立起理论内容之间、理论与实践之间、理论与社会价值之间的联系，并且建立起哲学—科学—技术—实践的转化关系。众多理论在各自的层次上各司其职，旅游规划的理论体系方臻成熟。旅游规划理论体系的哲学层面包括认识论、价值论、实践论三大方面。旅游规划认识论的任务是科学地把握旅游规划知识的来源及其发展过程。旅游规划价值论的任务在于科学地把握旅游规划与人类需要的关系，解答旅游规划的价值内容，指导旅游规划提供环境价值、经济价值和社会文化价值。旅游规划实践论的作用在于科学地把握旅游规划与旅游发展实践的关系本质及其最一般规律，促使旅游规划与旅游发展实践相互结合，使旅游发展的自然过程质变为主体价值的客体化过程，通过对其发展规律的把握及符合目的地利用或改造，预防、消除或减弱旅游系统自然发展过程曾经或将会给人类需要所带来的消极影响，利用或加速某些有利状况的实现，最终通过较小的发展代价、较快的进化过程，将旅游发展引向更符合人类需要的客观状态，从而改善主体与客体的需要关系。旅游规划理论体系的科学层面主要把握、描述和预见旅游规划本体及其逻辑，其内容包括四个部分。第一，关于旅游系统及其发展的理论。

旅游系统是一个围绕特定的功能(旅游)而组织起来的社会经济边缘组合系统,它涉及旅游者主体、旅游地客体、旅游企事业中介体等诸多方面。旅游规划理论必须承担且可以承担的,是对旅游系统的整体性、发展性进行理论研究。第二,关于旅游规划方法的理论。对旅游规划方法进行研究的意义,在于提高旅游规划的工作效率,在于最大限度地抛弃个人意志的局限性,更在于引导和保障旅游规划学科的良性发展。同济大学近年来已开设了《旅游规划方法论》研究生课程。第三,关于旅游规划的理论,包括旅游规划评价理论、预测理论、模拟理论、决策理论等。第四,关于旅游规划实施的理论,其基本任务是研究旅游规划的内容与实施行动的关系、本质与规律。目前关于旅游规划的编制、审批、实施机制很不健全,参与旅游系统的各部门也分属不同行政管辖范围,旅游规划尚难以成为旅游系统发展的主要依据之一。为此特别需要探索研究旅游规划的实施转化、规划控制等课题。

旅游规划技术层面的理论,指导哲学层面、科学层面的理论物化为技术。作为旅游规划技术操作过程的理论依据,旅游规划技术理论主要来源于三大方面,即科学理论层面的具体化、相关学科理论与技术的应用化以及对旅游规划实践的经验归纳。旅游规划技术理论的本质是对旅游规划技术的理性认识,其任务包括解答规划技术的来源、区分规划技术的类型、处理不同技术间的关系、认识规划技术发展的规律、鉴别规划技术的优劣、确定规划技术标准、预见规划技术的发展方向,直至规范旅游规划的技术操作过程。综上所述,纷繁的旅游规划理论,通过集群、提炼、整合所构成的理论体系,将对旅游发展实践产生整体的、有力的、梯度的指导作用①。

二、其他学者的理论体系分析

(一)王大悟的理论体系分析

王大悟在其编写的《旅游规划新论》中认为,制定旅游规划的人员要掌握和运用旅游经济学、地理学和区位论、史学、美学、心理学、市场营销学、生态学、系统论和信息论等理论、方法和技术,以准确地分析国内外社会经济变化的影响,准确把握相关政策、行业与旅游业的关联性、互动性,分析旅游发展与经济、社会发展和生态环境的关系。在其书中着重就旅游经济学、旅游地理学、生态学及相关学科理论与技术四个方面进行了介绍。这种理论基础的取舍不具备足够的说服力和代表性。

(二)马勇的理论体系分析

马勇在其《旅游规划与开发》一书中,第一版将旅游规划与开发的理论基础确定为区位理论、增长极理论、可持续发展理论及旅游人类学理论方法这四方面理论的发展及在旅游规划与开发中的应用与启示。第二版做了完善。他认为旅游规划与开发的理论体系分为四大板块和四大层面。所谓四大板块包括经济、环境、人文及规划四个方面。他还将相应的理论分成关于旅游规划研究方法的理论、关于旅游系统及其发展的理论、关于旅游规划的理论及关于旅游规划实施的理论。这样的理论体系建设相对而言比较全面,能够涵盖旅游规划与开发设计到的相关理论。

① 吴人韦.旅游规划原理[M].北京:旅游教育出版社,1999.

三、梯度旅游规划与开发理论体系的构建

旅游规划与开发的理论体系应与旅游规划的交叉性学科性质相适应，加之旅游本身是一种综合性的经济、社会、文化综合现象的特点，决定了其理论来源的广泛性和复杂性。传统旅游规划设计的理论主要有旅游行为层次结构理论、旅游地生命周期理论和旅游地域空间布局理论，对旅游市场需求与旅游发展规律研究较少，虽引入了一些国外的理论与方法，但与我国实际脱节的现象突出，有中国特色的理论不多，滞后于实践的发展[①]。

综合相关研究成果，对现有旅游规划与开发所引用的理论加以梳理，可以认为旅游规划的理论基础至少包括以下三个梯度：一是指导规划的哲学理论梯度，包括可持续发展理论和系统科学理论等；二是旅游规划的基础学科理论，包括组成旅游学的相关学科理论和规划板块相关理论；三是旅游规划具体的除旅游学科和规划学科之外的其他的可供借鉴的操作理论及技术方法。本书提出的三梯度旅游规划理论的层级结构如图 2-1 所示。

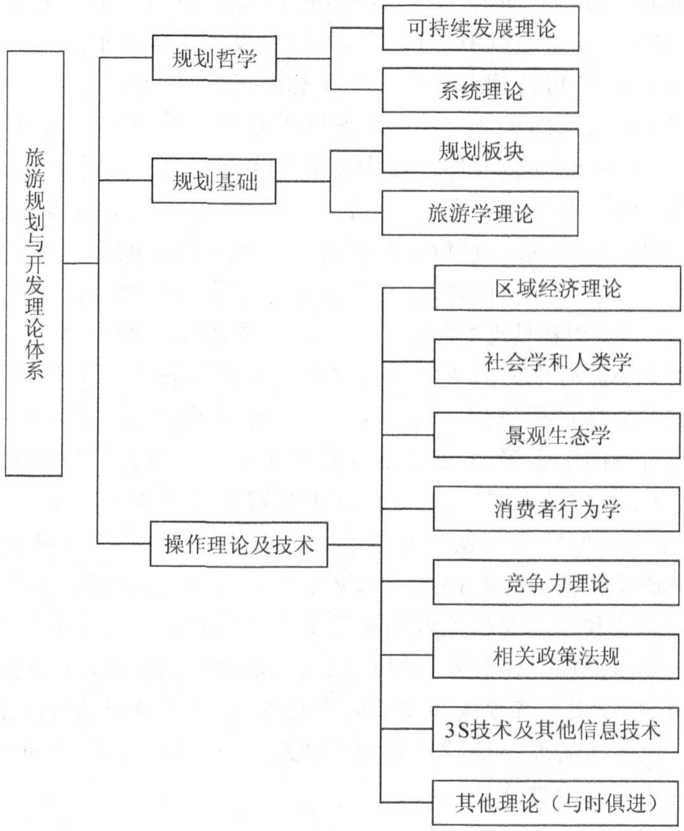

图 2-1 旅游规划与开发理论体系框架图

① 中国社会科学院财贸研究所重点课题报告. 用新的发展观指导旅游规划的理论与实践. 2006 年 8 月，中国社会科学院网站.

第二节　旅游规划与开发的哲学理论和基础理论

一、旅游规划与开发的哲学理论

（一）可持续发展理论

可持续发展观是在1987年第42届联大通过的世界环境与发展大会的报告《我们共同的未来》中首次提出来的，随后得到了世界各国和组织的广泛重视。迄今为止，被大家广泛认可的可持续发展的概念是挪威首相布伦兰特夫人（Gro Harlen Brundtland）提出的，即可持续发展是指既满足当代人的需求，又不对后代人满足其自身需求的能力产生威胁的发展。该概念主要强调了两个方面的内容：首先，可持续发展的目的还是要满足人的各种需求，这些需求应放在第一位来加以考虑；其次，可持续发展不能以破坏后代人满足自身需求的能力为代价。概括来讲，可持续发展是一个在总结了发展与环境相互关系的正反两方面经验和教训的基础上提出来的关于社会、经济和环境发展的理论，它是以生态可持续性为基础、经济可持续性为主导、社会可持续性为目的的系统整体。在发展过程中，人类必须追求三种可持续的高度统一和协调发展，在发展中不仅要追求经济效益，还要追求生态和谐和社会公平，最终实现全面发展。可持续发展的核心观点主要包括：一要正确认识和处理"人与自然"的关系，做到互为调适，协同进化；二要正确认识和处理"人与人"的关系，做到和衷共济，平等发展；三要正确认识和处理"当代与后代"的关系，做到"福荫当代，泽被子孙"①。

可持续发展理论是旅游规划的哲学理论之一。可持续发展是当代发展的主导思想，同样也是旅游业发展的最高指导思想。可持续发展理论的涵义深刻，内容丰富，它是对人与人、人与社会、人与自然的关系经过反思之后的重新规范。可持续发展理论对旅游业发展有着深刻的启示：一是在旅游发展中要贯彻总体规划和科学决策思想；二是强调保护生态环境的重要性；三是强调保护人类遗产和生物多样性的必要性；四是通过资源的可持续利用和优化配置保证旅游业发展能够持续到未来很长一段时间；五是旅游发展要协调好游客满意、社区发展、企业获利等利益相关者利益的平衡关系；六是要通过游客教育、职业培训、社区教育等教育培训途径使可持续发展思想深入人心，将可持续发展思想转化为社会大众的自觉行动；七要积极探索可持续旅游发展的实现途径，发展多样化的旅游形式，提高游客的旅游体验质量。全球旅游业可持续发展的行动纲领——《旅游业21世纪议程》，更是制订可持续旅游规划的重要指导性文件。

（二）系统科学理论

系统科学理论是旅游规划的哲学理论之一。1945年，美籍奥地利学者贝塔郎菲发表了题为《一般系统论》的论文，标志着系统论的创立。系统论是一门以数学、逻辑学为工具，探索适用一切系统的模式、原则和规律，解释系统的整体性、结构性、层次性，并进行量化描述的理论。系统科学是以系统思想为中心的一类新型的科学群。它包括系统论、信息论、控

① 李瑞等．旅游资源规划与开发[M]．郑州：郑州大学出版社，2002．

制论、耗散结构论、协同论以及运筹学、系统工程、信息传播技术、控制管理技术等许多学科在内，是 20 世纪中叶以来发展最快的一大类综合性科学。系统科学将众多独立形成、自成理论的新兴学科综合统一起来，具有严密的理论体系。

关于系统科学的内容和结构最详尽的框架是我国著名科学家钱学森提出来的。他认为系统科学与自然科学和社会科学处于同等地位(如图 2-2 所示)。当今科学技术发展的特征和趋势之一，是不仅继续向微观深入，而且直接走向宏观系统，走向复杂和综合。系统科学作为横断性的学科，比一般的交叉学科如生物物理等涵盖的范围更宽。系统科学把事物看作系统，从系统结构和功能，从系统的演化，研究各学科(从物理系统、化学系统、生物系统到经济系统和社会系统)的共性规律，是各门学科的方法论和基础。

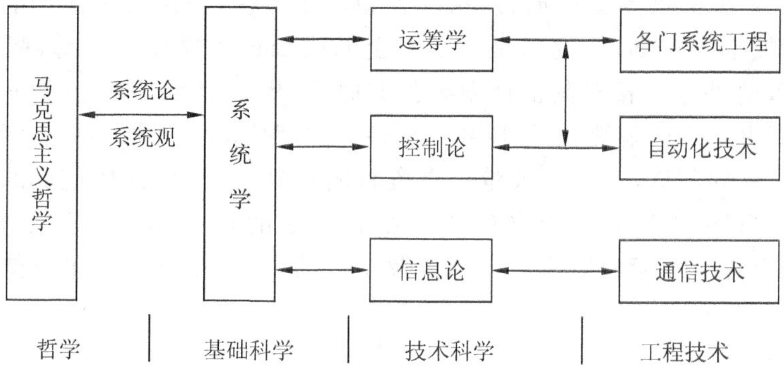

图 2-2 系统科学体系机构图

系统论将世界视为系统与系统的集合，认为世界的复杂性在于系统的复杂性，研究世界的任何部分，就是研究相应的系统与环境的关系。它将研究和处理对象作为一个系统即整体来对待，在研究过程中注意掌握对象的整体性、关联性、等级结构性、动态、平衡性及时序性等基本特征。系统论不仅是反映客观规律的科学理论，也是科学研究思想方法的理论。系统论的任务，不只是认识系统的特点和规律，反映系统的层次、结构、演化，更主要的是调整系统结构、协调各要素关系，使系统达到优化的目的[①]。

将系统论应用到规划领域，产生了系统规划理论。系统规划理论以控制论为基础，认为规划对象是一个不断演变的系统，规划的过程应是一种循环的过程，规划应对系统所经历的连续空间状态加以模拟。在旅游研究和实践领域，系统理论不仅为旅游研究提供了认识论基础，即旅游是一个系统，遵循系统的原理，同时又为旅游研究提供了方法论基础，即用系统的观点来看待旅游，不单是对目的地的规划，还包括和目的地相关的各个利益集团的规划，用系统的思维及方法来研究旅游和进行旅游规划实践[②]。

综上所述，综合相关研究成果，可以认为旅游规划的理论基础包括以下三个梯度：一是指导规划的哲学理论梯度，包括可持续发展理论和系统科学理论等；二是旅游规划的基础学科理论，包括旅游学和规划学的背景学科理论；三是旅游规划具体的除旅游学科和规划学科之外的其他的可供借鉴的操作理论及技术方法。

---

① 许国志．系统科学[M]．上海：上海科技教育出版社，2000．

② 陆林．旅游规划原理[M]．北京：高等教育出版社，2005．

二、旅游规划与开发的基础学科理论

旅游规划的基础学科理论包括规划学和旅游学两个方面。这既是对旅游规划字面的分解，也是组成旅游规划学科的基础。

（一）规划板块

严格地讲规划并非是单一的，而是多学科融合的一门学科。规划，规者，有法度也；划者，戈也，分开之意。词典中对规划的释义是“比较全面的、长远的发展计划”。它实际上指对未来整体性、长期性、基本性问题的思考、考量和设计未来整套行动方案的工作方法。规划是计划中最宏大的一种：从时间上说，一般都要在三五年以上；从范围上说，大都是全局性工作或涉及面较广的重要工作项目；从内容和写法上说，往往是粗线条的，比较概括，如《北京市旅游发展十年规划》。规划是为了对全局或长远工作作出统筹部署，以便明确方向，激发干劲，鼓舞斗志。相对其他计划类公文而言，规划带有方向性、战略性、指导性，因而其内容往往要更具有严肃性、科学性和可行性。这就要求写规划的编制者必须首先进行深入的调查和周密的测算，在掌握大量可靠资料的基础上，根据具体地域的发展方针确定发展远景和总体目标，然后充分吸收有关意见，以科学的态度，反复经过多种方案的比较、研究和选择，确定各项指标和措施。规划涉及众多的学科，因此在这里只能用板块来进行表达。

（二）旅游学板块

所谓旅游学板块包括组成旅游学科的全部理论的囊括，是对旅游规划的对象的一个集大成。旅游学科本身的不成熟和不完善及其边缘学科的性质决定了旅游规划与开发的基础学科理论是一个多学科知识交互运用的创新过程。由于旅游学科和规划开发涉及的面非常宽泛，它的理论基础也呈现多元化的趋势，如图 2-3 所示。

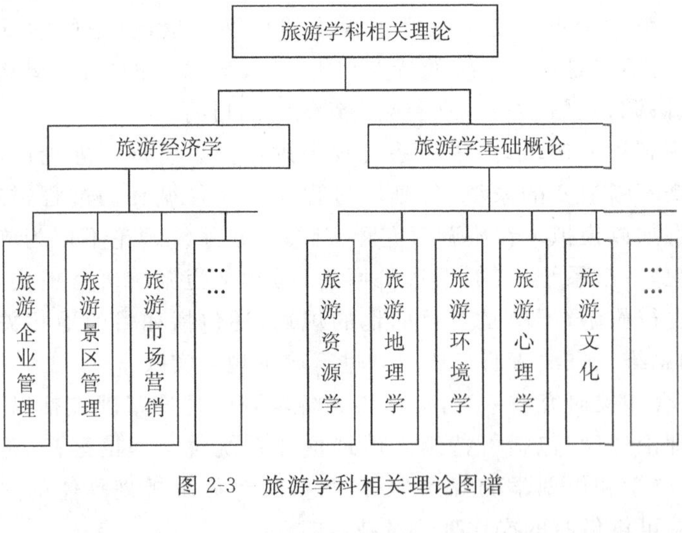

图 2-3　旅游学科相关理论图谱

从图 2-3 中我们可以看出，组成旅游学科的基础理论分别是旅游经济学和旅游基础概论，并由这两个基础学科引申出旅游学科的其他支撑理论。无论是旅游经济学还是旅游基础概论都是开放的体系，随着学科的不断完善和发展，这些理论体系会随时做出相应的调整。由于这些学科或理论是旅游管理及其相关专业的必修课程，因此有关这些学科对旅游规划与开发的作用在这里就不一一赘述。

第三节 旅游规划的操作理论及技术方法

一、旅游规划的操作理论

(一)区域经济理论

区域经济学是地理学与经济学相结合的产物,它是研究各种经济现象和关系在地理空间上发展变化规律的科学。区域经济学的主要研究内容在于区域经济发展条件、区域经济运行要素、区域产业结构、区域空间结构、区域经济发展阶段、区域经济发展战略、区域经济发展政策、区域经济管理、区域经济联系与区域经济合作、区域经济可持续发展等几个方面。区域经济学理论在区域旅游规划中有着重要的应用价值。

1. 区位理论和旅游规划

区位理论(location theory)最早源于古典经济学,是关于人类活动空间分布与空间组织优化的理论。自 1862 年杜能(Von Thunen)创立"农业区位论"以来,区位理论迅速发展,经历了古典区位论、近代区位论和现代区位论发展阶段。区位理论在区域旅游规划中的应用意义在于:确定旅游空间组织层次与规划层次;制定旅游发展战略;寻求区位优势;集聚效应;旅游线路设计;场所选择。目前,旅游区位理论比较成熟的研究集中体现在中心地理论和距离衰减原理的应用。

2. 区域经济空间结构理论

• 增长极理论　一定时期增长势头往往集中于某主导经济部门和有创新能力的行业,而这些行业部门由于追求外部经济效果,一般趋于向最佳区位聚集,从而对周围地区产生一定的吸引力和向心力,使周边地区资源向极点集聚。受旅游资源等级高及区位优势的影响,加上城市尤其是大城市在旅游业中所发挥的中心作用,在大城市或旅游资源丰富的地区极易形成旅游增长极(如图 2-4 所示)。区域旅游规划中应建立以多个旅游增长极为节点的旅游线路与网络体系。

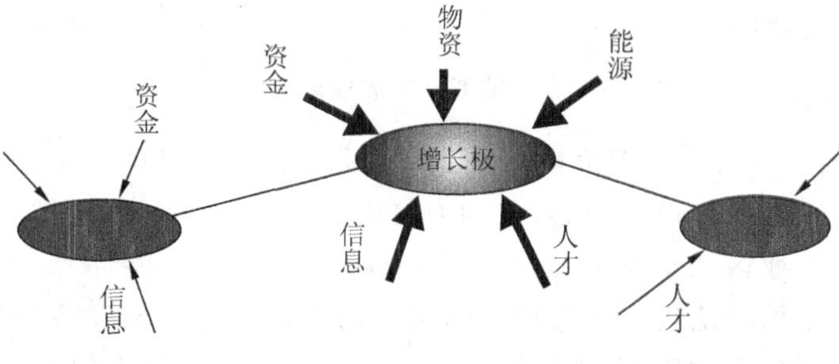

图 2-4　增长极理论示意图

• 核心—边缘理论　随着区域经济的增长,按照区域经济自工业化前期阶段、工业化初期阶段、工业化成熟阶段、工业化后期及后工业化时期的演进顺序,区域空间结构相应地呈现出离散型空间结构、聚集型空间结构、扩散型空间结构、均衡型空间结构演替次序。该理论试图解释区域如何由互不关联、孤立发展，变成彼此联系、发展不平衡，又由极不平衡发展变为相互关联的平衡发展区域系统。核心—边缘理论在区域性旅游规划中运用、结合了旅游目的地和旅游客源地之间的相互发展演变的动态规律，不断地为旅游空间结构变动提供认知解释模型和理论指导，促进核心—边缘区域关系的变动和转型，达到促进区域旅游增长的规划目标。

• 点—轴渐进扩散理论　我国著名经济地理学家陆大道院士在深入研究宏观区域发展战略的基础上，以克里斯泰勒的中心地理论、赫格尔斯德兰的空间扩散理论、弗朗索瓦·普劳克斯的增长极理论为理论基础，提出了点—轴渐进扩散理论。这一理论认为空间扩散是由社会经济空间结构不均衡引起的，由于存在着"梯度"和"压力差"，就会形成空间扩散，扩散的物质要素和非物质要素作用于附近区域，与区域生产力相结合，形成新的生产力，推动社会经济发展，最终导致区域空间结构均衡化(如图 2-5 所示)。点—轴开发模式可以充分发挥城市对区域旅游的辐射、带动作用，提高区域旅游的可达性，实现区域旅游的最佳发展。

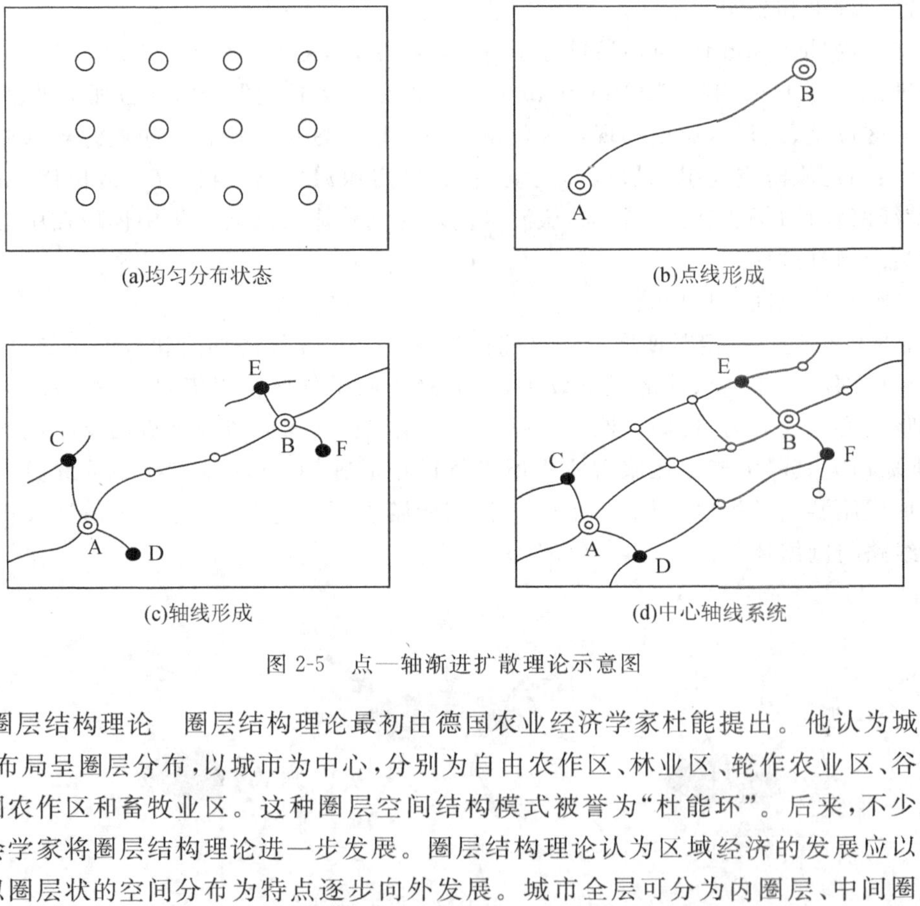

图 2-5　点—轴渐进扩散理论示意图

• 圈层结构理论　圈层结构理论最初由德国农业经济学家杜能提出。他认为城市郊区的农业布局呈圈层分布，以城市为中心，分别为自由农作区、林业区、轮作农业区、谷草农作区、三圃农作区和畜牧业区。这种圈层空间结构模式被誉为"杜能环"。后来，不少地理学家、社会学家将圈层结构理论进一步发展。圈层结构理论认为区域经济的发展应以城市为中心，以圈层状的空间分布为特点逐步向外发展。城市全层可分为内圈层、中间圈层和外圈层三个部分。内圈层即中心城区，人口和建筑密度都较高，地价较贵，以第三产业为主；中间圈层即中心城区向乡村的过渡地带，居民点密度低，建筑密度小，以第二产业为主，并积极发展城郊农业；外圈层级即城市影响区，第一产业在经济中占绝对优势，是城市的水资源保护区、动力供应基地、假日休闲旅游地。圈层结构理论已被广泛地应用于不同类型、不同性质、不同层次的空间规划。

（二）人类学

人类学的目的是描述和解释一种特殊的自然现象：人类，即人这个物种，并且在研究这个物种的同时，关注他们的文化。这门学科主要分为体质人类学、考古学、语言人类学和文化人类学。吴必虎(2001)指出："旅游规划师不仅要为旅游者建造楼房供人住，提供车位以供泊车，更重要的还在于为旅游者寻找和创造一个充满人文关怀的社区。"因此将人文关怀引入旅游规划是十分必要的。这是在区域旅游规划的过程中规划者必须持有的认识。要使当地居民与当地政府和前来投资的开发商之间、当地居民与来自世界各地的旅游者之间、当地居民中与旅游业发生不同密切程度关系的人群之间以及来自不同国家和地区的旅游者之间，能够找到和谐共处的机会，并且能在出现不可避免的冲突时寻找到合乎大多数人的意愿的解决途径。旅游规划师需要用一种理论来武装自己。这种理论可能就是最近发展起来的人类学。人类学研究的是旅游活动中的人类的科学，因此其对旅游规划与开发的意义在于：为旅游规划的编织者提供了一个人本主义的规划哲学。

旅游规划不仅是一种政府行为，同时也是一种社会和经济行为，不仅要求政府参与，同时也要求有未来的经营管理人员参与，并与当地公众、投资方相结合，以避免规划的"技术失灵"。根据世界旅游组织的研究结果，在发展旅游业的过程中，政府至少应该履行协调、立法、规划与投资等四方面职能，完成五方面的基本目标：一是满足闲暇和度假权利；二是为居民出行服务；三是推动对旅游业各个领域的开发建设；四是从事社会和文化开发；五是保护自然和环境协调共生。旅游规划师应该将自身的综合技能用于发现公众利益、整体利益；协调历史与现实间的经济、社会和环境等各种利益，以及政府、公众等多种力量间的关系，使之在博弈中趋于均衡，最后实现政府意志、公众利益与经济增长协调运作的发展局面。旅游经营者与旅游企业应与规划专家广泛交流，将所掌握的客观的市场分析成果体现在旅游规划中，发挥他们对旅游规划的保障和支持作用，更好地贯彻和实施规划思想。公众参与规划决策过程会发现旅游开发对自己有利的方面，就会对开发持积极态度，并发挥作用和影响，实现旅游开发地区的社会、经济、生态环境目标的协调发展。

在规划理念上，规划师在把旅游环境、人的活动及旅游目的地有机结合的基础上，更加注重"人文关怀"。人文主义价值观在旅游规划中得到越来越强的反映，以人为本的思想在旅游规划与旅游开发中逐渐占据了主导地位。规划中越来越重视可持续旅游开发与保护当地文化的完整性以及游客通过旅游而在精神、审美、知识等价值观上的升华，强调人与自然的和谐统一，同大自然交朋友。人文精神对于规划师来说具有重要的意义。作为一种指导思想，人文精神帮助规划师站在一个比较高的角度来审视旅游规划，以一种博大的胸襟全面地考虑各方面的因素，真正使规划造福于人。以人为本的思想有助于规划者和从业人员正确认识旅游功能，让异化了的旅游功能回归，真正使旅游做到满足旅游者审美愉悦的追求，获得高质量的旅游经历，得到人性的解放。同时，旅游目的地的居民也可以从旅游中获得公平的发展机会，改善自己的生活质量。以人为本的思想有助于旅游资源管理者建立新的旅游运行模式，采取适度开发、适度利用旅游资源的原则。任何旅游景观都蕴含着丰富的知识和文化，因此应该注重文化内涵的开发，使文化内涵变得厚重起来，更具有亲切、形象的特点。在旅游规划思想以人本为导向的活动进行中，加强旅游服务的管理，为游客提供个性化、人性化的服务，使得旅游企业与旅游者的关系更加和谐，更能体现旅游企业的和谐发展。以人为本的思想有助于旅游学领域的研究者们科学地认识旅游业发展的客观规律。清醒地认识旅游业的客观规律，并以此指导旅游业的行为是非常必要的。现在过热的旅游是不符合其可持续发展要求的，这就要求政府部门、学界和业界同时找准各自的责任，行动一致地为了旅游业健康、有序的发展，采取真正有意义的可持续发展战略，使得旅游的经济效应、社会效应和环境效应都达到优化。旅游规划中弘扬"以人为本"的规划思想，抛弃一切从经济利益出发的观念，充分地体现了"人文关怀"，进入了一个"人本位时代"。人本导向的旅游规划的时代，可以创造性地形成旅游区人性化设计的理论与实践方法。具体说来，从微观层面考察，可以形成一切为了旅游消费者的开发建设理念，并且通过旅游规划后的具体建设而完全实现。从宏观层面看，可以协调各大旅游开发区域的矛盾，协调旅游与相关产业开发上的矛盾，协调旅游开发区与非旅游开发区的矛盾。发展旅游业的根本目的是满足人们的消费需要，改善人们的生活水平，这也就是人本导向的旅游规划的最终意义。

(三)景观生态学

1. 景观生态学的发展

1939 年，德国地理学家特罗尔最早提出景观生态学的概念，它是对景观进行地理学和生态学的综合研究。景观生态学是一门新兴的交叉学科，它以景观为对象，以人类和自然协调共生的思想为指导，研究景观在物质、能量和信息交换过程中形成的空间格局、内部功能和各部分的相互关系，探讨其发展的规律，达到合理保护和优化利用的目的。景观生态学的发展经历了三个阶段。第一阶段：从 19 世纪至 20 世纪 30 年代。这是景观生态学的酝酿阶段。在这个时期，地理学的景观思想和生物学的生态思想是各自独立发展的。地理学认为景观是地球上一个区域的总体，是气候、水、土壤、植物、文化现象组成的地域复合体。生态学家提出"生态系统"是任何等级的生态单位中的生物和环境的综合体，反映了生物学和非生物学的密切联系。这个阶段有一个共识：自然现象是综合的。第二阶段：20 世纪 40 年代到 80 年代初。这是景观生态学的形成阶段。1939 年，特罗尔在利用航片研究东非土地利用时提出景观生态学，出现了以土地为主要研究对象的景观生态研究热潮。在这个时期，中欧(德国、荷兰、捷克斯洛伐克)成立了生态研究中心，主要大学设立了景观生态学及有关领域的专门讲座，从而推动了景观生态学的发展。第三阶段：1982 年以后。这是景观生态学的发展阶段。1981 年在荷兰召开了第一届国际景观生态学大会。1982 年 10 月，在第六届景观生态学国际研讨会上正式成立了国际景观生态学协会(IALE)。在这一时期，景观生态研究和教学活动普遍化，实际问题的解决使得理论有了进一步深入的发展。

2. 景观生态学的基本概念

• 斑块(patch)是空间的点状结构或块状结构与周围环境不同的相对均质的非线性区，它具有活化空间结构的性质。就旅游地而言，旅游斑块指由景点及其周围环境形成的以自然景观或人文景观为主的地域，代表着旅游产品单元即游客游赏和旅游消费场所，如旅馆、宿营地、景点等。

• 廊道(corridor)是线形的景观单元，它不同于两侧相邻景观，对景观起通道和阻隔的双重作用。从旅游角度分析，廊道主要表现为旅游功能区之间或功能区内部的狭长林带、交通线及周边带状或线状的树木、草地、河流等自然组分。旅游地的主要廊道类型可分为水系廊道、交通廊道、生物通道和各级游道。如按空间尺度分，旅游地廊道又可分区外廊道、区内廊道和斑块内廊道三个层次。其中，区外廊道主要指旅游地与客源地、客源地与四周邻区的各种交通路线与通道；区内廊道主要指旅游地内部各景观类型之间的通道体系，如村间道路、景片间的游道、绿化带等；斑块内廊道是指旅游地各斑块内的联络线，如景点的游览路线、动物迁徙通道、防火道等。

• 基质(matrix)是斑块镶嵌内的背景生态系统或土地利用类型，是宏观背景结构，它一般呈面状，对景观功能起着重要作用。从旅游地角度看，它一般指斑块镶嵌内的背景生态系统即旅游地的地理环境类型，如森林公园、自然风景名胜区等类型。对旅游地基质进行研究有助于认清旅游地的环境背景，增强对旅游生态斑、旅游活动斑、旅游地核心保护区的选择和布局的指导，也有利于分析、确定和保护旅游地的整体生态系统特色或自然特色。而旅游地基质的大小、孔隙度、边界形状及类型特征是策划旅游地整体形象和划分各种功能分区的基础。

3. 景观生态学在旅游规划中的应用

在景观生态学的景观结构理论中，景观的结构通常用斑块、廊道、基质来描述。景观生态学在旅游规划中的微观设计主要体现在对景观结构要素斑—廊—基的具体设计上。旅游斑的设计要与环境融为一体，人文景观与天然景观共生程度高，真正做到人工建筑的斑块与天然的斑块相协调。旅游基础设施要充分实现生态化，并注意与当地的自然、文化景观的文化特征相协调一致，切忌以城市化、商业化的浓重气息破坏自然保护区各种景观的原有文化内涵和特色，更应防止一切扭曲文化形象的景观污染事件发生。而在对自然风景区进行斑块设计时，除了考虑其旅游美学功能外，对于担负有保护物种的功能区域，应该注意保留一定面积的斑块，避免因生境面积过小而造成物种灭绝。对于廊道，斑块内廊道的设计要以林间小路、河岸、滑雪道等为廊道，并注意合理组合，互相交叉形成网络，强化其在输送功能之外的旅游功能设计，以便延长游客的观赏时间；区内廊道的设计要避开生态脆弱带，尽量选择生态恢复功能较强的区域，充分利用自然现存的通道，如河流等，但连接各景区的廊道长短要适宜。因为，廊道过长会淡化景观的精彩程度，过短则影响景观生态系统的正常运行。区间廊道的设计应尽力使道路所通过的客流量与区内环境相一致。景区内的道路应该以林间小道为主，尽量避免宽阔的水泥、柏油路随意穿过景区。道路施工应尽量利用接近自然的无污染的材质如卵石、沙子、竹木，而排斥使用水泥、矿渣等对环境存在影响的材质。基质是斑块和廊道所在的环境背景，基质的作用在于以基质为背景，利用遥感技术和地理信息系统技术进行景观空间格局分析，构建异质性的旅游景观格局，从而对旅游区进行景观功能分区和旅游生态区划，并分地段进行主题设计，策划旅游产品形象，以体现多样性决定稳定性的生态原理和主题与环境相互作用的原理。对旅游地的规划必须建立在对区域空间和时间背景的全面把握之上。这有助于进行核心保护区的选择和指导布局，也有利于分析确定保护旅游地的生态特色[①②]。

---

① 蔡伟斌. 从景观生态学的角度看自然风景区旅游资源规划[J]. 国土与自然资源研究，2003(1)：62—64.

② 刘忠伟，王仰麟，陈忠晓. 景观生态学与生态旅游规划与管理[J]. 地理研究，2001，20(2)：206—212.

旅游生态系统是一种非独立性的景观生态系统。景观生态规划与设计充分强调景观的自然属性，本质上是对资源进行空间配置。有效的景观生态规划对保持旅游地的景观特色、景观质量以及确保旅游地可持续发展十分有益。基于景观生态学的旅游规划在其开发范式中把保护思想融入开发理念之中，而旅游地景观生态规划则是基于旅游开发与环境保护关系之上的一种规划，是运用景观生态学中的相关原理，在景观水平层次上对旅游地的旅游景观、环境景观等所进行的一种规划。本质上，它是一种包含"旅游"、"景观"、"生态"三方面的综合性规划。其中，"旅游"的规划核心是对旅游资源进行分析与评价，以及对游客行为心理进行揣摩、分析和设定；"景观"的规划核心是对旅游项目、游客活动、设施建设进行空间布局、时间分期和设施设计；"生态"的规划核心是对旅游地的自然环境要素与因旅游开发建设而引起的包括环境问题在内的各种影响，进行识别、分析和保护①。要从景观结构和功能上进行景观生态规划，主要包括对旅游产品市场的需求及特征分析，自然保护区自然、社会要素等基础资料和相关资料的调查搜集，景观分类和对景观结构功能及动态的诊断，然后通过不同类型的结构规划，构建不同的功能单元，从整体协调和优化利用出发，确定景观单元及组合方式，选择合理的利用方式。

（四）消费者行为学

消费者行为学(consumer behavior)是研究消费者在获取、使用、消费产品和服务过程中所发生的心理活动特征和行为规律的科学。从营销学的角度，这门学科是为了提供对消费者行为的理解，因为"营销学是一门试图影响消费者行为的学科"。消费者行为学作为一门独立的、系统的应用科学是在资本主义工业革命后，随着商品经济的快速发展、市场问题日益尖锐、竞争加剧而出现的。从19世纪末到20世纪30年代，有关消费者行为与心理研究的理论开始出现，并有了初步的发展。19世纪末20世纪初，各主要资本主义国家，尤其是美国，工业革命后的劳动生产率大幅度提高，生产能力开始超过市场需求，导致企业之间竞争加剧。在这种情况下，一些企业开始注重消费者需求的刺激和商品推销，推销术和广告术在这个时候登上了企业的"竞技"舞台。与此同时，一些学者根据企业销售的需要，开始从理论上研究商品的需求与销售之间的关系，研究消费者行为与心理同企业销售之间的关系。消费者行为学的研究意义在于：一是企业营销活动的市场基础与决策依据；二是消费者科学消费的前提条件；三是国家宏观经济政策制定的依据。消费者行为学在旅游规划开发中的应用主要是通过对消费者行为的研究，把握未来旅游的发展方向和发展趋势，在旅游规划中迎合旅游者需求，引导其需求，方便制定未来的产品计划和营销策略。

二、技术方法

旅游规划与开发的技术方法主要表现在3S技术和信息技术的广泛应用上。

（一）3S技术

3S技术包括遥感技术(Remote Sense, RS)、地理信息系统(Geography Information System, GIS)和全球定位系统(Global Position System, GPS)。

1. 遥感技术

遥感技术是指利用装载于飞机、卫星等平台上的传感器捕获地面或地下一定深度内的

① 祁黄雄，林伟立. 景观生态学在旅游规划中的应用[J]. 人文地理，1999，14(1)：22－26.

物体反射或发射的电磁波信号，进而识别物体或现象的技术。遥感技术具有观察范围广、直观性强、能实时客观获取信息、反映物体动态变化的特点。遥感技术可应用于探查依靠人力或其他技术难以到达的资源调查和目标捕捉。可应用于军事、林业和旅游等多个领域。在旅游规划与开发方面，遥感技术的应用主要表现在：一是对旅游资源的探查；二是可以为旅游规划提供现状图，并作为规划图的底图；三是可以用于对旅游地实施动态规划管理。

2. 地理信息系统

地理信息系统是采集、存储、管理、描述和分析空间地理数据的信息系统。它以计算机软硬件环境为支持，采用地理模型分析方法，以地理坐标和高程确定三维空间，将各种地学要素分别叠置于其上，组成图形数据库，具有对空间数据进行有效输入、存储、更新、加工、检索查询、运算、分析、模拟、现实和输出等功能的技术系统。地理信息系统在旅游规划与开发中的作用主要表现在：一是为旅游地的开发和管理提供相关信息；二是构造求知型和互动型导游系统，为游客提供个性化游览咨询服务。

3. 全球定位系统

全球定位系统是美国国防部部署的一种卫星无线电定位、导航与报时系统，由导航星座、地面台站和用户定位设备三部分组成。该系统在军事、商业、测量及日常消费中都有广泛的使用空间，其在旅游规划与开发中的应用主要表现为：一是定点；二是定线；三是定面。在没有其他辅助工具的情况下也可根据全球定位系统的点、线、面来作为规划用底图[①]。

（二）信息科学技术

信息科学是指研究与信息运动相关的现象、规律及以这些规律为指导建立高效率信息系统的学科群。信息科学产生于20世纪60年代，是在现代控制与通信技术、计算机技术的促进下，由信息论、系统论、控制论等学科相互渗透结合而产生的一门新兴学科。世界旅游组织第十三届大会专门讨论了旅游业运用网络技术、开展网络宣传推广的问题。对旅游业来说，目前所面临的挑战是技术的高速发展。如何认识新技术的发展对旅游业带来的影响，如何利用新技术，引起了旅游业的普遍的关注。在为期一天的题为“旅游与电脑空间：因特网革命”的专题讨论中，世界旅游组织的专家强调，应该立即参与、开展网上宣传和网上旅游交易活动，而不能再反复研究讨论。目前大部分旅游城市、旅游景区都已先后开通网站，设计网页，网上宣传、网上预订、网上旅游咨询、虚拟旅游企业、网上博览交易已趋成熟。

信息传播的最新方式为虚拟现实。虚拟现实技术是指利用信息加工与编码技术、计算机硬件与软件资源、通信设备的集成技术，提供一种实时的、三维的虚拟环境，使用者完全可以进入虚拟环境中，观看并操纵计算机产生的虚拟世界，听到逼真的声音，在虚拟环境中交换操作，有真实感觉，可以讲话，并且能够嗅到气味。它涉及计算机、传感与测量技术、仿真技术和微电子技术等相关技术。虚拟显示系统作为一种崭新的人机交换界面形式，能为用户提供现场感和多感觉通道，并依据不同的应用目的，探寻一种最佳的人机交互方式。用户不仅可以沉浸于虚拟现实环境中，还可以查询、浏览以及分析虚拟现实中的物体，如地形、地物、资源环境状况等，并进行分析、评价、规划或决策。在旅游中虚拟现实技术的应用

① 相关链接：谷歌公司的 google earth 应用软件.

范围非常广泛，几乎渗透到旅游活动、组织、交易和产品策略化的各个方面，如娱乐休闲、景观设计、线路安排、景区展示、商务洽谈、资料分析、民意调查、服务评价、教育培训等。[①]

三、其他理论技术

上述理论结构中没有涉及的而旅游规划开发中实际应用的理论技术都属于其他理论技术的范畴。这个部分的添加着意要说明旅游规划开发的理论体系是一个开放式系统，其理论的构成是随着技术的发展、技术的成熟及具体规划地的不同而不同的。这里列举三个旅游规划当中可能会用到的其他理论。

（一）"短板效应"理论

"短板效应"理论，也称"木桶原理"，是指木桶由多块木板绑成，假设组成木桶的木板长短不一，那么木桶的容积不取决于组成它的最长的木板，而是取决于最短的木板。也就是说任何一个组织都可能面临的一个共同问题，即构成组织的各个部分往往决定了整个组织的水平；而构成组织的各个部分往往是优劣不齐的，而劣质部分往往又决定了整个组织的水平。旅游产业要素规划就犹如设计一个"木桶"，食、住、行、游、购、娱等六要素是组成"木桶"的木板。因此，制订旅游产业规划，研究的重点是要对旅游产业发展现状进行评估，发现最短的那一块木板（要素）；规划的重点就是要以此为突破口，并以最长的木板（要素）来统筹安排其他组成部分（要素），使"容积"（目标）更大化。

（二）产业集群理论

产业集群是经济发展中的一种重要现象，被誉为是经济增长的发动机。波特把产业集群(industrial cluster)定义为在某一特定领域中，大量在产业上联系密切的企业以及相关支撑机构在空间上集聚，并形成强劲持续竞争优势的现象。实质上，产业集群理论是以新贸易理论、竞争优势理论为基础而提出的关于产业空间结构布局的理论，是同一地区相同或相关产业在更高层次上的聚集效应，竞争的结果是一种正和博弈。产业集群的空间集聚优势来自于外部规模经济和外部范围经济，不同企业分享公共基础设施和专业技术劳动力资源，并在交往中建立起人与人之间的信任关系和维系这种信任关系的社会关系网络，因生产成本和社会成本降低而构成了产业集群价格竞争优势。产业集群理论在旅游产业要素规划的运用主要体现在旅游产业各要素在空间布局上的聚集。因此，旅游产业规划的研究重点是要对旅游产业要素的空间分布现状进行评估，发现产业要素在空间上的聚集趋势；规划的重点就是顺应这一聚集趋势统筹安排产业要素布局，使之发挥产业聚集优势。

（三）核心竞争力理论

核心竞争力理论最早由普拉哈德和哈默1990年在《哈佛商业评论》上发表的"公司核心竞争力"一文中提出，并把核心竞争力(core-competence)定义为"组织中的积累性学识，特别是关心如何协调不同的生产技能和有机组合多样技术流派的学识"。竞争是市场经济的基本法则，核心竞争力理论是企业发展战略从多元化到归核化转变的必然结果和重要标志，具有价值优越性、资源集中性、文化异质性、整体完整性和模仿高成本性等特性。特色是旅游业的生命力，特色的形成源于旅游核心竞争力。所谓旅游核心竞争力，就是某一旅

① 相关链接：山东旅游体验网，http://www.shandong.travel/，洛阳旅游网 http://www.lyta.org.cn/index.html.

游目的地内部诸要素的整合，使一项或多项业务达到竞争领域一流水平，具有明显竞争优势的能力。某一旅游目的地要保持竞争优势，关键就是要在旅游发展中的某些"战略环节"上保持核心竞争优势，以形成和巩固这一独一无二的参与市场竞争的能力。因此，旅游产业规划的研究重点是要对旅游产业核心竞争力的现状进行评估，发现最具核心竞争力的产业要素；规划的重点就是围绕这一核心竞争力要素统筹确定发展战略重点，从而增强该地的旅游竞争力。

上述旅游产业规划三个梯度的理论在实际规划的运用中各有侧重。"规划哲学"理论侧重于旅游产业各要素之间的统筹发展，讲求的是均衡发展和系统的认识，即各要素之间的协调；基础理论侧重于对旅游业本身的分析及对规划对象的认识和把握；支撑理论和其他技术侧重于旅游业之外的某些理论的借鉴和应用。可见，三者在旅游产业规划中的配合运用初步构建了旅游规划与开发的理论体系。旅游规划的理论体系是一个开放式的系统，它会随着旅游规划的发展及相关技术的进步并结合具体规划地而在发生着变化。这个理论体系的建立既能促进旅游业的协调发展，又能形成旅游业的聚集优势和核心竞争力优势。

【案例分析】

北京"亚洲最大游乐园"拆除

北京沃德兰乐园是由华彬集团投资兴建的大规模旅游娱乐项目，位于北京八达岭高速公路两侧，总占地面积 123.04 公顷。该项目于 1994 年开建。该乐园以神奇、科普、文化、自然为主题，并借助现代化高科技手段营造出新型的森林探险之旅、儿童世界、外星风光、特技表演、温泉度假等旅游珍品。如果你曾经开车沿着八达岭高速公路上行驶，在高速公路陈庄收费站东侧，你会看到一座分外显眼的欧式风格建筑矗立在一片农田和村庄中间，这就是沃德兰乐园。沃德兰乐园是 wonderland 的音译，意为"仙境"。1994 年，南口镇政府引入沃德兰项目。按照当时的设计图纸，它的面积将超过东京的迪斯尼乐园，成为亚洲第一大游乐园。南口镇政府将雪山、红泥沟、陈庄等五个村的 1000 多亩土地租给跨国集团公司华彬集团，由华彬集团投资创建沃德兰项目。1995 年，华彬以 2 亿元的价格收购了该项目，并在原项目基础上兴建了沃德兰乐园一期工程。从现存的这些 20 余米高的尖塔建筑的规模上，我们就可以瞥见这座乐园所妄图达到的规模。由于这个项目规划缺乏正确的理论指导，项目规划远远超越当时中国经济的发展和中国人对主题公园的需求，张口太大而出现了消化不良的局面。1997 年，沃德兰项目荒废以来，这里就由曾经的"仙境"逐渐变为鬼城。城堡里一片狼藉，阴暗的堡内，只有残窗破门可透出点点阳光。"古堡在那里，静静等待了 15 年，吻醒公主的王子没有出现，施工队却将它带走。"网友将这句留言，送给了消失的沃德兰乐园。近日，这座当时被称为"亚洲最大游乐园"的"仙境"在烂尾 15 年后终被拆除。沃德兰建设方华彬集团后对此予以证实。2013 年 5 月 21 日，昌平沃德兰游乐园，原来的城堡已经被夷为平地，未来这里将建起一座奢侈品商城（见图 2-6）。

分析：在我国，第一座真正意义的大型主题公园是 1989 年开业的深圳锦绣中华微缩景区，开业一年就接待了超过 300 万的游客，1 亿元的投资仅用一年的时间就全部收回。20 世纪 80 年代至今，全国已累计开发主题公园式旅游点 2500 多个，投入资金达 3000 多亿元。在热闹的背后，也不乏沃德兰这样的案例。许多地方把主题公园当成迅

图 2-6　沃德兰乐园面临拆除图

速致富的手段，项目缺乏个性，缺乏可靠的理论指导和前期可行性研究。投资经营者往往忽略了这一点，高估客源流量及人均消费水平，在没有做好充分调查的情况下便盲目投资开发，最终因为客源不足等原因，导致公园在开园后不久就因亏损而关闭，甚至还没有开展营业就半路夭折。

复习思考

1. 根据自己学过的旅游及其相关学科的知识，试评述旅游规划与开发理论体系的优劣，并说明理由。

2. 如何认识旅游规划中的指导哲学？

3. 结合自己所学专业课程，说明旅游相关课程对旅游规划起到哪些基础的理论支撑，以旅游资源学为例。

4. 如何看待旅游规划中的人本理念，请结合所在的校园谈谈校园规划中是否注重了人本理念，并说明理由。

5. 请谈谈某些城市的大学聚集区形成的“大学经济”是增长极理论的应用吗？如何看待自己所在的大学的聚集效应？并结合自己的家乡的规划谈谈增长极理论的应用。

6. 如果作为规划者，请谈谈 3S 技术和信息技术对规划的作用和影响；如果作为普通的旅游者，又如何看待高新技术在旅游景区规划及其建成服务中的应用？

第三章　旅游资源调查与评价

学习目标

- 了解旅游资源的概念、特征和分类
- 熟悉旅游资源的调查方法、内容和程序
- 掌握旅游资源评价的原则、内容和方法

旅游资源是旅游规划与开发的客体，同时也是旅游业发展必不可少的物质基础。旅游资源必须经过适当的规划开发后才能成为具有吸引力的旅游景观。

第一节　旅游资源概述

对旅游资源开发而言，首要任务就是准确界定旅游资源的概念及其分类，这是一项非常基础的工作，同时也是一项非常重要的工作。该工作的好坏直接影响规划开发是否成功。

一、旅游资源的内涵

一个地区旅游业发展的好坏在一定程度上取决于其拥有的旅游资源数量的多少、旅游资源类型的多寡、旅游资源是否有特色及其分布组合的程度。此外，还取决于人们对旅游资源的综合评级和合理开发，取决于人们对旅游资源开发保护的态度。要合理地开发利用旅游资源就必须准确认识旅游资源。

分析以往研究可见，关于旅游资源的内涵，有以下几点共识：

第一，旅游资源是客观存在的；

第二，旅游资源具有实现旅游活动的吸引功能；

第三，旅游资源能被旅游业所利用，产生经济效益、社会效益和生态效益；

第四，旅游资源概念随人们认识水平的提高在不断发展，旅游资源的范畴也随着科学技术的进步不断扩大。

由国家质量监督检验检疫总局 2003 年 2 月发布、5 月开始实施的中华人民共和国国际标准《旅游资源分类、调查与评价》(GB/T18972—2003)则完全接受了 1992 年《中国旅游资源普查规范(试行稿)》对旅游资源所给的定义。这就意味着该定义已经成为目前国内旅游界公认的定义,即旅游资源是指自然界和人类社会凡能对旅游者产生吸引力,可以为旅游业开发利用,并可产生经济效益、社会效益和环境效益的各种事物和因素。

二、旅游资源的特征

旅游资源是自然、历史、社会等因素共同作用的结果,是一种特殊的资源,它具有其他资源的共性,同时更具有独特的个性,主要表现为:

(一)观赏性

旅游资源与一般资源的区别就在于旅游资源具有美学特征以及观赏性,因此对旅游者才具有吸引力,促使旅游者离开常住地前往异地进行旅游活动,去欣赏大自然的美和人文景观的美。

(二)地域性

尽管旅游资源品种繁多,类型复杂、存在广泛,但其分布总是受地域分异规律的制约,这是各地旅游资源存在差异的根本原因。不仅自然旅游资源存在区域差异,如自然环境的水平地带性和垂直地带性,人文旅游资源也同样存在区域差异。因为地理环境的地域分异规律主要制约着自然地理环境,而人总是生活在一定的自然地理环境中,他们在适应自然、顺应自然、求得自身生存和发展的过程中,创造出灿烂的文化,这些文化不可避免地会带上一定的地域色彩。这就是"一方水土养一方人"的道理所在。

(三)季节性

与空间上的地域性相对应,旅游资源在时间上往往表现出较强的季节性,最明显的是气象气候旅游资源、生物旅游资源以及各种节庆日。旅游资源的季节性变化使旅游业的发展在一年之中会出现明显的淡、旺季,这也是开发旅游资源时要特别注意的问题。一般认为,旅游资源的季节性是不可改变的,因此旅游业出现淡旺季也是不可避免的。但是只要采取有效的措施,可以尽量控制或设法缩短淡季的频率和时间。

(四)不可移动性

大多数旅游资源具有地理上的不可移动性,无论是我国的长城、埃及的金字塔,还是美洲的尼亚加拉大瀑布,都是如此。虽然在现代经济和技术条件下仿制旅游资源已成为可能,但是这种仿制品由于脱离了特定的历史和地理条件,从而也失去了原有的意义和魅力。不可移动的特性使旅游资源具有一定范围内的唯一性和垄断性,充分利用这种垄断性正是旅游资源开发的关键所在。

(五)可重复利用性

由于在旅游活动(极少数旅游活动除外,如狩猎、垂钓、植物果实的采摘的)过程中,旅游者带走的仅仅是"印象"和"体验",而不能带走旅游资源本身,所以旅游资源可以被重复利用。从这种意义上讲,旅游资源具有使用上的相对永续性。但是这种永续性是建立在对旅游资源利用的合理性基础之上的,如果利用不当则可能破坏甚至毁灭旅游资源。

(六)科学文化性

旅游资源除具有美学观赏价值外,还具有丰富的文化内涵。不论是自然赋予或是社会创造,不论是自然为主辅以人文还是人文为主利用自然的各类不同形成机制的旅游资源,都具有其科学性和自然、社会哲理。正是旅游资源的这种深层次的文化内涵，才使它具有对旅游者的吸引力。

（七）非旅游功能性

旅游资源中除个别专门为旅游而建造的人工游乐场所外，其他绝大部分资源的原来功能并非为旅游所有。自然景观本是天设地造，当然不是为旅游而产生。在人类初期，水和植被只不过是人类生存的基本条件而已。在人造景观中，庙宇是为祭祀，城墙是为御敌，亦非为旅游而筑。在社会资源中民俗风情乃是各民族生活的本色，亦无旅游价值可言，唯有经济发展到一定阶段，这些原本并无旅游功能的事物，才被“拿来”或“借用”，成为旅游资源。这一属性十分重要，它说明旅游资源不是天生的，固有的，必须经过人为地认识、发现和挖掘，才可能把一些看似与旅游无关，甚至极不起眼的东西转化为旅游资源。

三、旅游资源分类

旅游资源的分类是一项很细致且科学性极强的工作。同时也是旅游资源调查评价、制订旅游地开发规划的一项基础性工作。目前国内外旅游学界对旅游资源尚未形成比较确切统一的分类方法，多数学者都是从多元化的角度进行划分。这里仅就国内外较流行的几种分类原则与方法作一分析。

（一）旅游资源就其基本属性来说，可分为自然旅游资源和人文旅游资源

所谓自然旅游资源是指天然赋予并具有观赏价值，能使人产生美感的自然环境及其现象的地域组合，主要包括地文景观、水域风光、气候天象和生物景观等构景要素，其中又以前两项自然景观数量最多、分布范围最广。

所谓人文旅游资源是指古今社会人类活动所创造的具有旅游价值的物质财富和精神财富。它是历史、现实与文化的结晶。其内容十分广泛，主要包括文物古迹、民俗风情、城乡风貌、文学艺术、宗教文化、现代设施和饮食购物等构景要素。

事实上，自然旅游资源与人文旅游资源既有明显区别，又有一定的联系。自然旅游资源一般要经过人为的开发，或多或少带有人文因素；人文旅游资源往往要以自然景观为基础，并与之相协调。

（二）旅游资源就其利用角度而言，可分为可再生性旅游资源与不可再生性旅游资源

可再生性旅游资源一般是指那些在旅游过程中被部分消耗掉，但仍能通过适当的途径被人工再生产所补充的一类旅游资源，如旅游纪念品与土特产品均属此类。

不可再生性旅游资源一般是指那些在自然生成或在历史发展过程中的遗存物，这类旅游资源一旦被破坏，其后果不堪想象且极难挽回，即使部分复原，其原有的旅游观赏价值也会大打折扣。因而，对可再生性的旅游资源要充分利用，加速获取经济效益，对不可再生性旅游资源则应以保护为主，例如古建筑、古墓葬和古文化等。

（三）旅游资源从经营角度来看，可分为有限旅游资源和无限旅游资源

有限和无限包括时间和空间的二维性质。如生物和气候旅游资源在时间和空间上都可以说是无限的，而古代建筑则无论是在空间上还是在时间上都是有限的，即其有限的空间内只能容纳有限的游客，而游客所造成的破坏或自然损耗又会使有限的利用时间缩短。一次民俗的表演时间是有限的，而对山色、海景的观赏时间是无限的。这些提醒我们更要注意对有限旅游资源进行合理的开发和保护。

(四)旅游资源按管理级别来分,可分为世界级、国家级、省级、市(县级)旅游资源

• 世界级旅游资源　包括经联合国教科文组织批准分别列入《世界遗产名录》的名胜古迹、列入《世界地质公园》的自然景观和列入联合国"人与生物圈"保护区网络的自然保护区。

• 国家级旅游资源　包括由国务院审定公布的国家重点风景名胜区、国家历史文化名城和全国重点文物保护单位,由国家环境保护总局及国家林业局批准建立的国家森林公园和国家级自然保护区,由国家旅游局评定的国家级旅游区,以及由国土资源部评定的国家地质公园。

• 省级旅游资源　包括省级风景名胜区、省级历史文化名城和省级文物保护单位,以及省级森林公园、自然保护区和地质公园等。

• 市(县)级旅游资源　包括市(县)级风景名胜区和市(县)级文物保护单位。

(五)旅游资源国家认定标准的分类方法

我国于2003年10月实施了首个旅游资源认定国家标准,该标准由中国科学院地理科学与资源研究所和国家旅游局合作研究制订,旨在通过建立明确、简捷、便于操作的旅游资源分类系统,形成科学、准确的旅游资源评价体系。

该标准依据旅游资源存在的性状,即现存的状况、形态、特性和特征,将旅游资源分为"主类"(8个)、"亚类"(31个)和"基本类型"(155个)等三个层次,每一层次的旅游资源类型都有相应的汉语拼音代号。

该分类标准较以前的各种分类标准更具可操作性,每个单体旅游资源都可以较为容易地归入相应的类别。因此,该标准的实施必将逐步改善我国目前旅游资源分类混乱、数量不清、定位不准和开发随意的状况。

第二节　旅游资源调查

旅游资源调查是按照旅游资源的分类标准对旅游资源单体进行的研究和记录,即运用科学的方法和手段,有目的、有系统地收集、记录、整理、分析和总结旅游资源及其相关因素的信息与资料,以确定旅游资源的存量状况,并为旅游经营者提供客观决策依据的活动。

一、旅游资源调查的方法

旅游资源调查是进行旅游资源评价、开发、规划及合理利用及保护的最基本的工作。通过调查,可以查明可供利用的旅游资源状况,系统而全面地掌握旅游资源的数量、质量、性质、特点、成因、时代及价值等,为旅游资源的评价、分级分区、开发规划和合理利用等做好准备,为旅游业发展提供决策依据。

旅游资源调查的方法常用的主要有以下几种:

(一)资料统计分析法

几乎所有的调查都可始于收集现有资料,通过对旅游资源现有资料的分析整理,找出与调查项目相关的内容。这种基本的统计分析资料方法,对于确定一个调查区的旅游特色

和旅游价值具有重要意义，也是旅游规划和生态环境建设的基本依据。这种方法包括对现有资料的收集、预测和对调查过程中所取得的资料的统计、分析等。该方法适用于调查区资料较多且对旅游资源分析有价值的区域。

（二）现代科技分析法

现代科技手段的应用为旅游资源的调查带来了许多方便。在进行野外实地调查时使用声像摄录设备，如照相机、摄像机等，可以将野外考察过程记录下来，真实显现旅游资源的原貌。现代科技手段的应用于旅游资源调查主要采用遥感技术、全球定位系统（GPS）、现代测量技术、物探技术等。

遥感技术是采用航天遥感（卫星）、航空遥感测量技术，对地球进行测量观察而获得地学信息的一种手段，具有信息量大、覆盖面广、方位准确性高、所需时间短等优点，因而被应用于众多领域，其中包括旅游资源的调查，并取得了较好效果。通过遥感技术，有时还能得到其他调查手段无法获得的信息。

GPS 是一种空间定位技术。现代测量技术如全站仪等，都可以用来测定调查区旅游资源的位置、范围、大小等，在调查中用途很大。

物探技术主要用于调查那些尚未发掘的地下文物，如古代皇家陵寝的地宫等的探测。

在旅游资源调查中，应尽量充分利用各种现代科技手段，提高调查的准确性、精确性和科学性。但是需要有专门知识和专业设备，才能进行信息判读、解释和选择。

（三）田野勘测法

这是旅游资源调查中最基本的手段。通过现场踏勘，可以直观地观测旅游资源的实体状况，分类和筛选出可以利用的旅游资源。现场观测主要记录资源物体的空间形态、物体本身的完好程度以及物体周边的环境状况。还可以利用摄像机或照相机对现场物体及周围环境进行摄影记录，以便于室内回放分析与研究。调查人员直接接触旅游资源以获得宝贵的第一手资料，通过专业人员的感性认识和客观分析，得到翔实可靠的结果。

（四）询问调查法

询问调查是旅游资源调查的一种辅助方法，调查者可用访谈询问的方式了解旅游资源的情况，以获取更多的信息。对旅游资源最为了解的当属本地的居民，因而，在实地旅游资源调查过程中常需要向当地群众进行询问，以获取一般途径难以得到的关于旅游资源的详尽信息。另外还可以向资源所在地部门或旅游者进行询问，了解旅游资源的客观事实和难以发现的事物现象。可以直接询问，也可以分发调查问卷进行。

二、旅游资源调查的内容

旅游资源调查的内容复杂繁多，涉及与旅游活动有关的方方面面，对其进行调查既要注重旅游资源本身的各种情况，也要关注资源外界的现状与发展变化。因此，旅游资源调查的内容包括了解旅游资源的形成、存在背景和旅游资源开发的环境条件，掌握旅游资源现状，把握旅游市场变化动态等。具体调查时可以根据调查目的和用途，选择相应的调查方式，从中筛选部分内容进行研究，已完成调查任务。

（一）旅游资源形成背景条件的调查

自然环境的调查，包括调查区的概况、地质地貌要素、水体要素、气候气象要素、动植物要素等；人文环境的调查，包括该地的历史沿革，调查区的经济环境和发展水平，政治措施，发展环境和交通、通讯、供水、文化医疗卫生等基础条件，同时调查当地旅游业发展水平和当地居民对发展旅游业的态度等；环境质量调查，包括影响旅游资源开发利用的环境保护情况（工矿企业生产、生活、服务等人为因素造成的大气、水体、土壤、噪声污染状况及治理情况），以及自然灾害、传染病、放射性物质、易燃易爆物质等状况。

（二）旅游资源本身的调查

旅游资源本身的调查包括旅游资源的类型、特征、成因、级别、规模等基本情况，并提供调查区的旅游资源分布图、照片、录像及其他有关资料，以及与主要旅游资源有关的历史事件、名人活动、文艺作品等。

（三）旅游资源开发现状及开发条件的调查

旅游资源需要被开发出来才能为旅游业所用。该项目调查就是要查明旅游资源的开发状况、项目、类型等内容。

其主要调查与旅游活动相关的交通、饭店、餐饮、购物、娱乐等软硬件条件；调查客源市场，包括旅游地和周围客源地居民的消费水平和出游率，依据旅游资源吸引力的大小，进行必要的客源分析，包括形成客源的层面范围和大致数量、产生客源的积极因素和不利因素；调查邻近资源及区域内资源的相互关系，包括自然和人文旅游资源的结合与互补情况、各要素的组合及协调性、景观的聚集程度等。调查分析邻近资源与区域内资源的相互关系、所产生的积极和消极因素，以及区域内旅游资源在不同层级旅游区域中的地位。

三、旅游资源调查程序

旅游资源调查从其实践的程序上可分为三个阶段。

（一）调查准备阶段

调查准备阶段是整个调查的基础，包括组成调查小组、收集整理基本资料、明确调查目的三个主要内容。

1. 成立调查小组

一般调查小组由当地旅游开发规划领导小组和规划专家组共同组成。这样组成的小组能在调查过程中不受太多的人为阻碍和干预，保证调查工作顺利进行。

2. 收集整理基础资料

在调查之前，找当地人了解和搜集与本地区相关的地形、气候、民风民俗等自然和人文因素，并设法取得当地的地图或航片等资料以备调查过程中使用。

3. 明确调查的目的

调查目的的明确极为关键，只有调查小组各个成员都了解调查的目的，才能有针对地收集资料，提高调查效率，制订合理的调查方案。

（二）实地调查阶段

在前期准备阶段完成后就要进入实地调查阶段。本阶段对区域内的旅游资源进行实地去调查，看哪些旅游资源具备开发潜力，哪些不适合当前开发。对具有开发潜力的旅游资源还要调查其成因、特色及开发价值，以及还需哪些配套设施等，以确定开发重点和方向。实地调查阶段可以分为旅游资源的普查和旅游资源详细勘查。普查主要对区域内旅游资源有个整体了解；而详细勘查是对旅游资源自身进行详细调查。

（三）数据整理阶段

在实地调查之后，对收集到的第一手资料和间接资料加以整理，检查在调查中是否有遗漏，并从全局的角度对旅游资源进行分析评价，从而确定该地区旅游资源的开发模式和方向。

第三节　旅游资源评价的原则、内容和方法

旅游资源评价是在旅游资源调查的基础上进行的深入研究工作，是从合理开发利用和保护旅游资源及取得最大社会经济效益的角度出发，采取一定的方法，对一定区域旅游资源本身的价值及外部开发条件等进行综合评判和鉴定的过程。

一、旅游资源评价的原则

旅游资源评价是一项极为复杂的工作。它涉及自然、历史、地理、地质、经济、宗教、民族、建筑、植物、文学、艺术以及其他学科门类的相关知识，因而参加旅游资源评价的人员必须充分搜集和掌握各个领域的资料和成果，以保证旅游资源评级结果的科学性和准确性。正是由于旅游资源评价工作的复杂性，目前还没有形成一致公认的统一标准，所以评价结果受评价者的知识结构、个人爱好等主观因素影响较大。为了保证评价结果的公正、客观、准确，一般应遵循以下原则：

（一）全面系统原则

旅游资源是多种多样的，它的价值和功能也是多层次、多形式、多方面的。这就要求在进行旅游资源评价时，不仅要注重对旅游资源本身的成因、特色、质量和数量等因素的评价，还要把旅游资源所处的区域的旅游区位、旅游环境、客源市场、交通条件、经济发展水平、基础设施建设以及当地居民对旅游的态度等开发条件，作为外部条件纳入评价范围。全面系统地进行评价，准确地反映出旅游资源的整体价值。

（二）客观实际原则

旅游资源的评估工作，要从客观实际出发，即在旅游资源调查的基础上，运用自然、经济、历史、地理、民族、建筑、植物等相关的理论和知识，对旅游资源的形成、本质、属性、价值等核心内容做出实事求是的评价。对其价值和开发前景既不夸大、也不缩小，做出恰如其分的、客观准确的评价。

（三）动态发展原则

旅游资源的特征及其开发的外部条件是在不断变化发展的。这就要求对旅游资源的评价不能局限于现状，必须运用动态发展的观点看待其变化趋势，从而对其开发利用前景做出全面、积极、正确的判断。避免盲目夸大或缩小旅游资源的价值。

（四）兼顾三大效益原则

评价旅游资源应该考虑三方面的效益：经济效益，即能开拓财源、增加经济收入、对当地经济起到促进作用；环境效益，即能美化和保护环境，为人类提供有利于身心健康、生态平衡的空间场所；社会效益，即能吸引游客，为其提供开阔视野、增长见识、陶冶情操的场

所，同时使旅游资源所在地的社会环境通过与外界交流得以提高。总之，通过充分利用旅游资源的优势，获得多种效益的综合提升。

（五）力求定量原则

在评价旅游资源时应尽量避免带有强烈主观色彩的定性评价，力求定量评价。对于不同调查区尽量采取同一种标准的定量评价，以使评价结果具有可比性。

二、旅游资源评价的内容

旅游资源评价包括对旅游资源要素和结构的评价，也包括对旅游资源开发外部条件的评价，其主要内容有：

（一）旅游资源特点的评价

1.旅游资源的特性和特色

任何旅游资源都有其自身独特的性质。旅游资源特色和特性是衡量其对旅游者吸引力大小的重要因素，也是旅游开发的先决条件之一。它对旅游资源的利用、开发及其对经济和社会的贡献起着决定作用。因此，旅游资源的特性和特色是旅游资源开发的生命线。

2.旅游资源的价值和功能

旅游资源的价值包括旅游资源的艺术、文化、科学、经济和美学价值，它是旅游资源质量和水平的反映。旅游资源的功能与旅游资源的价值相呼应。一般而言，艺术和美学价值高的旅游资源，功能表现在观光方面；文化和科学价值高的旅游资源，功能表现在科学考察和文化旅游方面。旅游资源的这些功能和价值是其开发规模、程度和前景的重要决定因素。

3.旅游资源的数量、密度和布局

旅游资源的数量是指旅游区内可观赏景观的多少。其密度是指这些旅游资源的集中程度。旅游资源的布局则是指景观资源的分布和组合特征，它是资源优势和特色的重要表现。所以，景观数量大，相对集中并且布局合理的地区是理想的旅游开发区，反之则不利于开发。因此，旅游资源的数量、密度和布局是区域旅游资源开发规模和可行性的重要决定因素。

（二）旅游资源环境的评价

1.旅游资源的自然环境

旅游资源所处的自然环境会对旅游资源的开发产生影响，这些环境主要包括调查区内的地质、地貌、气象、水文、生物等。作为旅游开发地，其环境应以幽静怡人为宜。旅游者希望见到的是具有美感的旅游区。气候条件对旅游资源的开发影响颇大，一般来说旅游资源开发地一年中适于旅游的天数越多，旅游资源开发后的效益越明显。旅游资源所在地的地质条件恶劣，易发生地震、滑坡、泥石流等，都不利于旅游活动的开展。所以在对旅游资源评价时，其所处的自然环境是评价的重要内容之一。

2.旅游资源的社会环境

旅游资源的社会环境是指旅游资源所在区域的政治局势、社会治安、医疗保健以及当地居民对旅游的认识等条件。旅游是一项对社会环境比较敏感的活动，在稳定的社会环境中能够较快发展，而在出现社会动荡时会给旅游者和旅游业造成伤害。可见旅游对社会环境的依赖程度是很大的。

3.旅游资源的环境容量和承载力

旅游资源的环境容量是指某项旅游资源自身或所处地区在一定时间条件下旅游活动

的容纳能力，包括容人量和容时量两个方面。容人量是指旅游景区单位游览面积所能容纳游客的数量。容时量是指景区游览时所需的基本时间。容人量反映了景区用地、设施和投资规模等指标；而容时量反映了景区的游程、景观布局等内容。旅游资源的容人量并不是指景区中能够容纳游人的最大数量，在评价时必须考虑旅游资源的性质及由此而决定的旅游活动方式、观赏要求、周边的环境以及游客的反映等。只有这些要求都得到满足时的游客数量才是最佳容量。

（三）旅游资源开发条件的评价

1. 区位条件

旅游资源的区位条件包括旅游资源所处地区的地理位置、交通条件及其与周围旅游区的空间关系。特殊的地理位置可相应增加其旅游吸引力。旅游交通区位条件也决定了旅游区的可进入性和旅游资源开发的难易程度。

2. 客源条件

客源数量直接关系到经济效益，没有一定的游客量则旅游资源的开发难以产生良好的效益。客源存在时空变化。在时间上，客源分布的不均匀造成旅游的淡旺季；在空间上，客源的分布半径和密度，由旅游资源的吸引力和社会经济环境决定。旅游资源特色强、规模大、社会接待环境好的景区，其客源范围大、数量多，相应地其综合经济效益就高。反之，则低。

3. 施工条件

旅游资源开发项目还必须考虑其工程量的大小和难易程度。首先是工程建设的自然基础条件，如地质地貌、水文等条件；其次是工程建设的供应条件，包括设备、建材等。对开发方案要进行充分论证，同时要考虑经费时间和效益等关系，以确定合理的开发方案。

4. 开发条件

有的调查区旅游资源已具有一定程度的开发利用基础，评价时应注意总结开发过程中的成功经验和失败教训，找出存在的问题，为下一步旅游资源的开发和保护提供建设性意见。

5. 投资条件

旅游资源的开发需要大量资金的支持，调查区的社会经济环境、经济发展战略以及给予投资者的优惠政策等因素，都直接影响投资者的开发决策。所以，必须认真研究调查区的投资环境和政治环境。

三、旅游资源评价的方法

旅游资源评价的方法主要包括定性评价法、定量评价法和综合评价法三类。

（一）定性评价法

这种方使用范围广泛，形式多样，包含的内容较丰富，是评价者在考察旅游资源后根据自己的主观意识作出的评价。常见的有：

1. 卢云亭的“三三六”评价体系

卢云亭提出了“三三六”评价体系，即“三大价值”、“三大效益”、“六大条件”。

“三大价值”是指旅游资源的历史文化价值、艺术观赏价值和科学考察价值。历史文化价值是指评价人文旅游资源要看其类型、年代、规模和保存状况及在历史上的地位。一般越古老、稀少、珍贵,其历史文化价值就越大。艺术观赏价值是指旅游资源的艺术特征、地位和意义,强调主、副景的组合,格调和季相的变化。若景象中具有奇、古、绝、名中的某一特征或数种特征并存,则旅游资源的艺术价值就高。评价艺术观赏价值时有三种比较方法值得注意:第一是地方色彩的浓郁程度;第二是历史感的深浅;第三是艺术性的高低。科学考察价值是指景物的某种研究功能。世界级旅游资源的科学考察价值涉及诸多领域,可作为不同专业科教工作者的研究考察对象。

“ 三大效益”是指经济效益、社会效益和环境效益。

“六大条件”是指旅游资源分布区的地理位置和交通条件、景观的地域组合条件、景区游客容量条件、客源市场条件、施工难易条件和投资能力条件。

旅游资源的地理位置是决定景区的发展规模、路线选择和利用方向的重要因素之一,其影响景区的类型和特色及旅游市场容量。景区的可进入性也是由地理位置的优越与否和交通的方便程度决定的。可见地理位置和交通条件是评价旅游资源开发的首要条件之一。

一个景区如果景点地域组合分散、景点相距较远,就会大大降低其旅游价值。评价景观的地域组合还有一个重要任务是区分主体景观和非主体景观类型。主体景观类型是指具有特殊的吸引力和感染力的景观。非主体景观类型则起衬托和辅助作用。评价时要突出对主体景观的特色评价,同时要兼顾辅助景观的作用。特别要注意自然景观和人文景观的互补性及要素的协调程度。

景区游客容量条件包括自然生态环境对游人的承载量即环境容量和容人量、景区游览所需时间即容时量。

客源数量是维持和提高旅游景区经济效益的重要因素。不同景区,以其特点吸引着不同的游人,而不同的游客数量,决定着景区的市场规模。

旅游资源开发时需要考虑开发项目的难易程度和工程量的大小。首先是工程建设条件。其次是基本供应设施条件。评价开发难度的关键是权衡经济效益,包括数量和时间两方面,即开发工程与投资大小的关系、开发工程与受益早晚的关系。

投资能力条件是旅游资源开发利用的资金保障。目前,我国旅游资源开发实行由社会资本投资的政策,国家财政不再对旅游景区开发进行直接投资。

2.黄辉实的“六字标准”评价法

该标准主要从资源本身和资源所处环境两个方面加以考虑。

对旅游资源本身,采用了“六字标准”,即美、古、名、特、奇、用。美是指给人的美感。美具有历史性和阶级性。在评价时,既要对美的共性进行评价,同时又要分析美的差异性。古指旅游资源的悠久历史。评价时要与美结合,以领略历史文物的艺术价值。名指具有名声的事物和与名人有关的事物。特指特有的、别处没有或少见的资源。奇指给人以新奇感受的资源。用指给人以使用价值的资源。

对旅游资源所处的环境,采用七个项目:季节性、污染状况、联系性、可进入性、基础结构、社会经济环境、旅游市场。这七个项目对旅游资源的开发利用价值影响颇大,评价时必须进行客观的定性描述。

3.美感质量评价法

美感质量评价是一种专业性的旅游资源美学价值的评价。这类评价一般是在旅游者或旅游专家体验性评价基础上进行的深入分析，其评价结果具有可比性。其中有关自然风景区视觉评价较为成熟，已发展成为四个公认的学派，即专家学派、物理学派、认知学派或心理学派、经验学派或现象学派。其中，专家学派认为凡是符合形式美原则的风景就具有较高的质量。评价工作由少数训练有素的专业人员来完成。这一方法一直处于统治地位，为许多官方机构所采用。

（二）定量评价法

对旅游资源进行定量评价，实际上就是在一个有限的范围内对资源对象赋值。

1. 旅游资源的技术性评价

旅游资源的技术性评价是指旅游资源各要素对于旅游者从事特定旅游活动适宜程度的评估。该评价方法需要运用大量技术性指标，这些指标是从长期实际工作中逐步积累的经验值。此方法一般限于对自然旅游资源的评价。此类评价方法对于开展专项旅游活动较适用。每一项旅游活动都会有一个或几个旅游资源因素对活动质量起决定性作用。如一般休养性质的旅游活动（如避暑），气候是其决定因子；而对于滑雪来说，雪地的地形和雪的厚度至关重要。旅游资源技术性评价，既可以就这些关键因素针对确定的旅游活动进行适宜性评价，也可以就某种旅游活动所要求的各种旅游资源要素的组合状况进行技术性评价，根据资源要素的组合状况来确定这一旅游资源适宜从事某种旅游活动的等级。

2. 菲什拜因—罗森伯格模型

对旅游地的综合评估，事实上有一个潜在的认定，即旅游者出游的决策意向和出游的行为与旅游地综合性评估之间呈确定的正比例关系。旅游地的综合性评估值越高，表明旅游者到其地旅游的愿望（对于潜在的旅游地）和行为（对于已经开发的旅游地）越强烈。旅游者的消费决策和行为规律，是旅游地综合性评估的理论基础，旅游地综合性评估模型即是消费者决策模型——菲什拜因—罗森伯格模型。

罗森伯格（M. Rosenberg）和菲什拜因（M. Fishbenin），分别建有客体或行为吸引力量测模型与态度量测模型，两人的模型基本形式相同。如今被广泛用于市场促销研究的消费者决策分析的基本模型为：

$$A_j = \sum_{i=1}^{n}(V_i B_{ij})$$

式中：A_j 为选择某一产品 j 的意愿；V_i 为产品的第 i 个重要性；B_{ij} 为本产品（j）相对于其他产品拥有特征 i 的程度；n 为产品的特征项数。

旅游地综合性评估模型则采用如下形式：

$$E = \sum_{i=1}^{n}(Q_i P_i)$$

式中：E 为旅游地综合性评估结果值；Q_i 为第 i 个评估因子的权重，P_i 为第 i 个评价因子的评价值；n 为评价因子的数目。

在求取单个评价因子的评估值时，同样可以采取与此形式相同的模型。在一般情况下，对应于旅游地综合评估值还有一个定名量表，可以将定量的结果转化为确定的定性结论，以便于决策者使用评估结果。

3. 旅游资源共有因子综合评价法

本方法主要是根据旅游资源的共性因素进行综合评价，通过打分评估出旅游资源的价值。本方法以国家旅游局2003年颁布的旅游资源评价标准为代表。该评价标准包括评价项目、评价因子、评价依据、评价赋分四个方面。评价项目包括“资源要素价值”、“资源影响力”、“附加值”三个项目。评价因子、评价依据和评价赋分的具体情况见表3-1。

表3-1 旅游资源评价赋分标准

评价项目	评价因子	评价依据	赋值
资源要素价值	观赏游憩使用价值	全部或其中一项具有极高的观赏价值、游憩价值、使用价值	30～22
		全部或其中一项具有很高的观赏价值、游憩价值、使用价值	21～13
		全部或其中一项具有较高的观赏价值、游憩价值、使用价值	12～6
		全部或其中一项具有一般的观赏价值、游憩价值、使用价值	5～1
	历史文化科学艺术价值	同时或其中一项具有世界意义的历史价值、文化价值、科学价值、艺术价值	25～20
		同时或其中一项具有全国意义的历史价值、文化价值、科学价值、艺术价值	19～13
		同时或其中一项具有省级意义的历史价值、文化价值、科学价值、艺术价值	12～6
		历史价值、或文化价值、或科学价值，或艺术价值具有地区意义	5～1
	珍稀奇特程度	有大量珍稀物种，或景观异常奇特，或此类现象在其他地区罕见	15～13
		有较多珍稀物种，或景观奇特，或此类现象在其他地区很少见	12～9
		有少量珍稀物种，或景观突出，或此类现象在其他地区少见	8～4
		有个别珍稀物种，或景观比较突出，或此类现象在其他地区较多见	3～1
	规模、丰度与几率	独立型旅游资源单体规模、体量巨大；集合型旅游资源单体结构完美、疏密度优良级；自然景象和人文活动周期性发生或频率极高	10～8
		独立型旅游资源单体规模、体量较大；集合型旅游资源单体结构很和谐、疏密度良好；自然景象和人文活动周期性发生或频率很高	7～5
		独立型旅游资源单体规模、体量中等；集合型旅游资源单体结构和谐、疏密度较好；自然景象和人文活动周期性发生或频率较高	4～3
		独立型旅游资源单体规模、体量较小；集合型旅游资源单体结构和谐、疏密度一般；自然景象和人文活动周期性发生或频率较小	2～1
	完整性	形态与结构保持完整	5～4
		形态与结构有少量变化，但不明显	3
		形态与结构有明显变化	2
		形态与结构有重大变化	1
资源影响力	知名度和影响力	在世界范围内知名，或构成世界承认的名牌	10～8
		在全国范围内知名，或构成全国性的名牌	7～5
		在本省范围内知名，或构成省内的名牌	4～3
		在本地区范围内知名，或构成本地区名牌	2～1

续表

评价项目	评价因子	评价依据	赋值
资源影响力	适游期或使用范围	适宜游览的日期每年超过300天,或适宜于所有游客使用和参与	5～4
		适宜游览的日期每年超过250天,或适宜于80%左右游客使用和参与	3
		适宜游览的日期超过150天,或适宜于60%左右游客使用和参与	2
		适宜游览的日期每年超过100天,或适宜于40%左右游客使用和参与	1
附加值	环境保护与环境安全	已受到严重污染,或存在严重安全隐患	−5
		已受到中度污染,或存在明显安全隐患	−4
		已受到轻度污染,或存在一定安全隐患	−3
		已有工程保护措施,环境安全得到保证	3

根据对旅游资源单体的评价,得出该单体旅游资源共有综合因子评价赋分总分值后,将旅游资源划分为五个评价等级:五级旅游资源,得分值域≥90分;四级旅游资源,得分值域≥75～89分;三级旅游资源,得分值域≥60～74分;二级旅游资源,得分值域≥45～59分;一级旅游资源,得分值域≥30～44分。五级旅游资源称为“特品级旅游资源”,五级、四级、三级旅游资源通称为“优良级旅游资源”,二级、一级旅游资源通称为“普通级旅游资源。”

【案例分析】

西藏雅鲁藏布大峡谷国家级自然保护区旅游资源调查与评价

雅鲁藏布大峡谷国家级自然保护区地处西藏自治区东南隅,大致位于北纬29°05′—30°20′和东经94°39′—96°6′之间,其南以高尤拉与丹巴江北部分水岭为界,北抵纳雍嘎簸雪山、帕隆藏布江与岗日嘎布山脉主脊;西自东喜马拉雅山脉主脊线,白努弄巴和则巴弄巴西侧分水岭,东达岗嘎布主峰。保护区面积9168 km^2,居民约1.49万。行政隶属于西藏自治区林芝行署的墨脱县和米林县的派镇、林芝县的鲁朗镇、波密县的易贡乡、古乡和扎木镇所辖。1985年,西藏自治区在大峡谷地区建立了自治区级的墨脱自然保护区。1986年,经国务院批准,墨脱自然保护区升级为国家级自然保护区,面积626.20km^2。2000年经国务院批准,由“西藏墨脱国家级自然保护区”扩界更名为“西藏雅鲁藏布大峡谷国家级自然保护区”,主要保护对象为山地森林生态系统及生物多样性资源、世界第一大峡谷自然景观和青藏高原最主要的水气通道环境。扩界更名后,雅鲁藏布大峡谷自然保护区内形成了从热带雨林到高寒灌丛草甸的完整植物垂直分布,保存了许多古老的生物物种和丰富的动植物资源,有“植被类型天然博物馆”和“生物基因宝库”的美誉。同时,该区正是印度板块向亚欧板块俯冲的“吃力点”,多种多样的地质现象又使它享有“地质博物馆”的美名。而且由于地理位置偏僻,交通不便,长期处于封闭状态,生活于该地区的门巴、珞巴族同胞形成了基于自然崇拜的原始而独特的珞瑜文化。顶级的自然景观和独特的民俗文化使雅鲁藏布大峡谷自然保护区成为发展生态旅游的理想地区。

本次调查采用《中国旅游资源普查规范》、国家标准《旅游资源分类、调查与评价》

(GB/T18972—2003)作为旅游资源分类与评价的依据，充分利用现有的各种资料和研究成果，并对重点旅游资源单体进行现场调查核实，在此基础上对旅游资源进行单体定量评价及等级划分。

在对雅鲁藏布大峡谷自然保护区旅游资源的系统调查基础上，根据《中国旅游资源普查规范》、国家标准《旅游资源分类、调查与评价》(GB/T 18972—2003)，雅鲁藏布大峡谷自然保护区各类型旅游资源的统计结果见表3-2、表3-3。

表3-2 保护区旅游资源各层次类型统计表

主类	亚类	基本类型		旅游资源单体	
		数量/个	占基本类型/%	数量/个	占旅游资源单体/%
A地文景观	AA综合自然旅游地	5	5.1	20	6.8
	AB沉积与构造	6	6.1	16	5.4
	AC地质地貌过程形迹	10	10.2	20	6.8
	AD自然变动遗迹	5	5.1	8	2.7
	AE岛礁	2	2.0	2	0.7
	小计	28	28.6	66	22.4
B水域风光	BA河段	1	1.0	6	2.0
	BB天然湖泊与池沼	3	3.1	6	2.0
	BC瀑布	3	3.1	23	7.8
	BF冰雪地	2	2.0	11	3.7
	小计	9	9.2	46	15.6
C生物景观	CA树木	3	3.1	13	4.4
	CB草原与草地	2	2.0	6	2.0
	CC花卉地	2	2.0	5	1.7
	CD野生动物栖息地	4	4.1	13	4.4
	小计	11	11.2	37	12.5
D气候与天象景观	DA光现象	2	2.0	5	1.7
	DB天气与气候现象	5	5.1	17	5.8
	小计	7	7.1	22	7.5
E遗址遗迹	EA史前人类活动场所	1	1.0	1	0.3
	EB社会经济文化遗址遗迹	4	4.1	6	2.0
	小计	5	5.1	7	2.3

续表

主类	亚类	基本类型		旅游资源单体	
		数量/个	占基本类型/%	数量/个	占旅游资源单体/%
F 建筑与设施	FA 综合人文旅游地	5	5.1	28	9.5
	FC 景观建筑与附属型建筑	6	6.1	6	2.0
	FD 居住地与社区	5	5.1	11	3.7
	FE 归葬地	1	1.0	3	1.0
	FF 交通建筑	3	3.1	15	5.1
	小计	20	20.4	63	21.4
G 旅游商品	GA 地方旅游商品	5	5.1	21	7.1
H 人文活动	HA 人事记录	2	2.0	5	1.7
	HB 艺术	2	2.0	7	2.4
	HC 民间习俗	7	7.1	18	6.1
	HD 现代节庆	2	2.0	3	1.0
	小计	13	13.3	33	11.2
合计		98	100	295	100

表 3-3　保护区旅游资源类型与全国对比统计表

主类	亚类			基本类型		
	保护区	全国	比例/%	保护区	全国	比例/%
地文景观	5	5	100.0	28	37	75.7
水域风光	4	6	66.7	9	15	60.0
生物景观	4	4	100.0	11	11	100.0
天象与气候景观	2	2	100.0	7	8	87.5
遗址遗迹	2	2	100.0	5	12	41.7
建筑与设施	5	7	71.4	20	49	40.8
旅游商品	1	1	100.0	5	7	71.4
人文活动	4	4	100.0	13	16	81.3
合计	27	31	87.1	98	155	63.2

从表 3-2、表 3-3 可以看出，在全国 8 种主类、31 种亚类、155 种基本类型的旅游资源中，雅鲁藏布大峡谷自然保护区涵盖 8 大主类，拥有 27 种亚类、98 种基本类型，资源类型覆盖率分别为 100%、87.1%、63.2%。在 8 大主类中，地文景观(A)、生物景观(C)、天象与气候景观(D)、遗址遗迹(E)、旅游商品(G)和人文活动(H)6 大主类的各亚类均有分布，在水域风光(B)中除没有泉(BD)、河口与海面(BE)，建筑与设施(F)中没有单体活动场馆(FB)、水工建筑(FG)4 个亚类外，其他旅游资源亚类也均存在。在 8 大主类中，地文景观类拥有 37 种基本类型中的 28 种，水域风光类拥有 15 种基本类型

中的 9 种，生物景观类拥有 11 种基本类型中的 11 种，天象与气候类拥有 8 种基本类型中的 7 种，遗址遗迹类拥有 12 种基本类型中的 5 种，建筑与设施类拥有 49 种基本类型中的 20 种，旅游商品类拥有 7 基本类型的 5 种，人文活动类拥有 16 种基本类型中 13 种。这说明雅鲁藏布大峡谷自然保护区资源丰度较好，形成较为丰富的旅游产品体系。雅鲁藏布大峡谷自然保护区旅游资源类型的总体拥有率虽然较高，但各主类在基本类型拥有率和旅游资源单体拥有量上都存在着明显的差异。按基本类型拥有率的高低排序，8 大主类的顺序依次为生物景观(C)、天象与气候景观(D)、人文活动(H)、地文景观(A)、旅游商品(G)、水域风光(B)、遗址遗迹(E)、建筑与设施(F)。在 295 个旅游资源单体中，从旅游资源单体拥有量从多到少排序，依次为地文景观(A)、建筑与设施(F)、水域风光(B)、生物景观(C)、人文活动(H)、天象与气候景观(D)、旅游商品(G)、遗址遗迹(E)。由此可见，在各类旅游资源的构成中，以地文景观类、水域风光类、生物景观类等自然景观旅游资源聚集度较高，这三类资源共占旅游资源单体总数的 50.5%，这在一定程度上反映了该旅游资源以自然旅游资源为主体的基本特征。

对旅游资源评价采用评价项目和评价因子 2 个档次进行评价。评价项目包括资源要素价值、资源影响力、附加值 3 个项目；资源要素价值项目中包含观赏游憩使用价值、历史文化科学艺术价值、珍稀奇特程度、规模和丰度与几率、完整性 5 项评价因子；资源影响力项目中包含知名度和影响力、适游期或使用范围 2 项评价因子；附加值项目中包含环境保护与环境安全 1 项评价因子(见表 3-4)。每一评价因子分为 4 个档次，其因子分值相应分为 4 档。具体评价方法参见国家标准《旅游资源分类、调查与评价》(GB/T18972—2003)。

表 3-4　保护区旅游资源评价项目、评价因子与赋分标准

评价项目	资源要素价值					资源影响力		附加值
评价因子	观赏游憩使用价值	历史文化科学艺术价值	珍稀奇特程度	规模、丰度与几率	完整性	知名度和影响力	适游期或使用范围	环境保护与环境安全
赋分标准	30	25	15	10	5	10	5	+10

表 3-5　保护区旅游资源等级划分与评价

资源等级	得分值域	旅游资源数量	占旅游资源总数
五级旅游资源	90～100	15	5.1
四级旅游资源	75～89	36	12.2
三级旅游资源	60～74	124	42.0
二级旅游资源	45～59	88	29.8
一级旅游资源	30～44	22	7.5
等外旅游资源	＜30	10	3.4
合计		295	100.0

通过对雅鲁藏布大峡谷自然保护区 295 个旅游资源单体进行逐一评定(见表 3-5),特品级(包括五级)旅游资源单体 15 个,占 5.1%;优良级(包括五级、四级、三级)旅游资源单体数量达 175 个,占 59.3%;普通级(包括二级和一级)旅游资源单体共 110 个,占 37.3%。从表 3-5 可以看出,雅鲁藏布大峡谷自然保护区不仅优良级旅游资源众多,而且旅游资源品位非常高,是开展高端生态旅游以及特种旅游的理想场所,具有广阔的市场开发前景。

资料来源:邓立斌,陈端吕,邓丽群. 自然保护区旅游资源调查与评价——以西藏雅鲁藏布大峡谷国家级自然保护区为例[J]. 中南林业科技大学学报(社会科学版),2012,6(2):51-53.

复习思考

1. 简述旅游资源内涵及特征。
2. 2003 年我国制订的旅游资源分类标准主要包括哪些具体内容?
3. 常用的旅游资源调查方法主要有哪些?
4. 旅游资源调查的内容主要包括哪些?
5. 旅游资源调查的实施步骤主要有哪些?
6. 旅游资源评价的内容主要包括哪些?
7. 常用旅游资源定性评价和定量评价主要有哪些?

第四章　旅游市场分析与预测

学习目标

- 熟悉旅游规划区市场分析内容和旅游市场调研的程序
- 掌握旅游市场调研的方法与内容和常用的旅游市场预测的方法
- 了解旅游市场预测的概念

旅游市场分析和预测是旅游规划中的重要一环。科学的旅游市场环境分析、旅游市场调研和旅游市场预测是决定旅游规划能否适应市场需求的前提和保证。

第一节　旅游市场环境分析

旅游区规划与开发过程中的一个重要任务是对旅游市场的市场环境进行分析。旅游市场环境分析的主要内容包括:旅游规划区市场宏观环境分析、规划区旅游市场的发展历史与现状和旅游规划区市场竞争者分析。

一、旅游市场宏观环境分析

根据旅游市场营销环境理论分析,市场宏观环境由对旅游区规划产生重要影响的因素构成,包括人口因素、经济因素、政治法律因素、文化因素、技术因素、社会因素构成。

(一)人口因素

人口是市场的第一要素,人口的多少决定着市场容量。人口数量直接决定市场规模和潜在容量,人口的性别、年龄、民族、婚姻状况、职业、居住分布等也对市场格局产生着深刻影响,从而影响着规划区的营销活动。旅游规划应重视对人口环境的研究,密切关注人口特性及其发展动向,及时地调整营销策略以适应人口环境的变化。

1. 人口数量分析

人口数量是决定市场规模的一个基本要素。一般来说,人口数量与市场容量、消费需求成正比。在经济发展水平相同的地区,人口的增加对旅游人次的增加起着一定作用。因此,进行旅游规划时应该明确规划地能影响到的人口整体规模。

2.人口结构分析

(1)年龄结构。不同的年龄的消费者对商品和服务的需求是不一样的。不同年龄结构就形成了具有年龄特色的市场。例如规划区应了解不同年龄结构所具有的需求特点,从而可以决定规划项目内容,寻找目标市场。例如在美国度假旅行的支出80%是出在55岁以上的人手中。随着世界人口老龄化,国际老年人旅游市场已形成,旅游市场营销者应审时度势,制定老龄人口旅游市场开发战略,推出适合老年人需求的各种旅游服务项目。

(2)性别结构。性别差异会给人们的旅游需求带来显著的差别,反映到市场上就是消费或是对旅游活动兴趣点不同。

(3)教育与职业结构。人口的受教育程度与职业不同,对旅游需求表现出不同的倾向。随着高等教育规模的扩大,人口的受教育程度普遍提高,收入水平也逐步增加。规划区应关注人们对不同类型旅游活动与项目的需求变化。

(4)家庭结构。家庭是旅游服务购买和消费的基本单位。一个国家或地区的家庭单位的多少以及家庭平均人员的多少,可以直接影响到某些消费品的需求数量。同时,不同类型的家庭往往有不同的消费需求。

(5)社会结构。随着城镇化发展,越来越多的农业人口变为城镇人口,这种社会结构的变化,对旅游区活动内容与项目建设也会产生不同影响。

(6)民族结构。我国是一个多民族的国家。民族不同,其文化传统、生活习性也不相同。具体表现在饮食、居住、服饰、礼仪等方面的消费需求都有自己的风俗习惯。规划区旅游活动内容与项目建设也要重视民族市场的特点,开发适合民族特性、受其欢迎的产品与服务。

3.人口分布分析

人口有地理分布上的区别,人口在不同地区密集程度是不同的。各地人口的密度不同,则市场大小不同、消费需求特性不同。

(二)经济因素

经济因素是影响规划区生存的重要环境因素,主要是指国民经济发展状况,它的发展水平与状态不仅决定该规划区旅游业发展的市场前景,也决定了规划区旅游发展基础设施与辅助设施建设。它包括国民经济总量因素、个人收入因素、消费支出等方面。

1.国民生产总值(GNP)

国民生产总值是反映国民经济发展的综合指标。它是衡量一个国家经济实力与购买力的重要指标。国民生产总值增长越快,对商品的需求和购买力就越大,反之,就越小。人均国民生产总值更能反映出一个国家人民的富裕程度。这个指标大体反映了一个国家人民生活水平的高低,也在一定程度上决定商品需求的构成。一般来说,人均收入增长,对商品的需求和购买力就大,反之就小。

有研究指出,一般来说,人均GNP到300美元就会兴起国内旅游,而人均GNP达到1000美元就会有出境旅游的需求。特别是人均国民生产总值为1500美元以上的,旅游增长速度更为迅速。1990年美国就因其较高的人均GNP成为世界上最大的旅游客源国之一,当时美国人均国民生产总值为17615美元,是中国的8.3倍,出国旅游者高达4000万人次。当年日本人均国民生产总值为13135美元,是中国的6.2倍,成为亚洲最大的旅游客源国之一,日本出国旅游者达1100万人次。目前我国国内经济发展,整体收入提高,促使更多人选择出游。

2. 个人收入

经济条件是人们进行旅游活动的必要条件之一。个人收入，尤其是个人可任意支配收入是消费需求变化中最活跃的因素，更是决定旅游消费者购买力和支出的决定性因素。据统计，在经济发达国家中，每个国民的旅游费支出约占个人收入的4%～6%。因此，个人收入是衡量当地市场容量、反映购买力高低的重要尺度。一般来说，高收入的旅游者往往比低收入的旅游者在旅游过程中平均逗留时间长、平均花费高。旅游者在旅游中选择参加的活动类型、购买的旅游产品也因收入不同而有很大的差别。

3. 支出分析

随着个人收入的变化，个人支出会发生相应变化，继而使一个国家或地区的消费结构也发生变化。德国统计学家恩斯特·恩格尔于1857年发现了消费者收入变化与支出模式，即消费结构变化之间的规律性。恩格尔所揭示的这种消费结构的变化通常用恩格尔系数来表示，即：

恩格尔系数＝食品支出金额/家庭消费支出总金额

恩格尔系数越小，即食品支出所占比重越小，表明生活富裕，生活质量高；恩格尔系数越大，即食品支出所占比重越高，表明生活贫困，生活质量低。恩格尔系数是衡量一个国家、地区、城市、家庭生活水平高低的重要参数。

规划区通过对恩格尔系数的研究可以了解目前市场的消费水平，也可以推知今后消费变化的趋势及对规划区营销活动的影响。

（三）社会文化因素

社会文化因素是指在一种社会形态下已经形成价值观念、宗教信仰、风俗习惯、道德规范等的总和。对规划区产生影响的社会文化因素主要包括相关群体、家庭、社会阶层和消费习惯等。规划区应了解和分析社会文化环境，针对不同的文化环境制定不同的营销策略，找出不同的卖点。

1. 相关群体

相关群体，就是能直接或间接影响旅游者的态度、行为和价值观的个人或集体，它是旅游的主要社会关系，如家庭、邻居、朋友、同事等，或因某社会风尚的影响而形成具有一种消费需求倾向的群体。相关群体会影响到旅游者所思所想，为其提供行动参考依据，会对购买行为产生相关的影响。

2. 家庭

家庭是基本的社会单位，家庭对旅游者的出游决策行为影响最为强烈。每一个家庭都会有各自不同的旅游决策模式。此外家庭生命周期也对一个家庭旅游活动产生重大影响，如子女已经成年没有负担的退休老人，没有经济负担如果身体允许，往往会对旅游十分感兴趣。

3. 社会阶层

社会阶层是根据职业、收入成就、教育水平、价值取向等将旅游者划分为不同的集团。每一个社会阶层的成员具有相类似的价值观、兴趣爱好和行为方式。不同阶层的人会表现出不同的旅游倾向。如社会阶层较高的人一般比较重视旅游，在选择旅游团队时会考虑其同伴的社会地位，且倾向于购买高档的旅游产品；而社会阶层较低的人在旅游中更注重实用性，人均花费少。

4. 消费习俗

消费习俗是指人们在长期的经济与社会活动中所形成的消费方式与习惯。不同的消费习俗具有不同的产品与服务要求。研究消费习俗，不但有利于组织好旅游活动内容与项目，而且有利于正确、主动地引导健康的消费。了解目标市场旅游者的禁忌、习惯、避讳等是旅游规划区进行市场营销的重要前提。

（四）政治法律因素

政治法律因素是指一个国家或地区的政治制度、体制、方针政策、法律法规等方面，包括政治因素和法律因素。政治因素引导着规划区营销活动的方向，法律因素则为规划区规定经营活动的行为准则。政治与法律相互联系，共同对规划区市场活动产生影响和发挥作用。政治因素是指规划区的外部政治形势。

党和国家的方针政策、国际关系、客源国的国内政治环境等因素都会对规划区客源产生影响。比如国家通过降低利率就可以刺激旅游者出游活动增加增长；通过落地签证、免签、旅游购物退税等手段同样可以增加旅游客源。政府对出国旅游签证的控制直接影响到出境旅游情况。简化烦琐的入关手续可以吸引更多的国外旅游者。反之，手续复杂的入关程序会使相当部分的潜在旅游者闻风却步。两国之间的外交关系也会明显影响两国互送旅游客源。

法律因素是指国家或地方政府所颁布的各项关于旅游或是旅游规划的法规、法令和条例等，它是旅游规划的准则，旅游规划活动必须遵守它，才能受到国家法律的有效保护。相关旅游规划者必须熟知有关的法律条文，才能保证所设计的旅游活动与项目的合法性，才能运用法律武器来保护自身的合法权益。有些立法条款对旅游娱乐的消费需求会产生重大影响。比如某些地区关于喝酒者年龄限制的规定就会对餐饮业有较大的影响。交通运输条款的规定也会对旅游需求产生影响。比如节假日高速公路对七座以下轿车免费就直接刺激了自驾游旅游者的大规模增长。我国铁路客运票价、航空票价对旅游的影响显而易见。旅游娱乐消费税和扣除额的变化对旅游者的消费行为将产生更大影响，从而也影响到旅游地的营销活动。

（五）区位因素

区位因素也就是指影响该事物的位置或该事物与其他事物的空间联系的因素，其主要内容包括自然区位、经济区位、交通区位和旅游区位。

1. 自然区位

自然区位是指旅游规划区所处的自然地理位置，强调该地与其他区域在空间上的位置关系。规划区所处的自然区位通常决定了该地的自然资源与自然条件。

2. 经济区位

经济区位是指规划区地理范畴上的经济增长带或经济增长点及其辐射范围，表现为该地与周边地区在经济发展中的地位。一般来说资本、技术和其他经济要素高度积聚的地区，也是经济快速发展的地区，其基础设施与辅助配套设施方面也比较完善。

3. 交通区位

交通区位是指规划区在区域交通体系中所处的位置或是所处节点的重要程度或是便利程度。当前旅游业的蓬勃发展离不开高效的交通支撑。分析交通区位主要是分析陆路、水路航空等交通线路的覆盖率和通达率等指标。

4. 旅游区位

旅游区位是指规划区在区域旅游发展中所处的地位以及与周边区域旅游发展中的相互关系。旅游区位主要分析规划区旅游竞争力、发展潜力与周边区域的关系和优劣势对比。

(六)科学技术因素

科学技术因素是对规划区设计内容与活动项目有着极为重要影响的因素之一。科学技术的发展一方面为规划与开发理论的发展提供了强有力的支持;另一方面,科学技术的发展又为规划与开发技术的更新提供了新的工具。它直接影响到规划区旅游产品开发、设计、销售和管理技术,决定了规划区在旅游市场上的竞争地位。

1. 新技术对竞争优势的影响

越来越多的人认识到,谁能引人注目地推出新产品,谁就能保证获得未来几年良好的收益。经验证明,注重革新的地区通常要比不注重革新的地区在旅游市场上的成功概率高。

比如使用3D虚拟现实技术处理系统对旅游规划区内容进行处理,生成具有沉浸感和交互能力的虚拟建筑物、旅游线、服务等旅游产品,把虚拟背景与虚拟旅游产品叠加,通过人机对话工具让游客、业主或规划设计人员进入虚拟旅游环境中漫游和亲身体验,提出意见并不断进行修改,最终生成最佳规划设计方案。

2. 新技术对旅游者的影响

新技术给旅游活动带来便利。家庭电气设备的发展缩短了家务劳动的必要时间,从而提供更多的余暇供外出旅游。而且,高技术的娱乐项目已经成为旅游者的旅游活动吸引物。闻名遐迩的迪斯尼乐园就是集光、声、电等多种发达技术于一体的产物。技术的发展使旅游设施现代化,为人们的旅游活动带来便利,如交通、通信的发展将时空的距离变得短小,洲际旅游成为易事。旅游饭店设施设备的现代化为旅游者提供了方便。目前,国际上许多饭店在客房设置电脑终端,使客人可以清楚地查询自己的消费情况,商务客人可以使用电脑联网进行工作。

二、旅游客源市场分析

旅游者是旅游活动的主体,旅游客源市场是指旅游区内某一特定旅游产品的现实购买者与潜在购买者。客源是旅游业发展的原动力。客源市场分析应成为旅游规划开发的重点。旅游客源市场分析的准确与否,直接关系到旅游规划项目的生命力和旅游投资资金的可行性与安全性,是旅游项目规划与策划、投资成功与失败的分水岭。对于客源市场的分析主要体现在特征、流量以及旅游感知等方面。

(一)旅游者特征分析

旅游者是旅游产品最终的购买者,包括购买旅游产品的个人或家庭。旅游者购买旅游产品是为了满足个人或家庭的物质需要和精神需要,并无牟利动机。只有对购买规划区旅游产品或是对规划区旅游产品感兴趣的旅游者有深入的了解,才能为规划区旅游市场细分和目标市场选择与市场定位奠定基础。旅游者特征分析可以从以下几个方面进行:

1. 客源地

旅游者客源地构成可以分为本地、周边、本省、省外和海外。通过分析旅游者客源地构成可以了解和明确规划区影响范围，对于产品销售与促销范围有较大帮助。

2. 出游目的

旅游者的出游目的或是动机可以分为休闲度假、观光游览、商务、会议、休学、探亲访友、探险猎奇等。了解旅游者的出游目的，可以明确规划区旅游吸引力结构，有助于后续旅游资源的开发与产品设计。

3. 统计特征

旅游者人口统计特征指标主要有性别、年龄、文化程度、职业、收入、家庭生命周期等。通过这些指标可以进一步了解规划区吸引旅游者的人群特征，为后续规划与开发奠定基础。

4. 消费行为特征

旅游者的消费行为特征的主要指标有出游方式、出游乘坐的交通工具、停留时间、住宿方式、旅游消费、消费结构等。通过对这些指标的分析，有利于掌握旅游者的消费特征，进一步挖掘消费空间，找到新的旅游经济增长点。

旅游者客源市场特征分析要根据对游客的抽样调研统计资料和当地统计数据对上述指标进行分析，而且要通过较长时间的观察记录，多次比较总结，得到的信息才能比较真实。

(二)历史和目前流量分析

在旅游规划过程中进行旅游市场调研时的一个重要方面就是客源流量分析，即针对历史和目前的客源流量进行分析。根据当地历年的统计数据，对规划区的游客数量和结构、地理和季节性分布等展开分析。

客源市场流量分析模式一般为，境外客源市场：一级市场港、澳、台、华侨，二级市场东南亚，三级市场日、欧、美等；国内市场：规划地周边地区；本省、经济发达地区；国内其他地区。

根据统计的客流量可以以折线图、表格、柱状图、饼状图等形式加以说明，使统计数据更加直观。通过数据对比发现有利于找出前期旅游规划与开发中存在的不足。

(三)旅游感知

旅游感知是指旅游者经过旅游体验对规划区的整体性认识与评价。旅游感知常用的分析指标是旅游者满意度。用来衡量旅游者对规划区满意度的问题主要有：服务满意消费、服务最不满意消费，最满意的项目、最不满意的项目，最喜欢的景点、最不喜欢的景点，整体评价，是否会二次回游等。

通过对上述问题的分析，可以看出游客对规划区的整体评价，有利于发现问题，同时也可以明确应该重视对产品的开发与产品的创新，以适应游客的需求。

三、旅游市场竞争者分析

竞争者分析是指规划区通过某种分析方法识别出竞争对手，并对竞争者的目标、资源、市场和战略等要素进行评价。科学有效的分析有利于明确自身的市场地位，有利于准确判断竞争对手的战略定位和发展方向，有利于规划区制定科学合理的战略与发展方向。

竞争者分析一般包括以下五项内容和步骤：识别竞争者；识别竞争者对手的策略；确认

竞争者目标；评估竞争者的优势和劣势；估计竞争者的反应行为。

(一)识别竞争者

面对激烈的市场竞争，不仅要了解谁是自己的顾客，而且还要弄清谁是自己的竞争对手。按照不同的标准竞争对手是不同的。从行业的角度来看，竞争者有现有竞争者、潜在加入替代品竞争者；从市场方面看，竞争者有同类产品竞争者、同种产品竞争者、同类需求竞争者和同购买力竞争者；从所处的竞争地位来看，竞争者有市场领导者、市场挑战者、市场追随者和市场补缺者。

(二)识别竞争者的策略

综上所述，应从不同的角度，识别自己的主要竞争对手，关注竞争形势的变化，识别竞争者的策略，及时调整自身战略与策略，以更好地适应和赢得竞争。

(三)确认竞争者的目标

在识别了主要竞争者之后，接着应回答的问题是：每个竞争者在市场上寻求什么，竞争者行动的动力是什么，竞争者的战略目标是什么。及时掌握这些信息，就可以争取主动，做到有备无患。

(四)评估竞争者的优劣势

在面对市场竞争时，需要分析竞争者的优势与劣势，做到知己知彼，这样才能有针对性地制定正确的市场竞争战略，扬长避短，利用竞争者的劣势来争取市场竞争的优势，从而或得竞争优势。竞争者优劣势分析的主要内容有：

(1)产品。分析竞争对手产品在市场上的地位；产品的适销性；以及产品系列的宽度与深度。

(2)销售渠道。分析竞争对手销售渠道的广度与深度；销售渠道的效率与实力；销售渠道的服务能力。

(3)市场营销。分析竞争对手市场营销组合的水平；市场调研与新产品开发的能力；销售队伍的培训与技能。

(4)资金实力。分析竞争对手的资金结构；筹资能力；现金流量；资信度；财务比率；财务管理能力。

(5)管理能力。分析竞争对手管理者的领导素质与激励能力；协调能力；管理者的专业知识；管理决策的灵活性、适应性、前瞻性。

(五)评估竞争者的市场反应行为

规划区进行营销策划时，为了降低活动风险，应该分析主要竞争对手针对规划区行动将会做出的反应行为。按照竞争对手的反应策略可以分为迟钝型竞争者、选择型竞争者、强烈反应型竞争者和不规则型竞争者，他们对规划区竞争行为的反应有所区别。这时就需要规划区能科学合理地分析主要竞争对手属于那个类型，然后有针对性地进行规划与策划。

第二节　旅游市场调研

在旅游业发展过程中，无论是旅游地的经营者还是投资者，都面临着一种两难的选择：

要生存发展必须不断开发新的产品，投资新的项目。但是，开发新的产品、投资新的项目却无法对未来市场的前景与收益有一个相对准确、完整、权威的预测系统。这是阻碍旅游业发展的一个大问题。旅游区的开发，其实质是旅游新产品的开发，是旅游地对其市场不熟悉的旅游系列产品进行的规划，它具有很多不稳定的性质，所以旅游业对信息的需要是迫切的，有必要进行旅游区市场调研与预测，目的是减少开发给旅游地带来的风险，增强对市场的适应性。

一、旅游市场调研的概念和作用

（一）旅游市场调研的概念

旅游市场调研是指运用科学的方法，有针对性地、有计划地、系统地收集整理和分析有关旅游营销活动方面的信息，以了解旅游营销环境与市场状况，为旅游经营决策提供依据的活动。

（二）旅游市场调研的作用

在市场竞争日益激烈的情况下，拥有市场比拥有旅游资源更为重要。如何分析市场、发现市场和确定市场已成为旅游地关注的关键问题，因此市场调研被称为旅游地的“雷达”或“眼睛”，其重要作用主要表现在以下几个方面。

1. 为旅游地提供市场信息

市场是旅游地研究的中心，根据市场状况而制定的营销策略决定了旅游地的经营方向和目标，它的正确与否直接关系到旅游地的成功与失败。因此，研究市场，使旅游地营销的产品和服务适应和满足消费者的需要是营销策略中首先要解决的问题。

2. 帮助旅游地开拓市场，开发新产品

任何旅游地不会在现有的市场上永远保持销售旺势。要想扩大影响，继续赢利，就不能把希望只寄托在一个有限的产品和特定的地区范围内。当一种产品在某个特定市场尚未达到饱和状态时，旅游地就应该开始着眼于更远的、还没满足的市场。这就需要通过市场调研了解顾客当前的需要和满足的程度，并了解顾客尚不能明确表达出的潜在市场的需要，为旅游地制定行之有效的市场开发战略提供重要的依据。

3. 有利于旅游地在竞争中占据有利的地位

知己知彼是每一个旅游地对付市场竞争的有效方法，要达到在竞争中取胜的目的，就必须掌握对手的经营策略、产品优势、经营力量、诚信手段及未来的发展意图等。旅游地面对的可能是一个竞争对手，也可能是多个对手，是采取以实力相拼搏的策略，还是采取避开竞争，另辟新径的策略，要根据调研结果并结合旅游地实际做出决断。通过市场调研了解对手的情况就可在竞争中绕开对手的优势，发挥自己的长处，或发现竞争者的弱点，突出自身的特色以吸引消费者选择本旅游地的产品。否则，一旦竞争决策失误，经营的失败不仅表现在市场占有率的减少，也意味着竞争对手的进一步强大。

4. 帮助旅游地打造核心竞争力

随着旅游地之间竞争的不断加剧，核心竞争力的提出为市场调研活动导入了一个全新的理念。市场是由众多购买者构成的，购买者在某一方面或许多方面各自有不同的特性，这构成了他们不同的需求层次、购买能力、坐落的地理位置、购买偏好、购买习惯等方面的差异。市场调研就是寻找有效的细分标准将市场体系划分为若干个子市场。近年来随着生产力水平的大幅度提高和信息技术的推广普及，“创造市场”和“创造顾客”的观念逐步从理论变为现实。旅游地面对如此庞大的市场，通过市场调研不仅可以在整体市场中挖掘出旅游地最具竞争优势、发展潜力的细分市场，而且在一定程度上可以引导潜在需求以培养和创造新的市场，从而将旅游地的核心竞争力转换为市场具体的竞争优势。

5. 为旅游地预测未来市场发展提供基础

每个旅游地在进行现行营销的同时，还要注重对未来市场的研究，以及不断了解、分析市场未来的发展趋势，从而抓住新的发展契机。而对未来市场的了解就是在市场调研的基础上进行的市场预测，否则市场预测只能是空中楼阁，甚至造成预测失误。

二、旅游市场调研类型

按照不同的划分标准，旅游市场调研分为不同的类型，常用的有以下几种：

（一）文案调研法

文案调研法，又称间接调研方法，是指调研者通过查阅、收集历史和现有的各种信息、情报与资料，并经过甄别、统计分析得到的调研者想要得到的各类资料的一种调研方法。

文案调研可为实地调研提供经验和大量背景资料；鉴别和证明实地调研结果的准确性和可靠性；具有较强的机动灵活性，能随时根据需要，收集、整理和分析各种调研信息。文案调研不仅可以掌握现实资料，还可获得实地调查所无法取得的历史资料。从空间上看，文案调研既能对内部资料进行收集，还可掌握大量的有关外部环境方面的资料。

文献资料的搜集来源既包括规划区内部自有资料，又包括旅游接待系统的统计资料以及有关旅游部门和统计资料、比较权威的期刊、报纸、杂志的统计资料收集。这些资料具有权威性和综合性的特征，有助于规划者全面了解旅游市场的状况，而且比较省时省力。

在运用文案调研资料进行分析研究时，需注意应首先提出问题并对其质量进行评估，应该从时效性、权威性、准确性与方便性角度进行评估。

（二）现场观察法

现场观察法是调研人员凭借自己的眼睛或借助摄录像器材，在调研现场直接记录正在发生的市场行为或状况的一种有效的收集资料的方法。

现场观察法是旅游市场调研研究的基本方法。由调研人员在景区的景点大门、饭店大厅、餐厅、旅游商店、娱乐场所、机场、车站、码头等游客集散地进行考察并收集资料，掌握游客的流向、流量、对旅游地的兴趣爱好和逗留情况等。

在采用现场观察法时，为了减少观察误差，应注意以下事项：为了使观察结果具有代表性，能够反映某类事物的一般情况，应选择那些具有代表性的典型对象，在适当的时间进行观察；在进行观察时，最好不让被调研者有所察觉，尤其是在使用仪器观察时更应注意使用仪器的隐蔽性，以确保被调研事物处于自然状态。在实际观察时，必须实事求是、客观公正，不得带有主观偏见，更不能歪曲事实真相。调研人员的记录用纸和观察项目最好有一定的格式，以便尽可能详细地记录调研内容的有关事项。

（三）面谈和电话访问法

面谈是指调研者应与单个的被调研者面对面进行交谈以收集资料的方法。面谈访问法可以采用提前设计好的问卷或提纲依问题顺序提问的“标准访谈”形式；也可采用围绕调研主题进行“自由交谈”的形式。面谈可以分为个别访谈、小组访谈、会议访谈等，访谈对象既可以是游客，也可以为接待游客的各类旅游地工作人员和旅游管理部门工作人员。

面谈方式比较灵活，可以根据被调研者的具体情况进行，效果好，质量高。

电话访问法是指通过电话向被调研者查询有关调研内容和征询市场反映的一种调研方法。电话访问法由调研人员通过电话向被调研者直接征询意见，对象通常是饭店宾馆中的外地游客，某些情况下也可以对本地居民使用。这种方法的优点是信息反馈快，费用比较低，但问题要简单、明确，不能太多，也无法深入交谈。

（四）抽样调研法

抽样调研法是对客源市场的需求和反映进行调研的最为常用的方法之一。抽样调研的对象主要是外来的旅游者，有时也可以对本地居民使用，调研的对象和范围根据调研的目的和内容确定。

调研问卷是抽样调研的主要工具，其形式和内容可根据调研对象和目的灵活设计，一般应包括游客的个人信息、旅游目的和动机、旅游消费结构和对旅游服务的评价等。采用此法时一般由调研人员在饭店、景区景点、机场、车站、码头等地散发，让游客将自己的意见或答案，填入问卷中。为了增加游客填写的积极性，可以适当地对填写问卷的游客赠送纪念品。

（五）网络调研法

网络调研是旅游地利用互联网了解和掌握市场信息的方式。具体方式是旅游地通过web方式附加调研问卷、给被调研者发送电子邮件等方式来获取被调研者的资料。与传统的调研方法相比，网络调研在组织实施、信息采集、调研效果方面具有明显的优势，组织简单、费用低廉、结果客观、传播快速、不受时空与地域的限制、调研周期短，但是调研对象只局限于上网的人群，缺乏广泛性。

在网络上进行市场调研之前要选择方便、适用的搜索引擎，搜索引擎能阅读、分析并储存从该搜索网站数据库中网页上获得的信息。

三、旅游市场调研内容

旅游地的经营活动是在复杂多变的社会环境中进行的。社会环境不断地发生变化，既给旅游地带来市场机会，又会产生威胁。如何在诸多的社会环境中找到影响旅游地发展的要素，把这些要素进行有效分析对旅游地经营活动顺利进行至关重要。旅游市场调研的内容主要以下几个方面：

1. 市场环境的调研

市场环境调研主要包括对经济环境、政治环境、社会文化环境、科学环境和自然地理环境等的调研。具体的调研内容可以是市场的购买力水平，经济结构，国家的方针，政策和法律法规，风俗习惯，科学发展动态，气候等各种影响市场营销的因素。

2. 市场需求调研

市场需求调研主要包括旅游者需求量调研、旅游者收入调研、消费结构调研、旅游者行为调研，包括旅游者为什么购买、购买什么、购买数量、购买频率、购买时间、购买方式、购买习惯、购买偏好和购买后的评价等。

3. 旅游产品调研

旅游产品调研主要包括游客对旅游产品的认知、评价；旅游线路、旅游新产品的开发；旅游商品的开发情况、旅游产品生命周期阶段与产品的组合情况等。

4. 旅游价格调研

旅游价格调研主要有了解游客对价格的接受情况，对价格策略的反应，国际旅游价格，批发与零售价格，团体优惠价格确定等。

5. 销售渠道调研

销售渠道调研主要包括了解渠道的结构、中间商的情况、游客对中间商的满意情况等。体现在景区景点、旅行社、饭店、交通公司、商场等旅游地的经营能力以及市场占有率等。

6. 旅游营销推广调研

旅游营销推广调研主要包括游客对旅游营销推广策略的反映以及各种促销活动的效果，如广告实施的效果、人员推销的效果、营业推广的效果和对外宣传的市场反应等。

7. 市场竞争调研

市场竞争情况调研主要包括对竞争旅游地的调研和分析，了解同类旅游地的产品、价格等方面的情况，他们采取了什么竞争手段和策略，做到知己知彼，通过调研帮助旅游地确定旅游地的竞争策略。

四、旅游市场调研程序

旅游市场调研由一系列收集和分析市场数据的步骤组成，调研过程包括四个步骤：确定问题和调研目标，制订调研计划，执行调研计划，解释并报告调研结果。

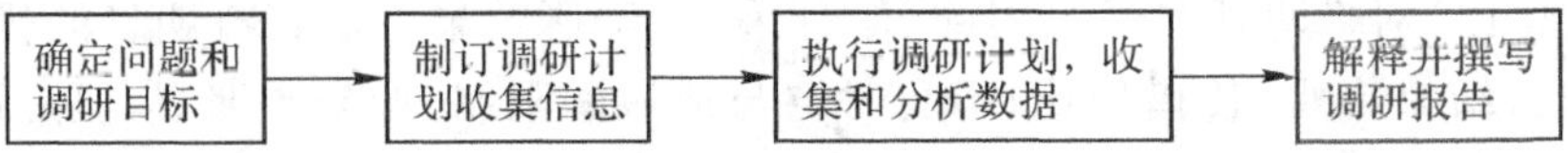

图 4-1　旅游市场调查程序

1. 确定问题和调研目标

在确定了调研问题的基础上，旅游地还要确立调研目标。

市场调研可能有三种目标：探索性调研的目标是收集初步信息，确定问题并提出假设；描述性调研的目标是描述产品的市场潜力以及购买顾客的特征和态度等；因果性调研的目标是检验因果关系的假设。例如，旅游景区对当地居民经济生活的影响程度，一般是从探索性调研起步，再进行描述性调研和因果性调研。

2. 制订调研计划

市场调研中的第二步是确认哪些信息是必要的，确定内容和目标、选择调研方法、估算调研费用、制订调研计划。计划要写明数据的来源、调研的具体方法、取得数据的手段、样本计划和所需设备等。

3. 执行调研计划

制定的调研计划获得审查批准之后，就进入到调研资料收集实施阶段。这个阶段的任务是组织调研人员按照调研计划通过文献调研和实地调研系统地搜集各种资料。资料搜集阶段是进行市场调研的重要阶段，是调研能否取得成功的关键阶段，也是容易出差错的阶段，一定要进行严格的控制，要深入研究各种调研方法和方式，科学地进行。常用的方法有访谈法、观察法、问卷调研和网络调研等。

调研人员实施计划，包括收集、整理和分析信息。数据收集可由旅游地自己的调研人员进行，也可以由其他公司代办。自己人员进行时，旅游地对数据的收集过程和数据质量的控制会好一些；请专业公司进行时，工作进行得快，成本也比较低。一般来说，调研过程中数据收集阶段花费最多，也最容易出错。调研人员必须分析所收集的数据，并从中提炼有价值的内容。他们要检查问卷中的数据，看看是否准确和完整，并转化成可用计算机分析的形式。最后，调研人员要把结果做出表格，并计算出均值及其他统计量。

4.解释并撰写调研报告

在借助统计分析技术，对资料和数据进行分析的基础上，得出调研结论，调研人员需要解释自己的发现，探索解决问题方法，提出合理化建议；撰写市场调研报告，作为旅游规划与开发的决策依据。

第三节　旅游市场预测与分析

现代旅游市场的竞争日益激烈，旅游地的生存依赖于对影响旅游旅游地发展要素的判断，以正确的判断加以科学、准确的预测为基础，才能使旅游地更好地适应市场的发展潮流。因而科学合理的市场预测对旅游地来说至关重要。

一、旅游市场预测的基本概念

旅游市场预测是根据目前的旅游市场状况和过去的发展特点，运用科学的方法与技术，对影响旅游地市场变化的各种因素进行研究、分析、判断和估计，以掌握未来旅游市场可能的发展和对变化趋势做出判断，以提高发展旅游业的计划性和目的性。

旅游市场预测的内容包括世界旅游市场总的变化和分布、旅游需求类型的变化、旅游市场未来的竞争趋势、本地区旅游业对市场需求变化的适应能力等。影响市场变化的因素复杂，对客源地(国家或地区)来讲，包括不同阶层的人对旅游的支付能力、客源地的宏观经济形势、不同市场面的消费者的旅游消费特点、闲暇时间和文化教育水平、社会风俗和传统习惯对旅游偏好的影响、市场面的城市化趋势、社会政治形势等；对旅游目的地而言，包括竞争对象及自身的旅游设施和交通的现代化程度、服务和管理水平，环境污染程度和保护措施、旅游供给市场相对于客源市场的地理位置等。

旅游市场预测的主要步骤是确定预测目标，拟订预测计划；收集、整理和分析资料；选择预测方法，建立预测模型；预测与预测误差分析；确定预测值，提交预测报告。

二、旅游市场预测的方法

在旅游市场的变化中，许多因素难以预测，如政府干预、自然条件变化、疾病发生等，故要求市场预测应具有相当的灵活性。旅游市场预测按不同的标准可以化为不同的类型，按预测时间可分为短期预测、中期预测和长期预测；按预测范围可分为环境预测、行业市场预测和旅游地市场预测；按预测的性质可分为定性预测和定量预测。

定性预测法也称为直观判断法，是市场预测中经常使用的方法。定性预测主要依靠预测人员所掌握的信息、经验和综合判断能力，预测市场未来的状况和发展趋势。这类预测方法简单易行，特别适用于那些难以获取全面的资料进行统计分析的问题。因此，定性预测方法在市场预测中得到广泛的应用。定性预测方法又包括专家会议法、德尔菲法、销售人员意见汇集法、顾客需求意向调研法等。定量预测是利用比较完备的历史资料，运用数学模型和计量方法来预测未来的市场需求。定量预测基本上分为两类：一类是时间序列模式；另一类是因果关系模式。下面介绍几种常用的旅游市场预测方法。

1. 德尔菲法

德尔菲法又称专家调研法，由美国兰德公司于1964年首先用于预测领域。该方法由预测者通过函询方式，反复征求专家的意见，然后将专家趋于一致的意见作为最后预测的根据。德尔菲是古希腊传说中的神谕之地，城中有座阿波罗神殿可以预卜未来，因而借用其名。德尔菲法一般适用于长期预测。

(1)德尔菲法的预测程序

1)选择专家

预测者根据预测目的，选择预测项目领域的专家，其人数视项目大小而定，一般在10～20人左右为宜。

2)提出要求

预测者将预测项目和预测目标的背景材料传递给所选定的专家，要求每位专家讲明有什么特别资料可以用来分析这些问题以及这些资料的使用方法。同时，也向专家们提供有关资料。

3)收集第一轮调研材料

专家按照预测者的要求，对所预测事物的发展趋势提出各自的看法，并说明依据和理由，书面答复预测者。

4)向专家反馈汇总材料，进行第二轮调研

预测者把收集来的专家预测意见加以归纳整理，对不同的预测结果分别说明其依据和理由。然后将整理资料反馈给各位专家，要求每位专家修改自己原来的预测，也可提出其他见解。

5)反复征询专家意见至基本趋于一致

专家接到反馈材料后，就各种预测意见及其依据和理由进行分析，再次进行预测，提出修改后的预测意见及其依据和理由，又一次反馈给预测者。这样反复征询、归纳、修改，直到专家们的预测意见基本趋于一致为止。调研的次数，根据具体情况和需要而定。

6)综合基本趋于一致的专家意见，确定预测值

将基本趋于一致的专家预测值，采用平均的方法进行统计，其结果便可作为预测值。

(2)德尔菲法的特点

第一，匿名性。专家们彼此之间不见面，各自独立地提出预测意见。因而可以免除心理因素的干扰，保证每位专家能够客观地提出自己的见解，做到集思广益。第二，反馈性。反馈表现在反复调研、整理、归纳和修正，但不是漫无边际，而是有组织、有步骤地进行的。第三，收敛性。经多轮调研后，专家们的意见就会逐渐收敛，趋于一致。

2. 专家会议预测法

专家根据自己的经验和所掌握的有关信息，对预测的内容进行预测。一般程序如下：

(1)搜集相关资料

尽可能多地搜集与预测项目相关的数据资料，汇集整理成供专家参考的背景资料。

(2)专家会议决策

召集专家通过会议的方式进行预测。

(3)适当修正

根据专家预测结果,结合实际情况进行适当修正。

3.销售人员的意见汇集法

销售人员预测汇总法,又被称为一般性的预测,当然它主要在于逐步累加来自于底层的预测。这一方法是建立在如下的假设前提基础之上的:在处于最底层的那些距离顾客最近、最了解产品最终用途的销售人员最清楚产品未来的需求情况。这一假设即使并非一直是正确的,然而在大多数的情况下仍不失为一个有效的假设,所以到最后成为一般性的预测。

4.消费者市场调研法

市场调研方法主要用于产品研究、开发新产品、了解顾客对现有产品的好恶、了解特定层次的顾客偏好什么样的竞争性商品等。这种方法不但有利于形成预测,当然还有利于改进产品设计和策划的新产品。

5.简单平均预测法

简单平均预测法是以在一段时期中数值的简单算术平均数作为预测的依据,多用于旅游收入、接待人次等。其公式为

$$\hat{y}_{t+1} = \frac{y_1 + y_2 + \cdots + y_t}{t} = \frac{\sum_{i=1}^{t} y_i}{t} \tag{4-1}$$

式中:$\hat{y}_{t+1}$ 为第 $t+1$ 期的预测值;y_i 为第 i 期的实际值;$\sum_{i=1}^{t} y_i$ 为第 1 期至第 t 期的实际值总和。

随着报告期的不断向前推移,新观察值的时期也在不断地变化,从而使简单平均的项数也越来越多。

统计预测中,在已知年度内前三季度实际接待情况的情况下,利用简单平均预测法,可以预计年度实际接待数,从而预计年度计划接待情况;若已知月度内上旬和中旬的接待数,可以预计月度实际接待数,从而预计月度计划接待情况。

6.直线趋势预测模型

利用趋势预测法进行预测时,首先要分析现象发展变化的规律,确定趋势预测的数学模型。如果现象在发展变化过程中的一级增长量大致相等,则该现象发展变化的长期趋势是直线型的,应建立直线趋势预测模型。直线趋势预测模型如式(4-2)所示。

$$\hat{y}_t = a + bt \tag{4-2}$$

式中:$\hat{y}_t$ 为时间数列的趋势值;t 为时序;a、b 为参数。

直线趋势方程的建立,关键在于求得待定参数 a 和 b,求待定参数 a 和 b 可有不同的方法,常用的是半数平均法和最小平方法。

7.一元线性回归预测法

一元线性回归预测是指预测对象只受一个自变量的影响,而且预测对象与自变量之间存在着直线形式的变动关系。一元线性回归预测模型为

$$\hat{y}_f = a + bx_f \tag{4-3}$$

式中：x_f 为给定的自变量数值；$\hat{y}_f$ 为预测对象（或称为因变量）与 x_f 相对应的预测值；a 和 b 为回归系数，通常由样本观测数据估算而得。

三、旅游市场预测的注意事项

要做好旅游市场预测，必须把握预测的四个基本要素：信息、方法、分析和判断。

信息是客观事物特性和变化的表征和反映，存在于各类载体，是预测的主要工作对象、工作基础和成果反映；方法是指在预测的过程中进行质和量的分析时所采用的各种手段；分析是根据有关理论所进行的思维研究活动；对预测结果采用与否，或对预测结果依据相关经济和市场动态所作的修正需要判断，同时对信息资料、预测方法的选择也需要判断。

进行旅游市场预测时应遵循的原则：

1. 相关原则

根据事物之间的直接或间接的联系或构成一种事物的各要素之间存在的大或小的相互联系、相互依存、相互制约的关系进行预测。比如收入、假期、旅游产品价格、产品竞争程度等。

2. 惯性原则

任何事物发展具有一定惯性，即在一定时间、一定条件下保持原来的趋势和状态的特性，这也是大多数传统预测方法的理论基础。比如“线性回归”、“趋势外推”等。

3. 类推原则

类推原则也是建立在“分类”的思维高度，关注事物之间的关联性，利用预测对象与其他事物的类似之处，类推其以后的发展前景。

4. 概率推断原则

根据经验和历史，很多时候能大致预估一个事物发生的大致概率，根据这种可能性，采取对应措施。

5. 可控制原则

对所预测的客观社会经济事件的未来发展趋势和进程，在一定程度上可以控制。

【案例分析】

河北锦山旅游客源市场分析及定位

一、旅游市场现状分析

锦山旅游客源市场可以划分为入境市场和国内旅游市场。入境旅游市场规模很小，国内旅游市场 2006 年接待游客 5 万人次。课题组在 2007 年“五一”期间对其游客进行了问卷调研，发放问卷 300 份，回收 272 份，现将调研结果从总体特征、行为特征、客源市场消费和满意度等方面展开分析。

（一）总体特征分析（地区、性别、年龄、身份、职业）

1. 客源市场分布构成分析

在所有游客中来自石家庄的占总人数的 82.46%，周边的占总人数的 8.77%，邯郸的占0.58%,邢台的占1.17%,山西的占4.68%,其他的占2.34%。

2.客源市场性别分析

在所有游客中男性占总人数的54.39%,女性占45.61%。

3.客源市场年龄分析

25～35岁占总人数的32.75%,35～45岁的占32.75%;18～25岁占总人数16.96%,年龄18岁以下的占总人数的8.77%。

4.客源市场职业分析

在所有游客中公司职员占总数的33.33%,公务员占12.87%,学生占12.28%,个体经营者占9.94%,教师占9.36%,事业单位的人占8.77%,农民占2.34%,其他占9.94%。

5.客源市场收入分析

其中月收入在1000～2000元的占36.84%,1000元以下的占总人数的25.73%,2000～3000元的占16.96%,3000～5000元占9.36%,5000元以上占5.26%,没填的占5.85%。

综上分析可知锦山的知名度比较低,游客大部分是石家庄市民,而且是以中青年为主,也明确了锦山当前营销工作重点是分析客源市场结构,进行适当的市场细分与目标市场的选择,再制定有针对性的营销策略。

(二)行为特征(时间、方式、动机)

1.客源市场的出游时间分析

在景区一日游的占76.61%,两天一夜游的占19.89%,三天两夜游的占1.75%,其他的占1.75%。

2.客源市场的出游方式分析

自驾车游的占33.92%,家庭出游的占30.99%,与朋友出游的占23.98%,参团的占14.62%,单位出游的占9.36%,其他的占1.17%。

3.客源市场的出游动机分析

出于休闲度假占50.88%,观光旅游占45.61%,探亲访友占1.75%,其他占3.51%。

从游客的行为特征可以看出锦山的游客更多是以群体出游方式为主,动机倾向于旅游观光与休闲度假;从游客在景区停留花费的时间可以看出锦山休闲度假开发不到位。那么锦山现阶段应该可以从增加景区吸引力与完善休闲度假产品的开发来延长游客的停留时间。

(三)客源市场消费分析

1.总体消费情况分析

旅游中的花费为500元以下的占63.16%,500～800元的占18.13%,1000元以上的占7.02%,800～1000元的占4.68%。

2.消费情况分布分析

花费用于交通的占26.75%,用于饮食的占24.1%,用于观光的占22.06%,用于住宿的占11.48%,用于娱乐的占8.28%,用于购物的占4.14%,用于其他的占3.19%。

游客是把锦山作为休闲度假产品来消费的，但是从花费来看，游客在锦山花费并不高，而且很大一部分用在了交通、住宿和餐饮方面，娱乐与观光的消费不高，与其定位不符，说明锦山在产品开发方面还不能满足游客的消费需求，需要进一步开发休闲产品。

（四）客源市场满意度分析

1. 最满意消费分析

在旅客的最满意消费中，环境占49.71%，观光占33.33%，交通占7.60%，住宿占6.43%，饮食的占5.85%，娱乐的占4.09%。

2. 最不满意消费分析

在游客的最不满意消费中，交通占40.94%，观光占10.53%，环境占10.53%，娱乐占6.43%，饮食占5.26%，住宿占2.34%。

3. 最满意的项目分析

在游客的最满意项目中，登山占68.42%，观猴占12.28%，漂流占4.68%，划船占1.17%，竹筏占1.17%。

4. 最不满意的项目分析

在游客的最不满意项目中，观猴占11.70%，登山占8.77%，漂流占3.51%，竹筏占1.75%，划船占0.58%。

5. 最喜欢的景点分析

游客最喜欢的景点中，凌空飞索占48.53%，灵潭漱玉占28.65%，原始森林探险占12.28%，观音仙阁占8.18%，松径听潮占7.60%，将军草舍占5.26%，莲池圣水占4.09%，龙王宝殿占2.92%，响马古寨占1.75%。

6. 景区整体评价分析

游客对景区的整体评价为好占39.18%，一般占39.18%，很好占11.11%，差占1.75%，很差占1.17%。

7. 对是否二次回游的分析

对游客是否会二次回游的调查结果为会的占62.57%，不会的占19.88%，已来过多次占4.09%，选择不一定占13.45%。

综上分析，游客对锦山整体评价较高的，对其环境比较认可，对其主体产品认可度比较高，但也存在不少问题，交通成为制约其发展的一个重要因素。从游客愿意再次重游的统计分析，锦山应该重视对休闲度假产品的开发与产品的创新，以适应游客的需求。

二、锦山旅游客源市场区位条件分析

锦山自然生态风景区距井陉县南部出省口干线公路6公里，距国家重点风景区苍岩山36公里，距井陉县城56公里，距于家石头村35公里，距石太高速秀林口50公里，距石家庄市（在秀林口上）80公里，距太原市（在秀林口上）198公里，并且于2004年开通了锦山旅游专列：从测鱼镇南蒿亭到南寺掌村，全长10公里，路宽12米。自石家庄通往锦山的班车每日一次。

井陉县交通极为发达。石太电气化铁路横贯全境，境内有9个火车站，6条铁路专用线，350个货位，铁路总长182公里，铁路年发送量达1000多万吨。石太（307国道）公路连接东西，宜沙、平涉公路纵贯南北，是晋煤外运的主要通道。石（家庄）太（原）高速公路，在井陉境内有三个上下口，从北京、天津乘车走京深、石太高速公路，2个小时即可到达井陉。地方公路四通八达，出境路口15个，公路总长520公里，实现了乡乡通油路。日过境机动车辆2万余辆次，形成了纵横交错的铁路、公路网。

三、目标市场定位

把锦山纳入到河北旅游中心城市——石家庄。石家庄是区内最大的旅游城市和游客集散地。因此适当研究石家庄的游客客源情况，并研究井陉分流石家庄客源市场的可行性，可以指导锦山未来的客源市场的发展。

锦山自然生态风景区的市场分为国内客源市场和国际客源市场两大市场，其定位和等级划分如下所述。

（一）国内客源市场定位

1. 市场等级划分

一般根据旅游景区距客源地的距离的远近，或者客源地客源出行半径的大小，将市场细分为一级、二级、三级市场。锦山自然生态风景区周边的市场构成是其营销目标市场的首要选择，根据其辐射和影响的扩散确定市场目标，分析出二级至三级市场潜在旅游者，分析外地旅游者的消费潜量和心理以及旅游动机。这样，一级市场为地区区内市场，二级市场被确定为区外、省内市场，三级市场被确定为省外市场。

所以将石家庄及周边地区定为一级市场；邢台、邯郸、沧州、衡水、保定等定为二级市场；河南、山西等定为三级市场。

2. 客源市场发展目标

近期重点发展石家庄区内旅游客源市场；开拓邢台、邯郸、沧州、衡水、保定等区外重点旅游客源市场；力争省外客源市场，是旅游客源市场发展的总目标。远期在维护石家庄休闲度假目标市场的基础上，重点开发省外旅游市场，向外拓展市场知名度。

（二）国际客源市场定位

井陉县的入境游客量很小，主要来自于香港、澳门、台湾地区、英国、法国、美国及新加坡、马来西亚、泰国等国家。石家庄市有组织的国际、国内入境旅游规模也较小，在一定程度上，在国内外旅游市场还是一个客源输出地，远没有成长为旅游目的地。结合《井陉县旅游总体规划》，锦山国际客源市场定位如下：

核心客源市场——韩国、港澳台地区、俄罗斯。

日韩市场是中国近几年投入精力最大、促销力度最大、也是成效最大最显著的市场。这两年增长比较快的韩国和俄罗斯市场，目前在井陉表现不佳，因此应当说具有很大潜力。锦山在旅游发展中应该积极做好分流其客源的营销活动，争取开拓入境市场客源。

其他市场包括欧美和东南亚市场。这些都是出游率极高的国家，锦山应该在中远期把其作为营销对象。

（三）客源结构分析定位

由于锦山旅游资源的丰富多样性，在进行市场定位时，要认真考虑目标市场需求，进行多角度多层次的市场定位策略。

针对观光型旅游者，定位为山水画廊，这部分游客主要以旅行社组团和散客成团的观光游客为主。对于旅行社游客团，规划近期以分流大的游客集结点，如石家庄市等地的旅行社客源，在中后期由自有旅行社发展成熟后自行组团。从地域上来看，规划前期的散客主要以周边游客为主，中后期则面向第一客源市场。

针对度假型旅游者，定位为水上别墅风情园，主要对周边大中城市进行宣传，针对自驾车与自助型旅游者，在规划近期内争取这一市场。

针对体验探险型的旅游者，锦山定位为运动与探险的乐园，主要针对专业俱乐部和专业杂志进行宣传，在规划近期内争取这一市场。

针对地质科考型旅游者，定位为丹霞地貌与原生态的典范，主要针对学生、专家和家庭进行宣传，在规划近期内争取这一市场。

四、旅游市场发展趋势

（一）市场预测的环境

近几年全国旅游客源呈现较快的增长趋势，由于锦山旅游区在石家庄周边以及全省的知名度并不很高，因此，今后要想取得更大的发展，必须与周边的旅游景区景点组成区域营销网络，联合推销，推出石家庄西线旅游线路，这才是锦山最好的营销时机。借石家庄山区景点旅游业火势的发展势头，宣传推销，分流游客到锦山，与周边地区联合起来构建客源市场，形成旅游网络，实现客源市场共享。

（二）市场发展趋势

从生命周期理论角度来看锦山的发展，现在的锦山处于投入期，基础设施与资源产品整合的层次还比较低，在一定程度上制约了锦山的发展。随着景区产品的不断开发与基础设施建设的不断完善，尤其是水电站与水库相继落成，使锦山更加水乳交融，形成北方特有的景色；拓展基地的建设，会进一步推动锦山旅游体验的魅力；别墅区远景规划则使锦山成为石家庄的后花园。

针对一级市场主要宣传休闲度假产品与拓展训练，对二级宣传休闲度假与漂流产品，对三级市场主要宣传观光旅游。随着市场的不断成熟与发展再全方位开发休闲度假旅游产品。

根据目前锦山接待情形，可以看出锦山还处于发展的初期，随着基础设施和旅游项目的不断开发与完善，锦山将成为集儿童动感娱乐、中青年观光游览、老年人疗养为一体的综合旅游区。

复习思考

1. 解释为什么进行旅游市场调研和旅游市场预测。
2. 旅游市场调研的类型有哪些？
3. 简述旅游市场调研的程序。
4. 旅游市场预测的方法有哪些？
5. 旅游市场特征分析的内容有哪些？

第五章 旅游功能分区和土地利用规划

学习目标

● 理解旅游功能分区的基本原理

● 了解旅游功能分区的基本原则、土地利用规划的涵义和旅游土地利用规划中存在的常见问题

● 掌握旅游功能分区的类型、功能分区的基本方法、旅游容量的常用测算方法、常见旅游土地利用问题的解决方法等内容

旅游功能分区是在当地重要规划与计划的基础上，根据旅游区域的资源分布、项目设计、线路布局等状况，对旅游用地进行归类，对旅游区域进行空间系统划分的过程。

第一节 旅游功能分区的基本原则、原理和方法

旅游功能分区是进行旅游规划与开发的基础，合理的功能分区有利于保护旅游环境、保护旅游资源，有利于资源与项目相协调形成优美的旅游景观，提升游客和当地居民旅游满意度，有利于旅游区建设和经营管理，促进旅游业的持续健康发展。

一、旅游功能分区的基本原则

（一）与相关规划、计划相协调原则

旅游地的功能分区应与地区国土规划、城市总体规划等有关区域规划，以及土地、环境、水利、林业等专项规划、发展计划等所确定的空间结构目标相协调。

（二）突出资源特色原则

在进行旅游地功能分区时，要对旅游资源进行优化组合，通过自然景观、建筑风格、园林设计、项目塑造、服务方式等来突出资源特色，树立旅游市场形象。

（三）集中与优化功能原则

集中有利于主题形象的形成，吸引游客，促进社会经济发展；有利于基础设施的布局建设，降低成本，形成规模经营优势；有利于污染物的控制，使敏感区得到有效保护；有利于资

源的集中开发利用。

（四）因地制宜原则

根据旅游地的实际情况进行合理的功能分区，以使旅游资源的作用能得到最大发挥。需要考虑的因素包括：①资源类型、分布；②资源的开发利用、保护现状；③当地经济发展水平；④交通条件等。

（五）社会参与的原则

在进行旅游地功能分区时，应充分考虑区内居民的参与作用，充分调动其积极性。这将有利于提高当地居民对旅游开发的认识，明确建立景区的重要意义，从而增强保护旅游资源、维护生态环境的自觉性，有利于改变当地居民对土地的不合理利用方式，营造一个良好的旅游环境，将当地居民的生产生活与旅游资源保护、开发相结合起来，走可持续的发展道路。

（六）效益最佳原则

在进行旅游地功能分区时，坚持有效保护、合理开发、永续利用的原则，充分体现可持续发展的理念，实现人与环境协调，最终实现社会、经济、生态环境的和谐发展。

（七）可操作性原则

旅游功能分区应具有科学性，易于管理，易于操作，对管理决策部门具有参考价值。

另外，在进行旅游功能分区划分时，还要因地制宜地考虑一些原则。例如：紧凑性原则，即在用地紧张的旅游区尽量采用集中式用地，适当提高建筑密度以节约利用土地；主体不重复原则，即功能区有各自的旅游功能和主题，在同一地区上，应尽可能使各区功能相异。

二、旅游功能分区的原理

（一）指标选取

旅游功能分区是一项多指标综合区划，而综合考虑多种指标体系是区划的关键。指标体系应至少包括两类标准：一类是生态环境指标；另一类是社会经济指标。生态指标主要包括大的地貌单元、植被类型、降水及水源、土壤状况等。社会经济指标包括经济发展总体水平、经营模式和社会发展水平的指标。还应考虑到行政单元作为一个内部结构功能基本相对一致的独立区域单元，容易得到比较全面的统计资料，易于进行归类划界。

（二）理论应用

1. 地域分异规律

了解区域或旅游区的地域分异要素，是进行功能分区的重要依据。尤其是在自然风光为主的区域或景区，用地域分异规律为主导，划分自然观光区域，这种功能分区更容易被游客接受。

2. 区位理论

区位理论研究的实质是生产的最佳布局问题，即如何通过科学合理的布局使得生产能以较少的投入获得较大的收益。这是在一定的历史条件，如经济日益发展、生产力水平提高、社会分工加深的条件下，在生产和经营过程中逐渐形成的。

根据区位理论，在旅游功能分区中可以界定旅游中心地、旅游中心地的市场范围、旅游中心地的等级、旅游中心地的布局模式等。

3.增长极理论

增长极理论是区域经济和社会发展过程中出现的一种发展模式。在整个区域经济的发展历程中，人们对其发展模式有两种差异较大的主张：一个是区域平衡发展模式；另一个则是不平衡的发展模式。

增长极理论就从理论上给旅游业优先发展提供了依据和支持。旅游业作为旅游地的经济增长点可以通过其集聚和扩散作用将旅游业的关联作用扩展到一个较为广阔的地域空间。因此，在旅游功能分区时，旅游规划编制者要从大局上综合把握，将核心资源作为一个经济增长极来加以培植，促进整体旅游的发展。

4.可持续发展理论

在旅游规划的功能分区中，要以可持续发展理论作为工作的依据之一，保持人类享受有资源的公平性，严格控制开发区域，不可盲目全面开发。对于旅游资源的开发，应进行科学的论证，只有在技术和资金到位的前提下才能进行，否则，应继续等待开发时机。旅游开发中还要注重旅游区的环境问题，不能一味追求经济效益。旅游规划开发人员应树立社会效益和生态环境效益的观念，切实保证旅游活动与生态环境的协调，实现旅游的有序发展，走可持续发展的道路。

5.旅游人类学理论

旅游人类学就是从文化和美学的角度，研究旅游地居民、社会团体、旅游开发者与旅游者之间关系的科学。

旅游人类学是研究旅游活动中的人类的科学，因此其对旅游规划和开发的启迪意义在于为旅游规划的编制者提供了一个人本主义的规划哲学。旅游规划的侧重点一直以来都是放在旅游的硬件设施建设和软件服务质量和环境的改善上。旅游人类学则向旅游规划者展示了更为广阔的旅游规划思路，即旅游规划中不能仅仅局限于物质环境的规划设计。人才是旅游活动中的真正主体。旅游规划者要从关心旅游地的各利益相关者入手，对旅游地的相关者的特性、活动以及社会环境加以关注。在功能分区时首先要充分考虑、协调旅游者、旅游地居民、旅游开发商以及旅游地相关社会团体的相互关系和利益，然后再着手提升旅游地的硬件质量。

三、旅游功能分区的方法

旅游功能分区的划分方法多种多样，如定性、定量、定位方法，聚类区划法，认知绘图法，降解区划法等等。由于旅游区涉及的旅游相关要素多种多样，在进行功能分区划分时，有必要对一些要素进行综合分析，以便提炼主要要素，突出旅游主题，划分旅游功能分区。常见的分析方法有：

（一）视觉信息叠加法

视觉信息叠加是将不同层面的信息内容叠加显示在结果图件或屏幕上，以便研究者判断其相互的空间关系，获得更为丰富的空间信息。视觉信息叠加包括以下几类：⑴旅游区点状图、线状图和面状图之间的叠加显示；⑵旅游区面状图区域边界之间或一个面状图与其他专题区域边界之间叠加；⑶遥感影像与旅游专题地图叠加；⑷旅游专题地图与数字高程模型（DEM）叠加显示立体专题图。视觉信息叠加不产生新数据层面，只是将多层信息复合显示，便于分析。

（二）主成分分析法

旅游区往往涉及大量相互关联的自然和社会要素，众多要素常常给模型的构造带来很大的困难，同时也增加了运算的复杂性。由于旅游要素中许多要素通常都是相互关联的，就有可能按这些关联关系进行数学处理以达到简化数据的目的。主成分分析克服了变量选择时的冗余和相关，选择信息最丰富的少数因子进行各种聚类分析，从而进一步划分功能分区。

（三）层次分析法

层次分析法（Analytic Hierarchy Process，AHP）是系统分析的数学工具之一，是一种定性和定量分析相结合的方法。在模型涉及大量相互关联、相互制约的复杂因素情况下，各因素对问题分析有着不同的重要性，这决定了它们对目标重要性的序列，其对旅游规划中的功能区分析十分重要。

（四）聚类分析法

系统聚类是根据多种要素对旅游实体进行划分类别的方法。对不同要素划分类别往往反映不同目标的等级序列，如资源分等定级、资源密度分级等。

系统聚类的步骤一般是根据实体间的相似程度，逐步合并若干类别，其相似程度由距离或者相似系数定义。进行类别合并的准则是使得类间差异最大，而类内差异最小。

（五）综合法

综合法是实地调查和数学分析相结合的方法。首先，要进行野外调查。在实地勘察的基础上，叠加分析地形图、林网图、水系图、旅游资源分布图等，从宏观上了解区域景观背景，粗略划分出大的旅游单元。其次，根据所划分区域的总体特征和获取区域的相关资料，采用相应的数学方法，找出反映生态经济关系综合信息的某种共性和不同集合单元结构功能的差异性，将在空间上连续分布的相似类型，结合区域界线，组成具有鲜明特征的功能区。

（四）旅游功能分区操作步骤

1. 基础调查和分析

功能分区要在现有的地域结构基础之上进行筹划和实施，因此首先需对工作区范围内的自然生态环境系统结构、社会经济系统结构及二者内部因素之间、二者之间、二者与外界的相互关系（包括空间关系、作用关系等）进行调查和分析。具体有：(1)资料收集与调查访问，包括自然、社会、经济状况基础资料的收集，各种地图的收集（行政区划图、地形图、森林资源分布图、土地利用现状图等），相关区域规划、土地规划、环境规划、林业规划、旅游规划、社会经济发展计划文本、文件的收集，访问、调查相关行政部门、旅游企业和当地居民，对旅游地的野外踏勘；(2)确定旅游地环境—社会—经济系统的主要特征，包括旅游地环境质量现状，当地的产业结构、就业结构、收入结构等，当地社会、产业与森林资源、环境的关系，如依赖程度、利用形式、环境影响等；(3)确定旅游地自然保护工作的主要目标、地区和内容；(4)确定旅游开发的性质、强度及可能的生态环境、社会文化等方面的影响。

2. 确定功能类型区并在空间上落实

旅游地功能分区的划分，一方面可以借鉴其他地区的成功经验，另一方面也要考虑旅游地的实际情况。在上述调查的基础上，依据其原有利用基础的适宜性、最佳利用方向及空间结构整体目标要求，把适于保护、旅游、休闲、娱乐、度假、（生态）农业、经济、聚落利用等的区块在空间上确定下来。

3. 对确定的分区系统整体结构进行分析和模拟

规划初步确立的旅游地功能分区空间结构，还需进行功能评价、动态模拟分析和修正，从而使整个旅游地成为一个具有完善功能的旅游系统。

第二节 旅游功能区的类型

一、区域旅游功能区的类型

（一）环自然风景点或娱乐中心布局

在自然风景魅力突出的旅游区，通过此布局模式可进一步提高自然风景点的吸引力，布局重点是娱乐，其次是住宿。

（二）环旅馆布局

缺乏明显的核心自然景点的旅游区，通过此布局模式使豪华（或特色）旅馆成为核心，布局的重点是旅馆的建筑风格和综合服务设施体系。

（三）野营地式布局

适用于景点分散，当地条件又不宜建大型旅馆的旅游区，这种模式是以对整个旅游区恰当的亚区划分为基础，兼顾亚区之间的功能互补性，重点对亚区的旅游服务设施进行布局。

（四）社区—旅游吸引物综合体（CAC）

这种布局方式是 1965 年由甘恩（Gunn）首先提出的。这种布局方式是在旅游区中心布局一个社区服务中心，外围分散形成一批旅游吸引物综合体，在服务中心与吸引力物综合体之间有交通线路连接，如图 5-1 所示。

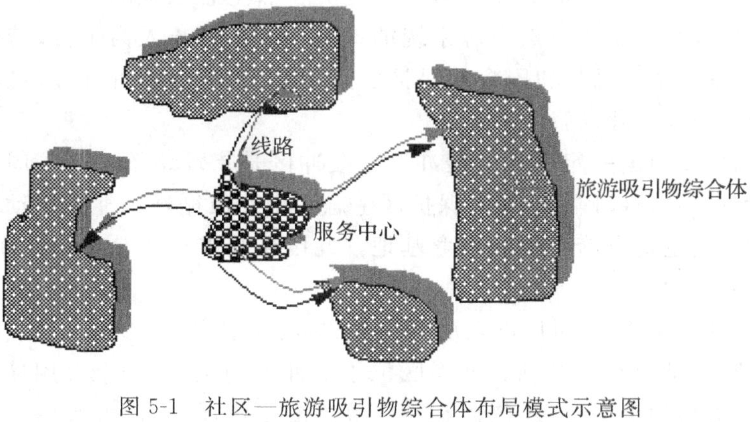

图 5-1 社区—旅游吸引物综合体布局模式示意图

（五）双核布局（Twinning Principle）

该布局模式由特拉维斯（Travis）于 1974 年提出。该布局方法为游客需求与自然保护区之间提供了一种商业纽带，通过精心设计，将服务功能集中在一个辅助型社区内，处于保护区的边缘，如图 5-2 所示。

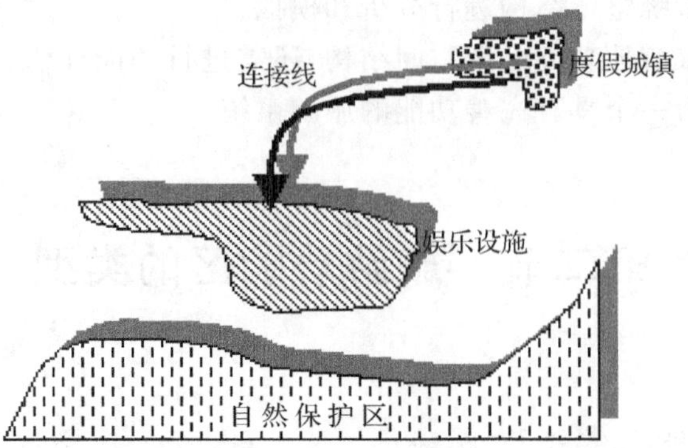

图 5-2　双核式空间布局模式示意图

二、旅游区功能分区

景区里的各种功能单元是人的活动在景区里的物质体现和主要载体。不同类型景区的功能单元划分不尽相同，要根据景区的具体情况而定。常见的景区功能分区一般有风景游览区、文化旅游区、宗教旅游区、综合旅游区、生态保护区、游乐设施区、服务区等。

（一）自然保护区功能分区

自然保护区是指对有代表性的自然生态系统、珍稀濒危野生动植物物种的天然集中分布区、有特殊意义的自然遗迹等保护对象所在的陆地、陆地水体或者海域，依法划出一定面积予以特殊保护和管理的区域。自然保护区起到了保护自然本底、贮备物种、保留自然界的美学价值的作用，并可开辟科研、教育基地，在不影响保护区的自然环境和保护对象的前提下，还可以和旅游业相结合。因此，我国的自然保护区内部大多划分成核心区、缓冲区和外围区 3 个部分。

自然保护区内的核心区是保存完好的天然状态的生态系统以及珍稀、濒危动植物的集中分布地，是保护区内未经或很少经人为干扰过的自然生态系统的所在，或者是虽然遭受过破坏，但有希望逐步恢复成自然生态系统的地区。该区禁止人为干扰，禁止任何单位和个人进入，除依照《中华人民共和国自然保护区条例》有关规定经批准外，也不允许进入从事科学研究活动，更不可开发旅游。

核心区外围可以划定一定面积的缓冲区。缓冲区是指环绕核心区的周围地区。此区域是试验性和生产性的科研基地，是对保护区生态系统物质循环和能量流动等进行研究的区域，也是保护区的主要设施基地和教育基地。此区域只准进入从事科学研究观测活动，也不可开发旅游。

缓冲区外围划为实验区，可以进入从事科学试验、教学实习、参观考察、旅游以及驯化、繁殖珍稀、濒危野生动植物等活动。外围区位于缓冲区周围，是一个多用途的地区。除了开展与缓冲区相类似的工作外，还包括有一定范围的生产活动，还可有少量居民点和旅游设施。

在自然保护区的实验区开发旅游的，需特别谨慎，严禁开设与自然保护区保护方向不一致的参观、旅游项目。旅游活动必须按照批准的方案进行，并加强管理。进入自然保护区参观、旅游的单位和个人，应当服从自然保护区管理机构的管理。

在自然保护区开发旅游，其功能分区需谨慎划分，一般情况下应有生态观光区、休闲健身区、服务区等。旅游活动的服务区以及人为影响比较大的活动项目区尽量远离保护区，各个区域中的“水、气、声、渣”等污染物必须严格达标排放。

弗斯特(Forster)曾提出一个旅游区空间开发的“三区结构模式”，是自然保护区开发模式的展现。此模式的核心是受到严密保护的自然区，对于我国的自然保护区来讲，这个核心应当包括核心区和缓冲区，禁止游客进入。围绕它的是娱乐区，在规划娱乐区时配置了野营、划船、越野、观景点等服务设施，我国自然保护区的这个区域可在实验区的外围区域。此模式的最外层是服务区，为游客提供各种服务，有饭店、餐厅、商店或高密度的娱乐设施，如图 5-3 所示。

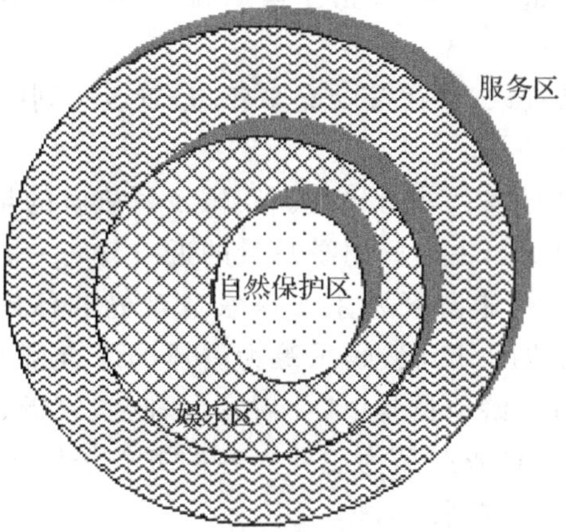

图 5-3 三区结构布局模式示意图

(二)森林公园功能分区

1982 年 9 月，我国第一个国家森林公园——张家界国家森林公园成立，标志着我国森林旅游的正式开始。1994 年，林业部《森林公园管理办法》对森林公园作出界定：森林公园是指森林景观优美，自然景观和人文景物集中，具有一定规模，可供人们游览、休息或进行科学、文化、教育活动的场所。由此可知，森林公园是一个综合体，它具有建筑、疗养、林木经营等多种功能，同时，也是一种以保护为前提利用森林的多种功能为人们提供各种形式的旅游服务和可进行科学文化活动的经营管理区域。

根据森林公园的特点，其功能分区可有：

• 游览区 游客游览的景观区域。由特色群落、古树名木、自然山水组成，是公园开展各种旅游项目的主体部分。

• 游乐区 为游客提供游乐设施的区域。条件允许的森林公园，在不破坏环境的前提下，可建游乐与体育健身设施。

• 野营区 开展野营、露宿、野餐等活动的区域。多为森林较为茂密的地面，坡度一般在 10°以下。

• 生态保护区 保持水土、维护生态的区域。此区域应限制旅游活动。

• 生产经营区 从事生产、加工的区域。此区域可开发与游客的互动项目，如木质玩具加工等。

• 服务区　居民居住以及为旅游活动提供服务的区域。此区域可建设宾馆、饭店、购物、医疗等接待服务项目及配套设施。

（三）主题公园功能分区

主题公园是一种人造旅游资源，它着重于特别的构想，围绕着一个或几个主题创造一系列有特别的环境和气氛的项目吸引游客。1955年，在美国加利福尼亚州兴建了世界上第一个现代大型主题公园——迪士尼乐园，很快获得世界性认同和接受，形成了一种规模化的旅游目的地形式。

在主题公园中，旅游功能分区一般有：

• 观光区　多数主题公园中有花、草、树、水、房等景观的观光区域。

• 游乐区　为游客提供旅游体验，如情景模拟、游乐设施、风情体验等，是主题公园的核心吸引物和主要赢利区域。

• 服务区　为游客提供餐饮、住宿等配套服务，是景区赢利的另一个重要来源。

（四）乡村旅游功能分区

乡村旅游开发在世界各地发展非常迅速。我国乡村旅游的年接待游客人数已经达到3亿人次，旅游收入超过400亿元，占全国出游总量的近三分之一。乡村旅游已经成为旅游业新的增长点。我国各地的乡村旅游开发主要以农业观光和休闲农业为主，目前正向以观光、考察、学习、参与、康体、休闲、度假、娱乐等为一体的综合型方向发展，其中国内游客参与率和回游率比较高的乡村旅游项目是以“住农家屋、吃农家饭、干农家活、享农家乐”为内容的民俗风情旅游；以收获各种农产品为主要内容的务农采摘旅游和以民间传统节庆活动为内容的乡村节庆旅游等几个方面。

乡村旅游的功能分区一般有：

• 观光区　绿色景观和田园风光为主题的区域。

• 休闲区　包括休闲农庄、果园、茶园、花园、休闲渔场等，是体现休闲、娱乐和增长见识的区域。

• 采摘区　为游客提供采摘、收获的区域。

• 民俗游乐区　以乡村民俗、乡村民族风情以及传统文化为主题的民俗文化、民族文化及乡土文化为主题的区域。

• 教育区　部分乡村提供农业教育园、农业科普示范园等园区。

• 服务区　一般在乡村居民点，为游客提供住宿、餐饮、休憩等服务。

（五）历史城镇旅游功能分区

中国历史悠久，广阔土地上有着很多悠久历史、文化底蕴深厚的历史城镇。其中有部分已经被联合国教科文组织列入世界文化遗产。随着旅游业的蓬勃发展，许多名城、古镇、历史文化街区、古村落、古建筑群等资源不断被开发，历史城镇旅游成为旅游业中的一个亮点。严国泰按历史城镇的开发程度，将历史城镇的功能分区划分为：

• 核心史迹区　位于历史遗产保护区范围内，主要是保护文物，维护遗产的原初风貌。

• 史迹文化区　位于核心区外围，以修复原遗产资源为主，是有限开发区。

• 文化游憩区　位于史迹文化区外围，以历史文化为主题策划旅游活动，建设与史迹文化相和谐的游览、游憩设施。

- 旅游服务区　位于历史城镇旅游区的外围。

第三节　旅游土地利用

一、土地利用的一般原则

土地是人类赖以生存和发展的且无法替代的自然环境资源，它既是环境的重要组分，又是其他自然环境资源和社会经济资源的载体。中国正面临着人口增长、资源短缺、生态与环境恶化等与土地利用密切相关的可持续发展重大课题。实现区域土地资源的合理利用和科学配置，对于可持续发展具有重要意义。

土地利用是人类根据土地的自然特点，按一定的经济、社会目的，采取一系列生物技术手段，对土地进行的长期性或周期性的经营管理和治理改造活动。土地利用的方式、程度、结构及地域分布和效益，既受自然条件（如光能、热量、水分、地形、土壤等）影响，更受各种社会、经济、技术条件（如开发历史、生产方式、技术装备、投入水平、土地经营管理水平及国民经济发展需要等）影响。

土地利用的一般原则是：(1)先调查、评价、规划，后开发利用；(2)以集约利用为主与保证适量的耕地面积相结合；(3)在农业优先的前提下，统筹安排用地比例；(4)开发利用与合理保护相结合。

二、土地利用的空间格局和属性分类

（一）土地利用的空间格局

土地利用空间格局是自然条件限制和人类活动影响共同作用的结果。构建生态良好的土地利用格局有利于形成自然和谐的城乡宜居环境，有利于区域生态功能的修复和提高，有利于旅游事业的开展。

近些年来，随着我国经济社会的不断发展，对资源的开发利用强度日益加大，一些地区生态环境不断恶化。工业化和城镇化的快速发展占用了大量土地，使一些对生态环境起重要保护作用的耕地、园地、林地、草地、水体等资源永久丧失，加剧了城市周边生态景观的破碎化程度，阻塞了动物的迁徙廊道，从而影响到生物多样性保护。

在城乡用地布局中，将大面积连片基本农田、优质耕地作为绿心、绿带的重要组成部分，构建耕地、林草、水系、绿带等生态廊道，加强各生态用地之间的有机联系，构建景观优美、人与自然和谐的宜居环境，有利于解决工业化、城镇化带来的一系列城乡生态环境问题，形成城乡生态安全格局，更有利于城市近郊游、乡村旅游的开展。

（二）土地利用的属性分类

土地具有两重性，即自然属性和社会经济属性。

土地的自然属性指自然形成的土地固有的特性。如空间特性（土地的外形、“三维”空间）及土壤、植被、水文、地质等的特性。这些特性对评价土地的生产能力、配置各业生产用地、正确解决和处理土地开发利用和环境因素之间的矛盾等，均具有重要意义，对农业生产和建设也有直接的影响和作用，并进而影响土地利用的效益。

土地的社会经济属性指土地作为社会土地关系的客体表现出来的特性，即通过人类的社会经济活动赋予土地的特性，如土地所有权、土地利用现状、民族构成及传统的土地利用方式、经济和科学发展水平、交通状况、有关的土地利用政策等。它们虽不直接决定土地的质量特征，却在很大程度上决定土地的利用方式、生产成本和利用价值等。在旅游开发与规划的过程中，应特别关注土地的社会经济属性。

三、旅游土地利用规划

随着旅游产业开发规模的不断扩大，其在土地开发中产生的问题日益凸显。旅游业中涉及的土地开发问题不仅仅是简单的“土地的征用、划拨和出让”。从项目开发后的合理、有效运作的角度来看，政府应在规划前期依据土地调查和登记的有关资料，对所涉及土地的权属、界限、地类、面积进行核实，并落实到土地利用现状图上。在国土部门土地利用规划的基础上，再进一步进行旅游土地利用规划。

旅游土地利用规划是指在一定旅游区域内，根据旅游发展需求和当地自然、经济、社会条件，将土地进行空间和时间上优化组合的安排与部署。

（一）旅游土地利用规划的任务

1. 优化土地利用结构

旅游土地利用规划的核心内容，就是优化土地利用结构。所谓优化结构，就是选择在土地利用中取得经济效益、社会效益、生态效益的最佳组合的结构方案。

2. 建立土地利用的合理空间配置模式

土地利用的布局是土地利用结构在空间上的具体落实，优化的土地利用结构必须通过土地利用的布局来实现。要根据土地适宜性评价的结果，依据土地的自然属性、土地投入产出的绩效、土地利用的社会效益综合分析，确定一个相对合理的空间配置方案。

（二）旅游土地利用规划的注意事项

1. 科学衔接土地利用总体规划、环境保护规划、城市规划等其他专项规划

土地利用总体规划是旅游土地利用规划的基础。首先，土地利用总体规划在用地布局上给予了规定，指出了旅游发展区的区位；其次，土地利用总体规划在用地总量上进行了限制，规定了各发展区未来的发展方向和用地规模。如果旅游土地利用规划与土地利用总体规划相冲突，有可能导致两种结果：一是旅游规划方案因用地限制不能实施到位；二是政府要进行土地利用规划修编，增加行政审批难度和审批时间。

环境保护规划、水利规划、林业规划、城市规划等规划是综合安排各项工程建设的部署，是各项建设和管理的依据。旅游土地利用规划应将这些规划进行科学结合。

2. 科学规划定位旅游用地的各功能区

在充分考虑土地利用规划及其他专项规划的基础上，要合理规划旅游用地的功能分区，有效利用各功能分区的每一寸土地。规划时要考虑环境容量，保护自然景观的原始风貌、人文景观的历史价值、自然景观与人文景观的整体性，注意短期效益与长远效益、局部利益与整体利益的有机结合。要考虑到土地的最佳使用限度、安全及便利因素，要考虑所选地点的交通便利性，要考虑旅游业用地的建筑规模、等级应与旅游地的旅游资源等级和客源地的规模相适应，并具有相对的集聚性。

3. 节约、保护和合理利用每一寸土地

在旅游土地利用规划过程中，要避免对土地的破坏，要节约使用土地，要合理利用每一寸土地。不能片面追求经济效益，在实现经济效益的同时，更要实现社会效益、生态效益，实现土地利用的可持续发展。

(三)旅游土地利用规划中的常见问题

1. 旅游项目开发的特质与国家土地政策间的问题

由于旅游开发项目一般规模较大，有的达数十平方公里，很可能会涉及对土地的征用超过当地行政机关的审批权限，如《中华人民共和国土地管理法》中第45条规定，征收下列土地的，由国务院批准：(1)基本农田；(2)基本农田以外的耕地超过35公顷的；(3)其他土地超过70公顷的。由于审批权限的不同，导致在同一旅游开发区内，对不同地块可使用、开发的时间将会出现不一致，从而直接影响到项目的开发进度，不利于项目的统一的规划和管理。

为了避免上述问题的出现，旅游项目在土地利用总体规划中应尽量避免产生对基本农田的征用。旅游项目征地规模达到应由国务院批准的情况应及早规划，及时报批。同时采用“整体规划，逐步推进”的开发模式对项目进行阶段性开发。

2. 旅游区开发用地中不同行政区划在土地政策方面的问题

旅游区的开发用地很可能会同时涉及不同行政区划的管辖范围，而各行政区的土地政策会有一定的差异，由于缺乏统一的规划和管理，可能导致各行政区在生态建设、基础建设步伐上不能协调一致，从而增加项目的开发成本和难度。

旅游项目如果涉及不同行政区划的问题，应由级别较高的一级政府出面，协调各行政区政府。在不改变土地权属性质的前提下，打破行政区域界限，成立专门的管理机构，实现开发区建设土地的统一规划、统一管理、统一治理，统一不同行政区土地政策。

3. 旅游区开发用地中权属转移的问题

(1)旅游开发区内会出现不可转让土地使用权的情况，如军事用地、教育用地、自然保护区等。(2)旅游开发区内会有可转让土地使用权，但开发前没有基准地价的土地，如荒山、荒地等。(3)旅游开发区内会有可转让并且有基准地价但转让费用过高的土地。(4)旅游开发区地上会有建筑物及其他附着物。如何解决好上述问题，对项目的开发进度、资金使用效率及项目开发后经营管理的好坏都起着决定性的作用。

旅游项目涉及不可转让的土地，应由政府出面协调，采用土地折价成股权参与分红而不改变现有土地所有权的办法来解决。这种土地股权可以划分成两大类，即国家股权和集体股权。国家股权是指国家所有的那部分土地和地上资源的股权；集体所有的土地和地上资源以村组集体折价成股权的方式拥有集体股权。

在明确了土地权属的基础上，旅游项目也可采用租赁的方式，来取得土地的开发使用权。如：对开发区内涉及农民的土地，可采取租地的形式，保障集体土地承包者的基本权益；开发区范围内的失地农民，可享受被征地农民的同等待遇，纳入社会保障范围，同时考虑为其解决就业问题等。

四、旅游土地所有权、使用权及其主要取得方式

土地依法属于国家和集体所有，旅游开发部门或单位在开发旅游资源时可以通过划拨

方式取得，也可以通过其他方式(出让方式、流转方式)获得。

(一)土地所有权和使用权的性质区别

土地所有权是财产所有权的一种，具有一般所有权的一般属性，即占有、使用、处分、收益。基于土地所有权主体只有国家和集体的限制性，土地所有权在我国是禁止交易的，这是由我国的社会制度决定的。

土地使用权是一种用益物权，即无处分权。土地使用权的发生以所有权为前提，使用权通过划拨、租赁、出让等方式获得，集体建设用地以批准的方式取得。使用权人对土地享有支配权，这种权利可以依法转让、出租、抵押。旅游土地使用权是存在于旅游土地上的物权，标的仅以旅游土地为限。

我国规定的土地使用权的期限，建设用地的使用期限是根据不同种类的建设用地使用权进行规定的。通过土地划拨方式取得的土地，不论何种用途，除法律规定的消灭原因外使用权期限是无限的。通过出让方式取得土地使用权的，旅游用地最高为40年，在这一点上旅游用地区别于其他用地。

(二)划拨方式取得土地使用权

根据法律规定，划拨土地使用权是指通过除出让土地使用权以外的其他各种方式依法取得的国有土地使用权。

旅游用地一般面积较大，开发以政府为主导，多数情况下旅游土地使用权的取得以政府划拨为主。而且，通过划拨方式取得的旅游土地所有权是无限期的，可以更好地保证旅游开发和收益的延续性。

在以景区旅游为主的同时，还有以“农家乐”为代表的旅游项目，这种旅游发展方式的土地来源一般较为单一，以农民自己的宅基地、自留山、自留田等为土地来源，一般属于农民集体所有，而使用权归个体农民。

【案例分析】

宽城满族自治县清河口村旅游功能分区划分及旅游容量测算

宽城满族自治县位于河北省承德市区东南部，北连平泉，西邻承德和兴隆两县，南与唐山市和秦皇岛市相邻，东与辽宁省接壤。清河口村位于该县塌山乡西南、燕山山脉中段、潘家口水库的中上游，是一个依山傍水的小山村。

1. 旅游资源简介

根据国家标准《旅游资源分类、调查与评价》(GB/T18972—2003)，清河口村旅游资源类型如表5-1所示。

表5-1 清河口村主要旅游资源一览表

类型	景点名称	主要景观和旅游资源
A 地文景观		
AA 综合自然旅游地	AAA 呼凤山	山丘型旅游地
	AAA 锦绣山	山丘型旅游地

续表

类型	景点名称	主要景观和旅游资源
B 水域风光类		
BA 河段	BAA 太公湾	
BB 天然湖泊与池沼	BBA 蟠龙湖	
BC 瀑布	BCA 水库泄洪	
C 生物景观类		
CA 树木	CAA 林地	山杏、山枣
	CAB 丛地	蘑菇、山丹花、喇叭花、野菊花、迎春花等
	CAC 独树	五组树
D 天象与气候景观		
DB 天气与气候现象	DBB 避暑气候地	日出、晚霞
F 建筑与设施		
FA 综合人文旅游地	FAB 观风台	
	FAB 凤栖亭	
FG 水工建筑	FGA 潘家口水库	
G 旅游商品		
GA 地方旅游商品	GAA 宽城农家菜	炖鱼、炒虾、猪肉血肠汆酸菜、饽饽
	GAB 农林产品	板栗、梨、山楂、山杏、山枣等
	GAC 水产品	鲤鱼、鲫鱼、马口、白条、甲鱼及河虾等
	GAE 手工艺品	龙凤图案的饰品、挂件等
	GAG 旅游用品	太阳帽、太阳镜、矿泉水、方便食品等
H 人文活动		
HB 艺术	HBA 民间艺术	泥雕、面雕、剪纸等
HC 民间习俗	HCA 地方风俗	乡村婚礼、水上婚礼等
	HCC 民间演艺	扭秧歌、唱大戏
	HCE 宗教活动	庙会等宗教节庆活动
	HCF 民间传统节日	春节、端午、中秋、重阳节、元宵节等
	HCG 饮食习俗	猪肉血肠汆酸菜、饽饽

2. 旅游发展框架

根据该地旅游资源和发展战略，其旅游发展框架如图 5-4 所示。

3. 旅游功能分区

根据其资源现状和旅游发展框架，该景区分为四个主要功能分区：山体观光区、码头游览区、水上游览区、服务区。

4. 旅游容量及用地指标测算

参考国家标准 GB/T18971—2003 以及国内相关的技术案例，对几个相关技术指

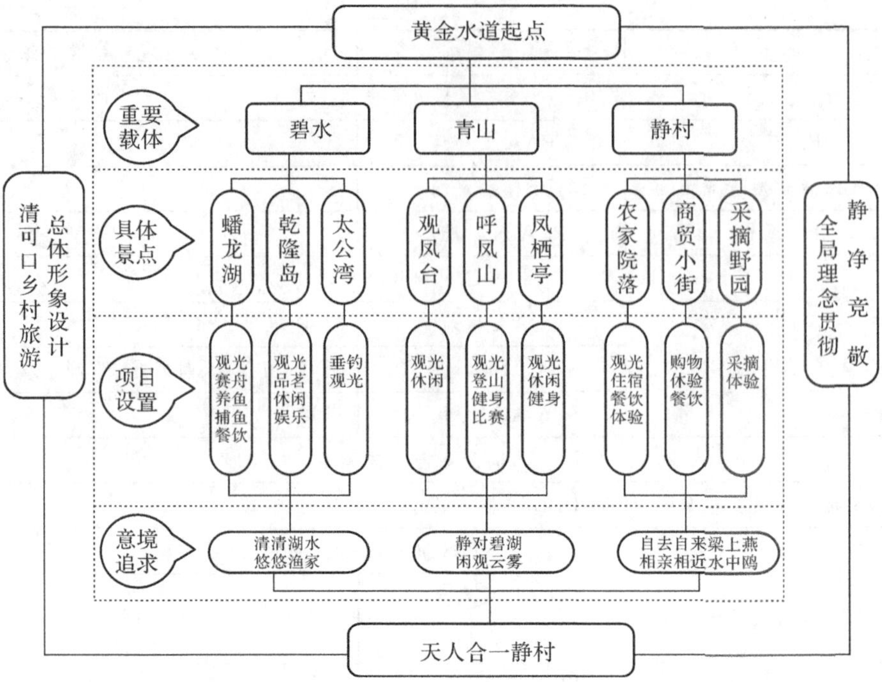

图 5-4 清河口村旅游发展框架示意图

标进行如下确定：

(1)单位规模指标(m^2/人)：指在风景区的旅游活动中，每个游人所必须占用的最小面积。在本景区中设定为：山体观光区的单位规模指标 500 m^2/人，码头游览区的单位规模指标为 5 m^2/人，水上游览区的单位规模指标为 200 m^2/人。

(2)合理容量(人)：指各种风景旅游设施及区域允许容纳的游人量。风景区的最大合理容量还与游人的周转率相关。

(3)风景旅游设施面积(m^2)：指游人旅游活动所及的风景游览设施面积。

(4)日周转率：指风景旅游区每日平均接待游人的批数。其计算公式为

$$Z_i = \frac{T}{T_0}$$

式中：Z_i 为日周转率，单位为次 / 日；T 为每日开放时间，单位为小时；T_0 为人均平均游览时间，单位为小时 / 次。

(5) 日空间容量(人次 / 日)：风景区的旅游空间每日可接待游客的人数。日空间容量的测算公式为：

$$C_i = Z_i \cdot \frac{X_i}{Y_i}$$

式中：C_i 为资源的日空间容量；X_i 为某游览空间面积，单位为 m^2；Y_i 为在不影响游览质量的情况下，平均每位游客占用面积，单位为 m^2/ 人。

(6) 年空间容量(人次 / 年)：指风景区的旅游设施全年接待人数，其数量与全年可游览天数和平均日环境容量相关。其计算公式为

$$C = ad\sum C_i = ad\sum \frac{X_i \cdot Z_i}{Y_i}$$

式中：C为年空间容量；a为旅游系数（这里取0.8）；d为一年中适宜旅游的天数（这里取240天，即每年的3—10月为宜游期）。

根据计算，该景区旅游容量及用地指标如表5-2所示。

表5-2　清河口村旅游容量测算及用地指标表

功能分区	用地面积（hm^2）	人均合理环境容量（m^2/人）	每日开放时间（h）	平均游览时间（h）	日容量（人）	年容量（万人）
服务区	1.5	3	10	2	25000	480
山体观光区	20.2	500	8	3	1077	21
码头区	1	5	7	0.5	28000	538
水上游览区	202.5	200	7	3	23624	454
总计	225.2			9	77701	1492

复习思考

1. 简要回答旅游功能分区的基本原则。
2. 旅游功能分区的划分可采用哪些方法？
3. 区域旅游功能分区有哪些类型？
4. 自然保护区的功能分区一般怎样划分？
5. 国标当中对于旅游日空间容量是怎样计算的？
6. 旅游土地利用规划中应注意哪些事项？
7. 旅游土地利用规划中常见的问题有哪些？怎样解决这些问题？

第六章　旅游主题定位与形象塑造

学习目标

- 掌握旅游主题定位的原则与方法
- 明确形象设计的流程和具体内容，厘清主题定位、形象设计与形象塑造之间的关系
- 把握旅游形象塑造的工具、传播媒介的分析与选择
- 合理运用形象传播策略

旅游主题定位是研究目的地旅游发展战略的前提和基础，也是其品牌营销的核心。旅游主题是旅游目的地基于该地的人文及自然状况，梳理出最精华的部分，将其提炼出的一种展现给受众的理念和态度。旅游主题定位是进行旅游形象设计的前提。在此基础之上通过当地条件分析和市场分析形成了该地的旅游形象。良好的旅游形象对外可扩大旅游市场，对内可提高旅游凝聚力，是旅游规划的核心，也是灵魂所在。

第一节　旅游主题定位

旅游主题是一个景区发展的导向系统，什么样的旅游主题就决定了建什么样的景区、生产什么样的旅游产品、吸引什么样的消费人群。旅游主题定位是旅游发展的第一步。“差之毫厘失之千里”，旅游主题定位深刻影响着旅游地的发展。因此，旅游主题如何定位及建构，成为最核心的问题。

一、主题定位

“主题”在词典中的释义为：在音乐中，被不断重复和不断扩张的那个旋律。在旅游规划与开发中，旅游主题也具有同样的特征。旅游主题应是旅游目的地着力要展现给旅游者的一种理念或是价值观念，其目的在于创造鲜明的个性和树立独特的形象，使其成为旅游形象建设的方向。主题定位是进行形象设计的前提，它为形象设计指明方向。旅游主题定位就是在旅游资源特色分析和旅游市场划分的基础上，对目的地旅游发展的全面的形象化表述。它应该是对目的地旅游资源及产品特色的高度概括，既体现地方性又给旅游者以深

刻的印象，诱发出游或重游的欲望。定位理论的核心思想就是“去操纵已存在心中的东西，去重新结合已存在的联结关系”①。综观世界旅游发展史，可以看出凡是取得成功的地区，都十分重视其旅游主题定位并且树立了牢固的形象。如威尼斯是“水城”，慕尼黑是“啤酒城”，巴黎是“艺术之都”，曼谷被称为“天使之都”，维也纳是“音乐之都”，巴格达是“一千零一夜的故乡”，西班牙是“阳光下的一切”，北京是“东方古都·长城故乡”，杭州是“世界休闲之都”等。主题定位的过程往往需要高度的概括和提炼。汉民族的语言表达多运用比兴，追求一种意在言外的美学情趣。相传佛祖在灵山会上说法，只是拈花微笑，佛经中每每运用比喻来解说深奥的佛理，禅宗以文字传法几乎全是比喻。这些都影响到主题定位。在主题定位的过程中不仅要关注物象本身，还应重视捕捉象外之旨的意象，有时候对意象的追求更甚于对物象的描绘。在定位过程中，某些特殊的景物或景象往往因其状貌酷似人们习见习闻的另外一些事物而以此喻比，或者把它们活化或拟人化而赋予性格、品质，甚至加以诗化而构成一个完整的故事情节。也就是说，观赏者把情感融化于可感知的景物或景象，为主观的情感找到一个客观对应物而使其更富于浪漫色彩，更值得观赏玩味。这个由景物或景象衍生出来的意象景观，既可作为人们的鉴赏对象，又是人们在鉴赏活动中参与创作的成果，而这个成果往往能成为旅游主题。

二、主题定位的原则与方法

（一）定位的原则

1. 资源特色和市场导向相结合的原则

这个原则重在对资源特色的提炼以及对市场需求的把握。在资源特色提炼方面，需要注意资源能否转化以及转化成本的问题，注意发掘新资源的问题。而在市场导向上，除了迎合市场，更应该引导市场，像 20 世纪 80 年代深圳华侨城锦绣中华的开发，便带动了中国主题公园的开发热潮。

2. 易识别性和难替代性相结合的原则

在这个原则中易识别性尤其值得关注。长期以来，很多学者往往在旅游文化与历史文化这个问题上产生混淆。旅游本质上是一种休闲，我们不能过多地将历史的考辨带进旅游，应努力用最浅易的方式传达出文化的信息，切忌掉书袋。那么，在旅游形象解说系统上，便要注重易识别性，如何将历史变得时尚、让文化变得轻松，是旅游工作者必须做好的工作。但是，易识别往往也容易被复制，如何与难替代性结合，又是一个重要问题。这就要求定位前要抓住特质，即便同质，也要运用特殊的语言、特殊的标识来区分。像珠海的“浪漫之城”与大连的“浪漫之都”，便出现旅游宣传口号上的语言雷同，这对市场开发是不利的。

3. 弹性原则

在旅游景点前随便、刻意加上“某某之乡”的同时，也意味着失去了很大部分没有这方面爱好的游客，而作为区域旅游主题形象，它的塑造周期是相对较长的，如果弹性不足，则容易制约于短期目标口号、特定市场口号的制定及实施。像山东，针对国内市场，山东的形象口号为“走进孔子，扬帆青岛”，而针对国际市场，则更直接、主题更单一地打出“欢迎到孔

① 李蕾蕾. 旅游点形象定位初探——兼析深圳景点旅游形象[J]. 旅游学刊，1995(3)：29－31.

子家乡来”的口号。又例如韩国，2002 年韩日世界杯前，面向世界推出了“活力韩国(Dynamic Korea)”的口号，而近期，专门针对中国市场，则推出口号：“开心胜地，好客邻邦”。这样，在确保一个明确主题形象的同时，留足了空间，有利于不同时期不同分众市场的口号制定。

4. 写意原则

写意原则主要指的是在旅游形象表达方面。作为文明古国的子民，我们容易陷入历史的自恋。可历史学者进入旅游领域，往往会使本来很休闲的旅游变得沉重和生硬。旅游者不是不追求历史的真实，而是在旅游的语境中，旅游者更希望历史、文化的表达是轻松的。我们从张艺谋“印象系列”的流行可以看到，在旅游者心中，希望得到的不仅是知识，而更多的则是情感，不是具象，而是抽象；不是结果，而是过程；不是实证，而是感觉。这便要求，在旅游形象表达方面，要关注诗性，注重发散，以自由、随意的方式传达信息。

(二)定位方法

1. 领先法

领先定位法适用于那些具有唯一性、不可替代性的旅游产品或旅游资源。如鸟巢、故宫、少林寺、丽江等，都是世界上绝无仅有的旅游产品，在世界上处于绝对的垄断地位。可以根据旅游者各种不同的标准和属性建立形象阶梯，在这些形象阶梯中占据第一的位置，就有领先的形象。但如此绝对领先、形式稳固的旅游目的地毕竟不是多数，大量的旅游目的地要依据市场属性采用其他方法进行市场定位。

2. 比附法

比附定位法是一种“借光”的定位方法，就是攀附名牌，比拟名牌来给自己的产品定位。它借用著名景区的市场影响来突出、抬高自己。比附定位避开第一位，抢占第二位。比如三亚定位为“东方夏威夷”，越南下龙湾定位为“海上桂林”“东方威尼斯”等。它也存在一些极限，采用这种方法的景区在区位上不可与比附对象的空间距离太近，因为这种定位是吸引比附对象景区的远途客人。另外，对于已经出名的旅游景区和具有独特风格的旅游景区不能随便采用此种定位方法，以免让自己失去品牌。

3. 逆向法

逆向法已广泛运用于商业领域。心理逆向定位就是打破消费者的一般思维模式，以相反的内容和形式来塑造旅游形象。它所强调和宣传的定位对象一般是消费者心中第一形象的对立面和相反面，同时搭建了一个新的易于为旅游者接受的心理形象平台。例如河南林州林虑山风景区以“暑天山上看冰堆，冬天峡谷观桃花”的奇特景观征服市场；宁夏镇北堡影视城推出的主题定位就是“出售荒凉”。

4. 空隙定位法

这种方法又称填补空白式定位，是指避开与强有力竞争者直接对抗的一种定位方式。其原因在于旅游目的地不具有明显的特色优势，从而利用被其他旅游景区遗忘的旅游市场角落，塑造自己旅游市场形象。即设计和提供该旅游市场上目前没有的特色旅游产品，与竞争者形成差异。这种定位方式能迅速地在旅游目标市场上站稳脚跟，并能使这种特色旅游产品在旅游者心目中较快地树立起良好的形象。如海南的呀诺达热带雨林景区的开发，在海南众多的海滨度假旅游产品中独树一帜，取得了巨大的成功。

5. 文化法

对于文化和历史积淀深厚的地区可以采用将文化内涵融入品牌，形成文化上的品牌差异。这种文化定位不仅可以大大提高品牌的品位，而且可以使品牌形象更加独具特色。如衡山的寿文化、少林寺的武术文化、黄帝故里的根文化、武当山的太极文化等。

6. 对比法

对比定位是指通过与竞争对手的客观比较来确定自己的定位，也可称为排挤竞争对手的定位。在该定位中，企业设法改变竞争者在消费者心目中的现有形象，找出其缺点或弱点，并用自己的品牌进行对比，从而确立自己的地位。如"黄山归来不看岳"。

7. 概念定法

概念定位就是使产品、品牌在消费者心目中占据一个新的位置，形成一个新的概念，甚至造成一种思维定势，以获得消费者的认同，使其产生购买欲望。比如少林寺，现在在国外已经基本将武术文化和少林寺等同了，造成少林武术就等于中国功夫的错觉，进而形成中国功夫的概念。

8. 多头定位

多头定位即一个旅游目的地从不同的角度同时确定好几个针对性强的形象，不同的定位之间的差异是互补性质的，有利于全面认识旅游目的地。比如北京，其形象定位就同时有国际和国内两个不同的旅游形象定位，而且在不同的时期应对不同的事件发生不同的变化。针对国内，北京是首都，全国政治、商务、文化等各项交流活动的中心，是全国旅游的中心地及中转地；针对国外，北京定位为"东方古都·长城故乡"。

9. 组合定位

组合定位就是采取相辅相成、互助合力的组合形象的定位策略，以区域联合的形式打造大区域整体旅游目的地形象。它又可细分为主从组合定位、并列组合定位和互补组合定位三种。比如，以集群形态出现的中小旅游目的地，以及特大城市周边的卫星旅游城，就可以根据组合旅游目的地间协作关系的平衡性，进行组合旅游形象定位。

10. 重新定位(再定位)

严格说来，重新定位并非一种独立的定位方法，而是原旅游地应当采取的再定位策略。由于旅游地的发展存在生命周期，如何面对衰落一直是旅游经营者的一大难题。重新定位不失为一条可选之路，重新定位可以促使新形象替换旧形象，从而占据一个有利的心灵位置。"9·11"恐怖事件发生后，对国际旅游市场冲击较大，旅游者对旅游目的地的安全性最为关切，这时，中国打出了"最安全的旅游目的地"的宣传口号；北京在申办2008年奥运会时的宣传口号是"新北京，新奥运"，目的是为了扭转国际上对老北京传统形象的认知偏差。

第二节　旅游形象设计

随着人类进入信息时代(后工业时代)，注意力经济已经以巨大的能量受到追捧。而所谓的注意力，便是形象的能动表现。旅游者最终选择哪个旅游目的地取决于该地在旅游者心目中感知到的形象，而并非是实际存在的资源物。换言之，如果旅游地没有特色鲜明的旅游形象，它也不会进入旅游者的考虑范围，所以旅游形象设计是目的地与旅游者沟通的基础。

一、旅游形象及旅游形象设计

(一)旅游形象内涵

旅游形象是指旅游地的具体形状或姿态。它既是旅游地对自身的理解和认识，也是旅游者对旅游地的感知。旅游形象是物质活动和精神活动的统一，因此它具备形象的一般特征。然而旅游形象的特殊性又决定了它不同于一般的形象。首先，任何一个旅游形象的塑造都要依据已有的旅游资源，张冠李戴、子虚乌有地编造想象的旅游形象不会带来任何好感，只会给旅游消费者留下被欺骗的感觉。其次，旅游形象具有可变性。其中包括两方面：一方面是公众对旅游形象印象的变化；另一方面是旅游目的地自身通过资源整合后，呈现给旅游者外部及内部旅游形象的变化。如大连最初的旅游形象定位是“购物的天堂”，而相对比而言，以同样旅游形象定位的香港明显地受到了更多旅游者的青睐，真正实现了以旅游形象吸引旅游者的目的。如今大连在重新审视自己的旅游资源后，将“浪漫之都”作为大连旅游的总体形象定位，着力突出其海派气息、现代风格、高雅情调，并围绕这一定位开发旅游市场和产品，于是吸引了数以万计的旅游者前往，并充分赢得了美誉度。再次，旅游形象更加依赖媒介的传播。任何一处旅游地都不会把只吸引当地人作为自己的发展目标，能将自己的旅游形象传播得更广，让世界各地的人们都知晓自己的旅游地才是他们最希望获得的。

(二)旅游形象设计工作的组织和设计流程

旅游形象设计是围绕特定旅游目的地，立足于旅游目的地形象定位，对该地旅游产品进行创意、构思、规划与包装，建立旅游形象识别系统的过程。这项系统工程需完成三项主要任务：塑造地方精神、树立地区居民行为规范、设计地区形象识别系统。建立旅游形象设计的基本流程，一般包括前期的基础性调查分析及后期的显示设计。前期工作主要包括资源调查与评价、市场调查及分析、竞争者分析及传播策略与广告媒介分析等；而在此基础之上的显性设计主要是在旅游目的地的众多纷繁复杂的个性和共性中提取旅游者可能愿意接受的该地旅游形象的具体表达。包括理念或价值观、视觉识别、听觉识别、行为识别、文化识别、及电子识别等，如图 6-1 所示。

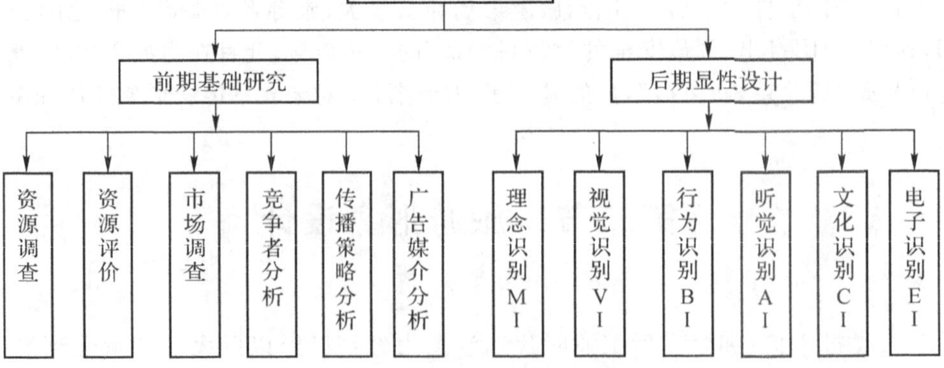

图 6-1　旅游形象设计流程图

二、前期基础分析

前期的基础分析中的资源调查与评价、市场调查及分析及竞争者分析这些工作是旅游规划与开发的基础性工作，在前面几章都有详细的说明，在这里就不再赘述。但是在前期基础分析的过程中要特别注意的是在资源调查及评价分析的过程中，把握该地的历史发展脉络。掌握好这个发展脉络有利于规划者提取该地的旅游形象或至少是其中的一个部分。这是因为历史是经过长期的时间积淀遗留下来的，而且普遍被世人所接受，通过把握这个被世人普遍接受的历史事实而提取出的形象，相对其他提取方法而言保险又节约成本。旅游形象设计不是为了顾影自怜，自我陶醉，也不是某些地方凸显政绩的砝码，而是需要在后期传播的沟通过程中达到最好的宣传效果，加深在受众心目中印象的一种工具。站在历史的高度，开拓创新更有利于该地旅游形象的后期传播，可以比凭空设想的形象更节约传播成本。

特别要关注的是前期基础分析中的传播策略分析与传播媒介分析。只有前期分析工作中结合旅游主题定位明确后期形象传播过程中主要采用什么样的策略及相应的传播媒介，才能有的放矢地进行后期的显示设计。这里想要纠正的是传统旅游形象设计中的一个悖论。传统的旅游形象设计是因形象设计而选择传播策略及媒介，这里要更正的是应该因传播策略及媒介的选择而进行具体的形象设计，以求达到工作价值的最大化。

三、后期显示设计

在这里要引入一个企业形象识别体系(CIS)的概念。CIS 即企业识别理论(Corporate Identity System)是企业对自身的经营理念、行为方式和视觉识别进行系统的革新、统一的传播，以塑造出富有个性的企业形象，从而获得内外人员和组织认同的经营战略。CIS 是对 CI 的系统化。对于 CI 的解释主要有两种，其一是 Corporate Image，即企业形象；另一种就是 Corporate Identity，即企业形象识别。前者表现为社会公众对社会组织的客观识别，后者表现为社会组织主观的个性传播活动。在 CI 的发展中，为了使其内涵更清晰可辨并得以不断丰富，CI 逐渐发展成为一个系统性识别，由理念识别系统(MIS)、行为识别系统(BIS)和视觉识别系统(VIS)三部分组成。将其引入到旅游形象设计中，三者的关系如图 6-2所示。

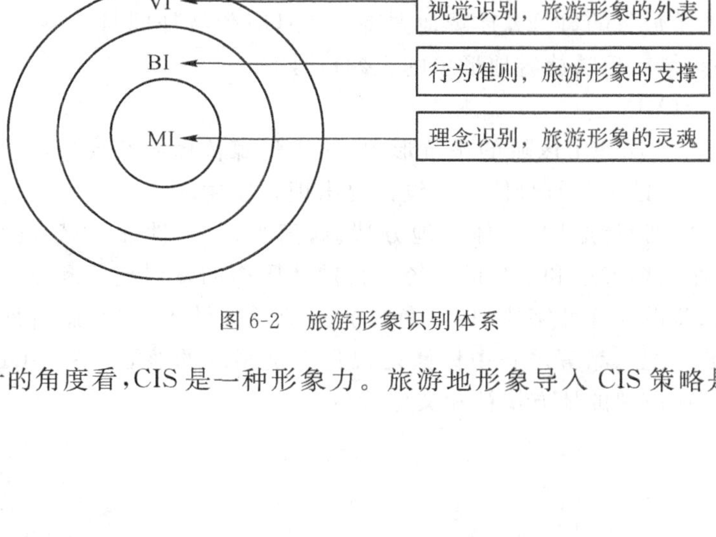

图 6-2　旅游形象识别体系

从形象设计的角度看，CIS 是一种形象力。旅游地形象导入 CIS 策略是对旅游地现实和未来发展的宏观把握，对于地区旅游发展具有重大意义。通过形象设计，用统一的标识强化旅游地形象，增强旅游地的竞争力；用统一的形象带给旅游者新的认识和感受，提高旅游目的地的知名度，提高旅游业的综合发展。但是要注意CIS理论植根于企业，对于一个集中了各种与旅游直接、间接关联的旅游目的地而言，如何实施旅游形象发展战略却并不是一个可以简单地将CIS移植应用的问题，而必须综合多学科的视角进行思路重组和理论创新[2]。

（一）口号设计（MI）

形象定位的最终表述，往往以一句主题口号加以概括。口号是旅游者易于接受的了解旅游地形象的最有效的方式之一。它好比广告词。一句优秀的广告词往往能产生神奇的广告效果。世界上许多国家和地区都有自己的宣传主题口号（advertising theme），寥寥数言，就把该地区的形象特征栩栩如生地刻画在潜在的和现实的旅游者脑海中。如美国纽约的口号是“I Love New YorK（我爱纽约）”；夏威夷是“ The Hawaiian Islands：Where the World wants to be（夏威夷群岛：世界向往的地方）”；西班牙是“Everything under the sun（阳光下的一切）”。

口号设计就是根据地方性研究和受众调查结果，提出规划地的形象设计，据此构思并推广言简意赅的宣传口号。口号设计方法有：

（1）通过对旅游资源现象的提炼，提出具有直观、具体的景观指称的主题口号。如北京市的口号“东方古都、长城故乡”，苏州的形象口号“东方园林、江南水城”，就属于这种现象学的总结。在旅游业发展的初期，主题口号往往是对旅游资源现象的提炼，具有直观、具体的景观指称，但这种口号的设计对客源市场的变化不能及时体现，容易过时。

（2）在景观指称的基础上，提升出抽象映象，既具有一定的物质形象，又体现一定的抽象理念的口号设计方法。如，北京大学旅游开发与规划研究中心为伊春市设计的旅游口号为“伊春，森林里的故事……”，为受众留下较广阔的想象空间。

（3）更高层次的口号设计是纯抽象的设计，表面上与当地的物质景象毫无关系，但却能深刻体现当地的特点。如香港提出的“WE ARE HONG KONG（我们是香港）”，虽然口号中没有具体显示香港的物质景象，但却充分体现了香港回归中国后她仍然保留的“是中国的一部分又不同于内地的社会主义，脱离了英国的统治却依然运行着从前的西方模式”，使其在继续保留对全世界开放的姿态的同时，又增添了对内地广泛客源市场的旅游吸引力和可达性。

总之，表现旅游形象的口号要体现地方特征兼具时代特征同时还要关注广告效果。结合这些方法容易提炼出反映旅游地形象的主题口号。

（二）视觉设计（VI）

为了从视觉上表现一个区域的旅游形象，便于传媒传播旅游形象，在形象设计过程中还需对当地旅游形象的视觉符号体系的设计提出理念性建议。

视觉识别系统的设计原则是，体现地方特色，简练、艺术性强、识别度高。旅游地形象的视觉识别是一个不断发展和生长的系统。目前从国内的发展现状和要求来看，视觉体系包括旅游地标徽、旅游地标准字体（标准色）、旅游地象征性吉祥物、旅游地户外广告、旅游地交通工具、旅游地纪念品等。其中标徽是视觉识别系统的核心，是应用最广泛的旅游地代表符号，体现着旅游地的地方精神和文化特色。

1. 标徽

随着旅游业的发展，人们渐渐开始重视对旅游地标徽的设计，并用其做为旅游地形象的标志。一般来说，旅游地标徽的设计可以从以下几个方面考虑：

(1)旅游地标徽的设计图案可考虑采用特征性地理风景，从具象、简象到抽象的处理都会产生不同的形象力，如石家庄和山东的旅游标徽分别如图 6-3、图 6-4 所示。

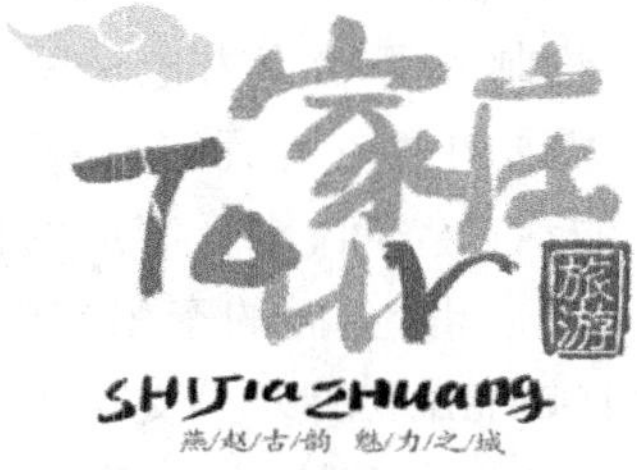

图 6-3　石家庄旅游标徽

图 6-4　山东旅游标徽

(2)旅游地标徽的设计也可采用特征性实物图案，如国家旅游标徽(见图 6-5)。

(3)旅游地标徽的设计还可使用人为设计的图案，如迪士尼乐园标徽(见图 6-6)。

图 6-5　国家旅游标徽

图 6-6　迪斯尼乐园的标徽标志

2. 标准字体

文字是旅游地视觉识别系统中最常用的符号之一。从旅游地的路标、各种各样的指示牌、导游图和旅游指南等都会用到文字。旅游地也可利用标准字体传达独特的旅游形象。标准字体可采用人为设计，也可直接采用名人题字。如华北明珠白洋淀就直接采用江泽民主席的题字作为其标准字体。

3. 象征性吉祥物

吉祥物一词源于法国普罗旺斯语 Mascotto，直到 19 世纪末才被正式以 Mascotte 的拼写收入法文词典，英文 Mascot 由此衍变而来，意为能带来吉祥、好运的人、动物或东西。吉祥物生动、有趣、形象，容易取得公众喜爱，达到广泛的传播效果。人们也倾向于以吉祥物指代企业、地区等的形象。例如，中国的大熊猫可表达中国的形象，唐老鸭和米老鼠、小熊维尼则传达了美国迪斯尼的形象。而且可以通过多种方式利用吉祥物，促进旅游地的多元化经营。

4. 户外广告

户外广告因其散布于旅游地各处而成为旅游地景观的一部分。一般来说，旅游地的户外广告包括招牌、旗帜、标识牌或路牌广告、方向牌、灯柱广告、模型广告、气球广告、气模广告、条幅、导游图等。它们不仅构成旅游地形象的一部分，也具有为旅游者提供实地旅游的向导和信息解释的功能。显然，一个缺乏足够的户外广告解释系统的旅游地，不能给游客带来旅行方便和满意，从而影响旅游者对旅游形象的感知。

5.交通工具

有些特殊的旅游目的地或者以交通工具为主要吸引力的目的地，往往因其所提供的独特交通工具而给人留下深刻印象。例如，长江三峡风景区不仅有雄奇险峻的三峡风光，长江邮轮也会给首次享用这种特殊交通工具的游客留下难忘的印象。自从2003年11月底亚洲第一豪华邮轮“狮子号”从厦门出发前往港澳，豪华邮轮开始为内地居民提供出境旅游的服务。从北京经三亚至香港，四天三晚的邮轮之旅需要花费6万元，价格高昂。可邮轮提供的豪华服务是其他海运船只无法比拟的——巨大的活动空间、星级酒店的设施——邮轮像一座漂流的度假胜地，给需要放松的人们提供了一个豪华、全面的享乐空间，健身、桑拿、美食、电影等想要什么，都可以对号入座。再如，四川峨眉山上的人力交通工具——滑竿几乎成为该风景区独特的形象符号。不论是传统、乡土的交通工具，还是现代主题公园内的观光车、高架缆车，或像迪拜哈利法塔的高速电梯，或世界顶级豪华海轮，古典园林水面上的画舫、摇橹船都可以成为装点旅游地形象的成分。

6.纪念品

旅游地的纪念品(包括一些旅游商品)是旅游者从目的地中几乎唯一可购买、带走的有形的东西。除了照片和留在记忆中的经历和故事，恐怕就只有这些纪念品还能反映和帮助旅游者记住目的地的形象了。传统的旅游纪念品通常包括纪念章(币)、明信片、导游地图、旅游画册、景点门票、地方手工制品等。有创意的纪念品往往能受到旅游者的追捧并在其旅游过程中留下深刻的印象，如宁夏镇北堡影视城推出的回族服饰。旅游纪念品设计有很多文章可做，在我国大部分旅游目的地都存在旅游纪念品缺乏新意，各地间旅游纪念品的界限模糊的问题。

(三)行为识别设计

旅游地行为识别系统设计的要素主要是旅游目的地相关人员的行为及其规范，包括政府形象、旅游从业人员形象、旅游目的地居民形象和其他旅游者的形象等。

1.政府形象设计

政府形象是旅游目的地旅游形象的代表。一个政府是否能树立“公正、廉洁、务实、敬业”的政府形象，提供高效而优质的服务，直接反映了该地政府对旅游业的重视程度。政府形象设计主要体现在对旅游景区的规划与发展方向的确定、旅游节事活动的组织与策划、旅游政策的制定和实施、旅游市场发展动态的掌握和相关旅游活动的开展等。

2.从业人员形象设计

旅游从业人员是旅游者进入旅游地最先接触的人，其直接为旅游者提供服务。服务质量优劣直接影响旅游者的满意度，因此旅游从业人员形象设计的核心是提高服务质量，而其关键在于提高旅游从业人员的素质，使他们的服务尽可能给游客留下良好的形象。其具体措施有，加强对旅游从业人员的培训，强调“好客、质朴、纯真”的行为准则，为游客创造良好的旅游环境；培养旅游从业人员的参与意识和服务的自觉性；提高旅游从业人员的文化修养、业务素质和外语水平。除了提供优质的服务，旅游从业人员还要在旅游地地方文脉的基础之上提供带有地方特色的服务，让旅游者产生新的形象感知。比如，西双版纳之所以给旅游者留下深刻的印象，其少数民族风情的特色服务功不可没。

3.旅游目的地居民形象设计

旅游目的地居民的地方性或民族性的形象是目的地重要的旅游吸引因素，也是旅游满意水平的重要来源。居民形象是旅游目的地形象构成体系中一个重要且不可忽视的要素。旅游目的地居民形象包括旅游地居民的态度、语言、服饰、生活方式、思想观念、活动行为等，其中居民对旅游者的态度，是友好热情，还是冷漠排斥，极大地影响着游客对旅游地的感知形象[①]。毕竟旅游地的开发不可避免地会带来大量异质文化的游客，多种文化的冲击必定会给当地居民的心理以及生活方式带来很大的影响，因此当地居民的态度在人—人感知形象识别系统中起着至关重要的作用。

4.其他旅游者形象设计

旅游者在旅游的过程中还要受到其他旅游者的影响。可以将其他旅游者划分为三类：一是与旅游者结伴同行的亲朋好友；二是团队旅游中的团员；三是旅游地中不相识的其他旅游者。这三种人在旅游过程中都有可能与旅游者发生相应的人际认知关系，从而影响旅游者的感受。旅游地理学对旅游地理环境容量的研究，发现了旅游地的感知容量、资源容量、生态容量和经济发展容量。其中，感知容量是由旅游者对旅游地其他众多不相识旅游者的认知关系而产生的，就是旅游者于某地从事旅游活动时，在不降低活动质量的条件下，地域所能容纳的旅游活动最大量，或者说，旅游地在使旅游者获得最大满意度时能提供的最大活动量。

（四）其他感觉形象设计

其他感觉形象设计主要包括听觉、味觉和嗅觉等感官形象的设计。一个旅游地的形象设计越丰富全面，它的形象力也就越强大，不仅能广泛吸引潜在旅游者，也能给予实地旅游者以深刻的印象。

1.听觉形象设计

听觉形象一般包括旅游目的地的地方方言、民歌、旅游主题曲、背景音乐、宗教音乐等。方言是听觉感觉的部分，具有很强的想象力。旅游者往往对地方语言很有兴趣，甚至有人会因为旅游地的方言而到某地旅游。背景音乐和旅游主题曲具有营造旅游气氛的特殊功能，如云南省旅游宣传中的一首《远方的客人请你留下来》，生动传神地塑造了良好的旅游形象。深圳的"青青世界"观光农园，就以青青世界为题目创作了一首主题歌曲，并由著名歌手那英演唱。

2.味觉形象设计

对于旅游目的地而言，味觉形象设计主要表现为餐饮特色。"吃"是旅游活动要素中非常重要的一个方面，也是游客满意度的重要来源之一。地方民族风味食品也是一种旅游形象塑造物。从某种程度上说，美味的地方特色餐饮是旅游地形象形成的很重要的方面，也是吸引游客前往的因素之一。如海滨城市的海鲜食物、新疆的葡萄和哈密瓜等，这些旅游地都是通过打造特色美食来塑造旅游地形象。

3.嗅觉形象设计

嗅觉形象设计的设计要素最普遍的就是食物的气味。另外像海边淡淡的咸味，松林中的松香味，各种花草果实的气味，以及清新的空气，都代表着旅游地的嗅觉形象。或者佛香

---

① 李艳.旅游地形象策划的理论和实践[D].四川：四川大学，2005.

缭绕的庙宇，也能给予游客较深的印象。同时应当注意，各类吸引物及旅游服务设施内都应严格消除对旅游形象产生损害的异味①。

(五)旅游地形象策划文化设计

从形象设计的角度来看，目的地整体形象是通过对各种形象要素的整合实现的。在旅游地举办节事活动是将目的地的人—地感知要素和人—人感知要素整合一体的有效方式。

1. 旅游节事活动

在国际旅游研究中，节事旅游(events & festivals tourism)专指以各种节日(festivals)、盛事(special events，mega-events)的庆祝和举办为核心吸引力的一种特殊的旅游形式。节事活动的举办因其暂时性和短暂性，而可以将高质量的产品、服务、娱乐、背景、人力等众多因素围绕某一主题组织和整合，集中大众媒体的传播报道，迅速提升目的地的知名度和美誉度。

2. 旅游节事活动的功能

旅游节事活动能大大增强旅游吸引力，使原来那些静止与固定的旅游吸引物(如当地的自然和人文景观)变得生机勃勃，营造与平常迥异而浓厚的旅游氛围，同时它又能作为很好的催化剂促进旅游地将各种要素组织、协作和发展。甚至旅游节事本身就是旅游地形象的塑造者，办大型的旅游活动和盛事就是形象塑造的过程，例如，山东潍坊的国际风筝节、大连的国际时装节、青岛啤酒节等。广州的广交会是其在国际市场推广广州形象的重要节事。河北顺平每年一度的桃花节，则是展现地方形象的地方性节事。另外，不定期的大型活动的举办也会给目的地带来相应的知名度和美誉度。

少数民族节日因其独特的地方性，最易发展为标志性节事。例如泼水节总是与傣族的形象联系在一起的，而那达慕大会也总是代表着内蒙古的形象。此外，宗教的固定传统节日，与庙会活动融合，也易发展为某一宗教圣地(地方、风景区、寺庙等)的标志性节事，例如，福建、台湾地区等地的“妈祖圣诞日”活动，几乎成为当地最隆重的旅游节事活动。

五、电子识别设计(EI)

随着信息时代的到来，多媒体的电子识别设计成为不容忽视的重点设计环节。一个相对有效的旅游目的地网站，能有效帮助当地推动在线旅游的市场。电子识别设计的主要内容包括旅游网站的设计制作、网站推广策划及在线咨询服务等。现在大部分旅游地(景区、景点)都有自己的网站，但是质量和内容却良莠不齐。国内发达的旅游目的地的优势，不仅仅体现在传统的工作中，在网络上也已经与一般的目的地拉开了差距。山东省的在线旅游网站在国内的旅游网站建设中可谓首屈一指。EI设计至少要包含以下几方面内容：

第一，要有明显的位置和值得信赖的身份。通过网络获取旅游目的地信息的通道并不是很多，大部分旅游者会通过搜索引擎和一些旅游类网站进行资讯的收集。那么无论是在搜索引擎上，还是在那些被旅游者们关注的网站上，都需要给自己一个明显的位置。除此之外，在网站上明确标识出网站的运营者身份，也是很重要的一个工作。因为“相信权威”符合绝大多数人的思维逻辑。第二，要提供能反映目的地相应旅游形式的地图。一个旅游者，面对一个陌生的旅游目的地，首先需要的就是宏观地了解目的地的资讯。可以根据不

① 吴必虎.区域旅游规划原理[M].北京：中国旅游出版社，2001：225—226.

同的内容,做出多幅地图,比如自驾线路、景区景点分布、住宿和就餐以及其他服务地点分布等。第三,方便的咨询渠道和详尽的联络方式。有很多网站运营者喜欢在网站中嵌入基于在线技术的沟通工具。另外应提供可靠稳定的电话联络方式。最后,最好有推荐可靠导游服务的功能。如果旅游目的地的网站可以提供一些值得信赖的导游服务推荐信息,可以俘获自助游游客的兴趣。

旅游形象详细设计内容如表 6-1 所示。

表 6-1　旅游形象设计内容

MI 及 LOGO 设计	VI 设计	BI 设计	AI 设计	CI 设计	EI 设计
1.形象口号的创作 2.旅游标徽:黑稿、彩稿 3.旅游标徽:方格稿 4.旅游标准色 5.旅游名称中文标准字 6.旅游名称英文标准字 7.标徽与旅游名称组合规范 8.标徽与旅游简称组合规范 9.旅游象征图形、方格稿 10.旅游卡通形象造型 11.旅游卡通形象动作设计 12.中文指定印刷字体 13.标徽、标准字、卡通形象、标准组合模式	1.旅游办公系统　名片、信纸、信纸方格、信封(国内、国际)、公文袋、便笺、管理表格形式规范、卷宗夹、来宾卡、员工胸卡、记事本封面、合同书封面、工作证 2.包装　旅游旗帜、横式挂旗、直式挂旗、台式挂旗、绶带 3.广告公关系统　灯箱(横、直)、纸杯、茶杯、专用笔、徽章、旅行袋、接站牌、指示牌、物品铭牌 4.环境系统　各部门标牌、工区提示牌、遮阳伞、遮阳篷、手提袋、接待前台、建筑标识 5.空间导向标识系统 a)方向牌、解说牌、游客进入界桩、指示牌 b)停车、公厕、路标、门牌、邮局、银行、饭馆旅店、机场、车站码头标识 6.员工制服　男式夏服、女式夏服、男式秋装、女式秋装、礼仪男装、礼仪女装 7.演出服装　夏装、冬装、礼仪装、表演装 8.出版发行系统　旅游地图、旅游指导手册、旅游画册、旅游影集、相关旅游书籍 9.纪念品　产品系列宣传物品、商标、包装物、纪念品	1.管理手册:旅游目的地形象管理组织机构设计、人力资源的管理、管理制度的规划 2.服务用语:服务语言的规范化手册	1.旅游宣传歌曲的创作、制作 2.光碟、MTV 的策划与制作 3.市宣传专题片的策划及制作 4.广告宣传的标准用语的策划、录音与制作	1.地方精粹文化活动的策划 2.文化艺术交流活动的策划 3.民族风情的宣传推介策划 4.文化旅游专线项目的策划推广	1.旅游网站的设计制作 2.网站推广策划 3.旅游总体形象的网络宣传策划 4.旅游网站的顾问式咨询服务

第三节　旅游形象塑造

旅游形象设计更多地反映的是规划者(营销者)本身的主观意图。旅游形象是综合性的感知印象与评价,一般反映出当地最具特色的时空意象,如桂林的山水、九寨沟的海子。

这个意图和受众的认知是否一致或存在偏差甚至大相径庭都有可能。由此可见旅游形象不仅需要一个完美的设计还需要对其进行塑造和管理，以培养其良好的知名度和美誉度，更好地和旅游者进行沟通，以达到吸引旅游者并说服旅游者前来旅游的目的。

一、旅游形象塑造的工具

旅游形象塑造要借助媒体。1948 年，美国著名传播学奠基人之一哈罗德·拉斯韦尔在《传播在社会中的结构与功能》一文中提出了"拉斯韦尔模式"，即：谁，说了什么，通过什么渠道，对谁，取得了什么效果。由于这句话的英文"Who says What in Which channel to Whom with What effects?"包含了五个"W"字母，所以又被称为"五W 模式"。英国传播学者麦奎尔等人将这个模式用图示表现出来（如图 6-7 所示）。

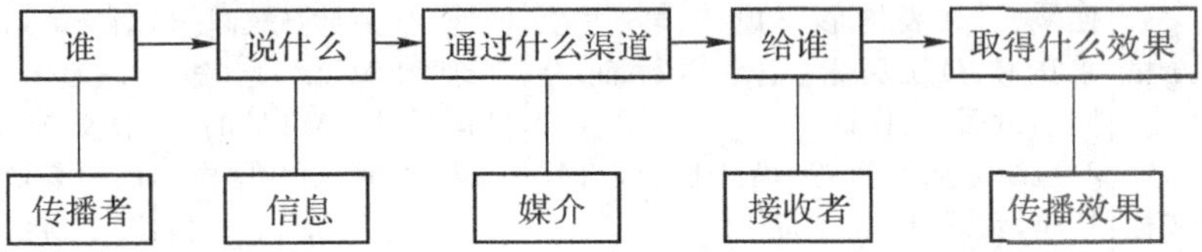

图 6-7　拉斯韦尔公式及其对应的传播过程基本要素

通过上述模式我们可以看出，构成旅游目的地形象传播过程的基本要素是：

• 传播者（谁）　也叫信源，即信息的发布者，是传播活动中的主动一方。由于传播活动种类复杂，传播者的具体情况区别很大。在旅游目的地形象传播过程中，传播者或信源是旅游形象信息的发布者，包括目的地政府、旅游企业（如旅行社等）、当地居民、多次到访的旅游者，当然是以目的地政府和各类旅游企业，尤其是旅行社为主。

• 信息（说什么）　即传播内容，传播活动过程中流动的信息及负载信息的各种符号，是连接整个传播活动的桥梁。这里是指一切关于旅游目的地的资讯，包括有关旅游目的地的内容和知识及双方（传播者和接收者）要陈述的事实、观点、态度、情感等方面的内容。

• 传播媒介（通过什么渠道）　即传播或负载符号的物质实体。离开这一负载、转换、传递内容的具体途径，信息交流就无法实现。

• 接收者（对谁）　也叫信宿或受众，即信息传播活动中接受信息的一方，也就是传播的对象。在旅游目的地形象传播过程中，信宿一般指旅游公众。在传播中，受众是重要的研究对象，受众的特性对传播效果产生直接影响，因此受众分析是旅游目的地形象传播的基础分析。

• 传播效果（取得什么效果）　即传播活动中信息到达目的地以后产生的反应以及与传播者预期反应之间的差距。

对于任何的传播过程都要纳入以上五个方面来进行考量。这里传播效果要素的分析较之以上的四个要素而言，处于一个不是绝对存在但是相当重要的地位。以上形象传播的基本要素，缺一不可。有效的传播，通常要对这几大要素做周密的思考。旅游形象传播是信息交流与信息共享的循环过程（如图 6-8 所示）。在传播过程中，传播者和接收者在传递、反馈、交流等一系列过程中获得信息，并相互影响，最终形成共同意向，达成共识。

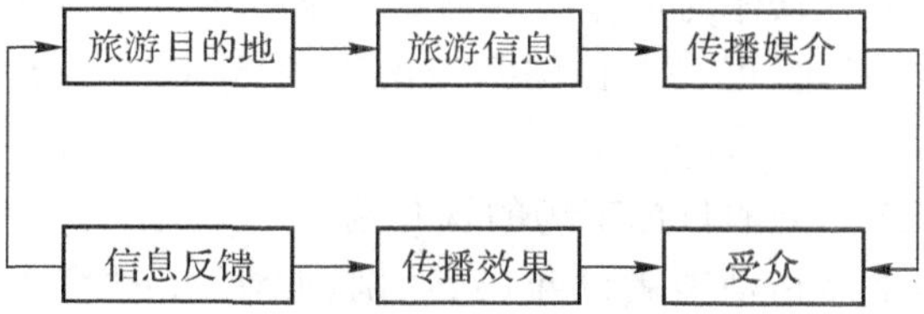

图 6-8 旅游形象传播沟通图

二、旅游形象传播媒介的选择

在旅游形象传播过程中，传播媒介是连接传播者和接收者之间的桥梁和工具，选择一个好的传播媒介能够提升传播的效果。“媒介”又称“媒体”，属于典型的外来语，即英语Media。媒体为Media意译，媒介为Media的音译，在应用中，两个词基本通用，不加区分，其意为：“中间的”、“手段”或“工具”等。传播媒介按功能可分为：视觉媒体、听觉媒体和视听两用媒体。视觉媒体包括报纸、杂志、邮递、海报、传单、招贴、日历、户外广告、橱窗布置、实物和交通等媒体形式。听觉媒体包括无线电广播、有线广播、宣传车、录音和电话等媒体形式。多媒体主要包括电视、电影、戏剧、网络等媒体形式。传播媒介选择成功与否直接决定了传播目标能否实现，传播内容及采用的形式，并决定最终的效果，是旅游形象塑造能否成功的关键因素之一。因此，在具体的选择策略上需要与传播目标、目标市场及传播目标相结合。

（一）与传播目标相结合

一个目的地在确定了自己的目标市场以后，要以一个最佳的传播组合或以一个有效的传播计划进入和占领这个目标市场。其具体表现为如何实现一定时期内的传播目标。如果把目的地的传播目标简单地加以归结，不难发现其目标都可以分为扩大销售额、增加市场占有率、树立目的地或产品形象三种。在媒介选择时，必须针对特定的传播目标。

1. 扩大销售额

目的地扩大销售额的目标要求广告能够促使消费者缩短购买决策过程，尽快地做出购买决策。为了达到这一目标，在媒介上较为理想的选择顺序应该是电视、广播、售点(POP)、直邮(DM)报纸、杂志等。

2. 增加市场占有率

增加市场占有率就是争取新的消费者，甚至把自己竞争对手的消费者吸引过来，以加强企业自身的竞争地位。在增加市场占有率时，选择的媒介以报纸、杂志的效果为最佳，其次是电视与广播，再次是售点、直邮及户外等媒介。

3. 树立目的地产品形象

树立目的地或产品形象是使旅游者产生对目的地或产品的好感，提高目的地或产品的知名度与美誉度。为了实现这些目标，在媒介选择上，报纸、户外交通等媒介较为适宜，同时，在电视、杂志上进行形象广告宣传，也会产生良好的效果。

（二）与目标市场相结合

1. 以区域划分的目标市场的媒介选择

目的地的目标市场从区域上划分，可以分为全国范围目标市场和区域目标市场。如果目标市场为全国范围的话。媒体的选择应尽可能寻求一个成本尽可能低，广告信息总暴露量尽可能大的媒介组合，因此，可以选择国家级的电视台、电台、杂志和全国范围内发行量较大的报纸。

2. 以消费者自身因素划分的目标市场的媒介选择

所谓消费者自身因素是指消费者的年龄、性别、职业、受教育程度、收入等因素。在对市场细分时，目的地比较多地使用这种社会文化标志来细分市场。在媒介选择上，经常运用撇脂媒介选择法。撇脂媒介选择法就是目的地首先把广告集中投放到最有可能购买目的地产品的消费群体中去，如果产品的销售没有达到顶期的目标，随后再调整到另一个群体，直到在广告媒介上找出一个最能适应某一个消费群体的媒介为止。

（三）与营销环境相结合

1. 社会意识形态

从统计分析来看。经济发达国家或通讯传播业发达的国家，各种广告媒介的运用比较平衡，各种媒介都被广泛使用。许多国家，由于社会意识形态的限制，导致在某类媒体上的偏重，如挪威、瑞典、丹麦等国家，禁止在电视、广播上播放广告；有的国家法令禁止香烟、酒类在电视和广播上做广告；在伊斯兰国家，对于电视、电影的限制比较严格，这些国家的广告选择便偏向于其他的媒介。可见，意识形态直接影响到一个国家的媒介选择。

2. 人口密度

人口密度与广告媒介的传播范围与传播速度有一定关系。在人口密度低的地区，对于媒介传播的速度与范围要求就高。

3. 文盲率

文盲率的高低直接制约着印刷媒介的发行范围及数量。在文盲率高的地区，宜于用电视及广播这两类媒介去说服消费者，因为电视和广播能够通过画面的直观形象和语言的通俗表达，把商品信息传递给消费者。同时，售点和户外两种媒介也可以在文盲率高的地区经常使用。

4. 生活水平

一个地区的生活水平高低与通讯传播业的发达成正比。生活水平高的地区，其报纸、杂志、广播、电视的普及率就高，这几种媒介的选用就比较经常。

三、旅游形象推广传播的策略与管理

旅游地形象传播就是要通过传播媒介，例如，报纸、杂志、电视、广播和网络等，采取针对性的传播策略，例如，形象广告、公共关系、网络和节事活动等，把前期设计的旅游形象传播给广大的旅游者，在旅游者心中树立旅游目的地的良好形象，对旅游者（现实的和潜在的）产生诱导，并促使其选择该旅游目的地实施旅游行为的过程。

传播的策略可以分为两类：一类是针对明确受众的商业广告与行销策略，一类是针对没有明确受众的大众传播策略。其中，商业广告与行销策略主要影响旅游者的决策感知形象，它通过细分市场，确定相应的目标群体，针对不同的目标群体，传播不同的信息。大众传播策略主要影响旅游者对旅游目的地的实地感知形象，它没有明确的受众，通过大众传播媒介如报纸、杂志、广播、电视等传播给全体大众。旅游地形象传播可以将商业广告与行销策略与大众传播策略相结合，综合运用各种媒介手段，以期达到最佳的传播效果。

（一）旅游形象传播策略

1.形象广告策略

美国的广告界泰斗大卫·奥格威提出了产品形象广告策略，他认为一件产品如同一个人一样也有自己的形象。产品的形象是由广告策划者根据产品的个性及其消费对象的审美情趣设计出来的，通过推销这种设计出来的形象，给人以心理冲击，达到吸引消费者的目的。正如我国传播学著名学者居延安说："我们看不到世界本身，看到的是被大众媒介选择和解释过的世界。"通过形象广告有意地控制潜在旅游者对目的地的印象，树立灵活、动态的形象设计观念，将众多的形象要素进行选择性塑造、结构优化，迎合市场进行创新，找到并突出能够代表旅游地特征同时有利于旅游地发展的、有市场潜力的各种优势形象。例如由李奥·贝纳于1954年创造的万宝路香烟的牛仔形象广告是举世公认的品牌形象广告。

旅游形象的传播也可以使用形象广告策略，将旅游目的地的形象口号、代表性景观制作成能反映该地的美感与文化价值的广告制品，通过电影、电视、广播、报纸杂志、网络等媒介的宣传与推广，向受众传达统一的品牌、内涵和口号等形象信息。形象广告以电视媒体的传播效果为最好，电视以画面和声音的组合传递信息，能紧紧抓住观众的注意力。当然报纸杂志等平面媒体的宣传效果也发挥着重要的作用。

2.公共关系策略

公共关系策略是一种协调组织与公众的关系，使组织达到所希望的形象状态和标准的方法和手段。公共关系一般运用各种庆典活动来提高知名度和美誉度，比如，开业剪彩、周年纪念、庆功表彰、重要仪式、赞助活动、举办文化体育竞赛评选活动、名人示范举措、危机公关、新闻发布会、制造新闻等。张家界在全球热播电影《阿凡达》受关注的时刻，将其取景山乾坤柱改名为电影中的"哈利路亚山"，并适时推出"阿凡达之旅"为张家界创造了更为美好的形象，取得了公关的全面成功。公共关系活动本身具有较大的吸引力，通过吸引媒体的关注，从而达到对外发布的效果。合理有效的利用公关活动是一种低投入、高产出的传播方式。在旅游形象传播中，可以邀请在区内及国内主流社会上有广泛影响力的新闻媒体和旅游专栏的记者到旅游目的地参观游览，然后通过他们对旅游地的相关报道，从而扩大客源市场，提高旅游地的知名度。

3.网络传播策略

互联网在现代社会信息传播中发挥着不可替代的作用，相对于传统的传播方式，网络传播具有快捷、高效、成本低、传播范围广、更新速度快等特点，极有可能成为最有效、最普及的旅游形象传播手段。目前，越来越多的人喜欢上网安排自己的旅行，特别是现在比较流行的背包旅游者，他们更多地在网络上寻找游伴，浏览旅游信息，电脑订票，酒店预订、安排行程等。同时越来越多的旅游地和旅游企业通过建立自己的网站或网页链接、创办电子刊物、发展电子商务等形式，传播旅游形象和宣传相关的旅游服务，扩大旅游目的地的知名度和美誉度。

4.社会传播策略

社会传播是指形象信息的非商业化传播，但是它能够间接影响旅游者对旅游形象的认知。比如，影视剧中涉及的拍摄基地、名人故居、会议的召开地等都会间接地在旅游者心中建立旅游形象。社会传播有时候比上述各种传播策略效果都好，因为社会传播是无意识的、无针对性的，因而更能加深旅游者心中对旅游地的形象。这些社会传播主要包括：影视剧拍摄基地:如韩剧中拍摄到的旅游景点往往会成为旅游热点地区;国内像《水浒传》、《红楼梦》、《三国演义》等大型电视剧的拍摄地都会起到宣传的作用;新闻发生地:发现奇特景观、珍稀动植物的报道,如湖北神农架发现野人的踪迹等事件;文学作品描述或故事发生地:如《徐霞客游记》对古代地理景观和地点的记载已经成为今天人们间接认知该地形象的重要信息。金庸武侠小说、《西游记》等都含有大量地点的信息,甚至是小学语文课本里也有关于旅游地的文章,如《雨中登泰山》、《桂林山水》等;名人效应:如毛泽东的故乡韶山,溥仪旧宅静园。如桂林、西安巧打克林顿牌,大搞入城仪式。又如密特朗的大同游,名人的题字、书画、创意,名人的聚会等。历史事件或战争的发生地:中国的古赤壁等。股票上市:很多旅游企业如张家界、泰山旅游、华侨城、黄山旅游等不断上市,极大地提升了相关旅游目的地的知名度。

5. 旅游节事活动

旅游节事活动策略是指将旅游地形象的各个要素如产品、服务、娱乐、背景等围绕某一主题组织和整合,通过大众媒体的传播报道,在一定时期内产生轰动效应,迅速提升目的地的知名度和美誉度。其关键是选择和发展标志性的旅游节庆活动,其中节事的主题和级别是最为重要的。能够成为某一个地方的标志性节事活动的对象是非常广泛的,无论是世界性的盛世,还是地方性的节庆,无论是新开发的外来的节庆活动,还是当地的一些传统项目,无论是不定期的活动,还是循环定期举办的活动,都有可能培育和发展成为旅游地的节庆活动,这些节庆活动将成为反映旅游地形象的指代物,如:北京即将举办的奥运会、青岛国际啤酒节、傣族的泼水节等等,几乎都成为当地最隆重的旅游节事活动。因此,我们要充分利用已有节事活动吸引更多的旅游者,同时开发新的旅游节事活动,扩大影响力,以达到宣传旅游地形象的目的。

(二)旅游形象管理

旅游形象管理是形象塑造系统的保证,它贯穿于形象塑造系统的整体之中。旅游形象受很多因素制约,任何一点小的纰漏都会对形象造成影响,进而发生形象危机,就是旅游形象塑造的过程之中也会受到很多未知因素的影响而出现形象偏差,影响旅游的发展。因而,加强对旅游地形象的后续性管理非常重要。形象管理的内容因旅游形象效果的不同而不同。旅游形象的塑造最终无疑有两种结果:第一种,形象塑造成功,迅速吸引了大量的旅游者,这时管理指的是对旅游形象的维系、巩固和提升;第二种,形象塑造没有达到预想的效果,出现这种结果的原因有两种,一是形象塑造过程中出现遗漏,二是随着目的地经济、政治、文化等方面的发展,其功能也随之发生改变,导致形象老化,无法适应新的发展形势,这时就需要对旅游形象进行更新和再定位,塑造一个全新的旅游目的形象。因而,旅游形象管理包括对旅游形象的维系、巩固和提升以及更新和再定位两方面内容。

【案例分析】

从"五岳独秀"到"中华寿岳"看旅游形象塑造

南岳衡山是一个老牌景区,自古有"五岳独秀"的美誉,但随着新景区的不断增多,全国旅游市场竞争日趋激烈。如何使老品牌焕发出新活力便成为南岳发展旅游的最大问题。五岳中衡山以秀见长,但南方众多名山大多也是青秀之山,衡山的秀难以凸显出突出的比较优势。针对世界旅游发展已进入休闲时代的新趋势和人们普遍追求健康长寿的新要求，结合南岳寿文化源远流长的资源特征，南岳区于2000年提出了“旅游品牌强区”的发展战略，在品牌上进行了大胆创新，将南岳衡山的品牌形象重新定位为“中华寿岳”，确定了打“中华寿岳，天下独寿”这张王牌，以品牌树立形象，以形象扩大影响，以影响促进发展，取得了显著成果。

南岳衡山称为“寿岳”由来已久，《周礼》、《星经》、《史记》等诸多古籍中记载：南岳衡山对应天上28宿之轸星中主寿命的长沙星，故称“寿岳”。自宋徽宗在南岳黄帝岩上留下“寿岳”石刻和“天下南岳”题词后，“寿岳”之名更盛。鉴此，南岳区深挖寿文化资源，大做寿文化文章，从2000年至2002年连续举办了三届“中国南岳衡山寿文化节暨庙会”，在驾鹤峰上筑立了中华寿坛，铸造了世界上最大、最重的中华万寿大鼎，寓意民族团结、共兴中华，九九归一、中华一统，江山永固、万寿无疆。通过成功举办三届寿文化节暨庙会，突出了“运动、长寿、健康、祈福”的寿文化主题，精心策划了阿迪力高空走钢丝世界挑战赛、高空攀云梯世界挑战赛、传统庙会等一系列旅游活动项目，创造了15项世界纪录，创下了人类征服自然的奇迹，打响了“中华寿岳”的至尊品牌，奠定了南岳“天下独寿”的至尊地位，实现了从“五岳独秀”到“中华寿岳”这一品牌形象的再造和创新，真正使南岳成为了中华主寿之山、天下祈寿之地，达到了塑造形象、提升产业、调整结构、发展经济的目的。

来源：http://www.xaoyo.com/Article/jqyx/200824122514015297.htm《逍遥行旅游网》

复习思考

1. 根据本章内容请总结旅游主题定位、旅游形象设计和旅游形象塑造传播之间的关系。

2. 试评述我们国家的旅游标徽马踏飞燕(马超龙雀)的优劣。

3. 结合自己家乡所在地举办的节事活动，说明节事活动对旅游形象的影响。

4. 结合本章案例说明旅游主题定位的重要性，并分析从旅游形象设计到旅游形象塑造的过程需要把握哪些关键要素。

【知识链接】

世界知名城市主题定位及形象介绍

1. 万都之都——纽约

纽约位于美国工业最发达的东北区的大西洋沿岸，由沿曼哈顿、斯塔腾和长岛等三个岛屿以及附近大陆海岸线建设而成，水上交通便利，与广大的内陆腹地联系紧密。

(1)纽约旅游文化特点

作为美国最大最繁华的城市，纽约是“移民文化”的经典作品。来自世界范围内的移民共同建造了兼收并蓄、多元复合、开放自由的纽约。不同国籍、不同文化背景、不同的风土人情与生活习俗，在纽约的都市景观、都市生活、都市文化和宗教艺术等方面得到形象展示，从而构成五彩缤纷的多元化都市风貌。

纽约是一个世界性都市，这一特色最主要体现在联合国总部所在的“国际领土”

上，总部正面飘扬着180多面成员国国旗，院内的主旗杆挂着大蓝色的联合国国旗，体现着不同国家在此和平共处，协商解决问题的精神。华尔街则是纽约的心脏，牵动着美国和世界经济的命脉。以它为中心的曼哈顿南部的一角，被称为财政区。在这里，可以参观纽约证券交易所和联邦储备银行。同时，纽约证交所更是一座有着百年历史的新古典主义寺庙风格的古老建筑。曼哈顿的第五大道则随时让人感到上流社会的奢靡氛围。这条街上既有像洛克菲勒中心一样的高楼大厦，也有优雅庄严的圣巴特里克教堂等哥特式建筑。知名的品牌、时代的潮流以至个性的设计都可以在这里找到。此外，带有威尼斯风格的帝国大厦与未被袭击倒塌前的世贸中心也是旅游者必游之地。纽约市中心占地843英亩的中央公园，是大都市建筑沙漠中的绿洲，体现了现代都市人对生态和绿色的重视和追求。

纽约的文化艺术也蜚声国际。百老汇歌剧每年都吸引着成千上万的观众，展现了纽约作为文化中心的地位。在纽约有众多大小博物馆和展览中心。自然历史博物馆，现代艺术博物馆、纽约大都会博物馆和贾维茨中心都享有盛名。纽约最大的文化区格林威治村和苏荷(SOHO)街，也散发着浓厚的文化艺术气息。19世纪连栋式的住宅和大树林立的街道，使格林威治散发着大都市中难得一见的小镇风味。19世纪末，这里吸引了大量艺术家、作家和表演家在此定居，这里也就逐渐成为纽约人文艺术的重镇。而SOHO地区保留了许多过去的铸铁(cast iron)风格建筑，这些建筑构成了它重要的景观特色。同时，这些建筑又很适合作画室，因此，这里渐渐成为许多艺术家落脚和聚集之处。此外，纽约百老汇的优秀音乐剧举世闻名，百老汇的各大剧院也大都是美国建筑艺术的经典之作。林肯艺术中心一年四季各类演出不断，是名符其实的高雅音乐的殿堂。作为标志性景观的自由女神像，是美国移民文化与纽约精神的象征。它从1886年开始就驻守在纽约市的海口，迎接并守护着来自世界各地、怀着美好梦想登上这块新大陆的移民。

(2)纽约都市旅游形象

纽约是一个由移民构成的国际大都会，它的旅游吸引物与文化现象都是多元化、多层次、多风格的。移民们怀着梦想与希望移居于此，在这个多民族的大熔炉里改造着自己的同时也改造着纽约。不同历史背景与文化思想的人杂居一起，尽管有冲突，有距离，却也有着具体现实的共同愿望和求同存异的共同努力。也正是因此，这个整体的多元化的万都之都也才显出某种统一的形象特质：既多变又统一，既冲突又和谐，既文明繁华又暴力贫瘠，既没有历史感、又到处存在着过去的符号和历史的遗迹、唤起对历史的回忆。

综观纽约，无论从城市的综合实力，从城市展现的大而全的面貌来看，还是从它自由开放包容的胸怀，往事与未来共同的状态来看，纽约都是一个各种角度与意义上的"万都之都"，是一个"水流急忙，闪亮的都市"(惠特曼)。

2. 优雅之都——巴黎

巴黎位于法国北部巴黎盆地的中央，是由塞纳河中一个小岛逐渐向两岸发展起来的。法国境内五大河流之一的塞纳河，横穿了半个巴黎，巴黎也因此成为全国内河航运的中心。如今的巴黎是一个由中央市区和众多郊区城镇共同构成的巨大的城市"银河系"，周长36公里的环城公路以内则是巴黎的市区，即巴黎市。巴黎市不仅是法国的政治、经济、科研、金融、文化、贸易、交通中心，也在欧洲舞台上发挥着举足轻重的作用。

(1)巴黎旅游文化特点

中世纪中期法国成为统一的封建王朝后，巴黎就一直是法国历代王朝的京都和历届共和国的首都。经历过千百年风雨沧桑的巴黎，记载了法兰西民族的奋斗历程、革命意识、爱国精神与荣辱兴衰，见证着法兰西文化的形成、发展与昌盛。悠久的历史和深厚的文化积淀体现在巴黎众多的名胜古迹、文化场所与巴黎的生活方式之中。

塞纳河是巴黎的母亲河。沿河两岸景色绮丽，风光妩媚，众多的古迹胜景点缀其间，因而成为巴黎最重要的景观区，区内的每一景点都有形无形地镌刻着巴黎的历史与往事。巴黎圣母院，是巴黎历史上重大宗教和政治事件的舞台，它不仅是一座雄伟的建筑物和天主教徒的精神栖息所，更因为雨果的小说而闻名遐迩，成为观光者必到之地。埃菲尔铁塔在兴建之初曾遭受众多非议，如今却象征着锐意进取、风发意气直指苍穹的巴黎精神。艺术的圣殿卢浮宫珍藏着几个世纪以来法国与他国的艺术瑰宝，徜徉其中，仿佛畅游游于人类艺术史的长河之中。此外，凡尔赛宫、凯旋门、爱丽舍宫、枫丹白露城堡等众多的名胜古迹与名人故居同样从不同的角度揭示着巴黎历史的奥秘，将巴黎的文化蕴藏尽情地向追求风雅的游人挥洒释放。除了卢浮宫这座古代艺术圣殿以外，巴黎全市有各种类型的博物馆100多家，较为知名的有奥塞博物馆，现代艺术总汇蓬皮杜文化中心、罗丹博物馆和毕加索博物馆等。位于市中心的先贤祠堂里安息着法国众多的思想家、作家和学者，是法国人民公认的法兰西的精神殿堂。然而，古典的、文质彬彬的巴黎同样是时尚的、流动的和现代的。香气缭绕、霓裳丽影的巴黎是现代时尚的世界级辐射中心。香榭丽舍大道举世闻名，大道西段云集众多的大公司与大商店，这里的时装、香水、首饰，总是走在世界流行的最尖端，引领着世界摩登新潮。拉德芳斯区的变化则充分体现着现代巴黎的风姿。35层的大拱门正对着凯旋门，代表着这块经济技术发达、现代化、国际化的新区。古老传统的巴黎与新兴未来的巴黎紧密相连，香榭丽舍大道和雄狮大道则如一条历史长廊，将巴黎从过去引向未来。悠久的历史给巴黎带来了深厚的文化积淀，巴黎的革命奋斗精神与传统如今体现在巴黎人对自由和开放的追求上。巴黎人热爱自己的国家与文化，尽管现代生活已在局部地改变着他们的生活习惯，然而，古老的传统依然在生活中伴随着巴黎人。

巴黎的文化，更多地体现在巴黎人的生活方式之上。巴黎处处散发着生活自由闲适的香气，文艺的、浪漫的生活充实了巴黎的大街小巷和角角落落。在巴黎，“谈文看戏与游艺看花是家常餐，散步赏云是饭前饭后的水果、甜品，懂得吃，懂得生活”。巴黎人的吃喝玩乐与优游散步是生活体验，是固有的文化特质。艺术与诗意总是沾上咖啡香与酒味，文化与人生哲理溶于生活的基本元素之中。就像如今巴黎约有两千间“哲学咖啡室”，形而上的哲学活跃并发展在形而下的街头巷尾，活脱脱地展现着不无浪漫的理性生命力。

(2)巴黎都市旅游形象

作为法国国家传统和城市文明的典范，巴黎尽管也是一个国际性的现代化的城市，却又一贯保持着自己的文化风格和高雅品位。传统古老的巴黎与新兴现代的巴黎结合在一起，其文化上的支撑是深沉厚重的，其都市旅游更多地体现着有文化的、优雅的形象。巴黎的都市旅游形象背后有着非常的塞纳河岸的沙龙氛围，有着厚重的文化传承，有着丰富的学识养分来支撑。巴黎的文艺气息、时尚氛围、浪漫情怀、优游生活是有根基、有力度的洒脱和自由。巴黎有其自由奔放的美丽，它的自由与包容力令无论在何处兴起的文艺都得到更大空间的认同和发展。因此，文化的、优雅的巴黎都市旅游形象也是博大和宽厚的。巴黎的都市旅游似乎无处不在地体现着优雅的形象特征。

3. 旅游之都——新加坡

新加坡是个岛国，也是个城市国家。新加坡国土面积约640万平方公里，人口不到300万，首都新加坡的面积和人口占全国面积和人口的90%。

(1)新加坡的旅游文化特点

新加坡素以美丽整洁又充满大都会情调而享有花园城市之美誉。虽然没有真正意义上的历史古迹和名山大川，却充分利用世界著名航运中心的有利地理条件，以其和谐共处的多民族人文环境，以及大量人工建造的植物园、博物馆、水族馆、游览岛屿和大小园林，吸引来自五湖四海的国际游客。其中，圣淘沙是个典型的例证。一座作为新加坡精神象征的狮头鱼尾雕像，一个每天晚上用音响、水幕和彩色激光演绎本土文化传奇的圣淘沙露天喷泉音乐场，一片沙滩浴场，一个海洋生物馆等景点，以“长藤结瓜”的方式，用环状单轨游览电车线联袂成一体，让游客产生移“车”换景、目不暇接、流连忘返的感觉。新加坡城市给人留下和谐匀称的印象。这种和谐，通过中国式的楼台亭阁、印度和马来族的浮雕寺院、日本式的水榭曲桥和欧式几何图案化的草坪花圃表现出来，感性地展示多种文化交融的国际性。

近年来，新加坡政府以“旅游之都”为定位，主要做了几件事情，来促进本地的旅游业发展：第一，致力于城市基础设施建设，发展交通，美化环境，以吸引投资者和旅游者；第二，兴建现代化的大型会议和会展设施，招徕规模大、级别高的国际会议和展览；第三，开发高品位、高科技、高水平的人造景点，以富有特色的民俗风情吸引各国游客。其中，尤其值得关注的是，新加坡十分重视“化静为动”，通过动态的活动组织，点化和激活静态的景点景观的灵性，通过各民族传统习俗和节庆活动的开发，使得整个城市处于犹如行云流水般的经常化的热闹欢乐的环境氛围之中。一年四季，几乎月月有精彩的庆典活动。而且，全年的旅游活动节目表被印制在精美的宣传小册子里，早在上一年的营销过程中，已经广为散发传播。活动的海报设计别具匠心。2001年的美食节，海报上的“形象大使”，竟然由各种美味佳肴所构成，“樱桃”小口，“杏仁”眼睛，一对耳坠竟然是两只鲜活的大龙虾，不由人不心驰神往，急欲参与而后快。而且，世界美食汇聚一炉，让游客在“吃”的过程中品尝出些许国际性的味道来。

由于处一个自然资源有限和竞争激烈的区域环境中，新加坡在过去几年中，采纳了“新加坡无限资源”策略，即，超越自身有限的自然资源，注重与邻国的合作，建立和加强伙伴关系，善用区域和全球资源，以无界方式运作。同时，充分发挥自己的经济潜力，开拓新的经济空间，创造新经济步伐，为区域经济的成长作出最大限度的贡献。这样做十分有助于创造一个与国际社会密切交融合作的城市形象。

(2)新加坡的都市旅游形象

从各方面看，新加坡的确如其所宣称的，在树立一个21世纪国际性的“旅游之都”(tourism capital)形象。为了在全球树立上述形象，新加坡以两大中心作为支撑系统：一是作为一个旅游商务中心，新加坡将聚焦于旅游业的各方面商务，通过旅游产品创新和增加与旅游有关的投资，提高旅游业对国民经济的贡献力；二是利用具有战略性的区位和优良的基础设施，使新加坡成为旅游业中心，不仅是旅游者把它作为探访该地区的基地，而且要把它作为区域性旅游业的核心。

与上述旅游形象定位以及相关支撑系统构想相适应，在“新加坡无限资源”策略基础上，这个城市国家进一步提出“旅游超越无限”(tourism unlimited)的理念。它意味，首先，“将世界引入新加坡”(Bringing the World to Singapore)，即，通过旅游目的地建设以及有效运作，使得新加坡成为世人瞩目和向往的、必须到此一游的旅游目的地(as a “must-see” destination)，其次，将“新加坡融入世界”(Bringing Singapore to the World)，即放眼海外，通过发展“双赢”的伙伴合作关系，积极参与区域性的旅游发展计划。这种计划包括，一是“优势互补”，临国丰富的文化历史和自然景观，可以作为新加坡旅游吸引物系统的有机补充；二是“跨国经营”，鼓励新加坡相关企业为了发展本国旅游业而在海外投资(有材料介绍说，在缅甸、越南、澳大利亚和新西兰，新加坡已经被看做是旅游业最大的投资者)，或者，吸引选择开发本地区旅游潜力的外国企业。城市国家新加坡的国际性大都市的形象特征表现在“以小见大”上，就像泼墨山水，咫尺之间尽显天地之广阔，这幅图景的深处，流露的，既有是美人鱼般的曼妙，又不无醒狮般的勃勃雄心。如此形象基质，从超越无限的“旅游之都”的定位中可见一斑。同时，新加坡从大处着眼从小处着手精心营造舒适惬意的旅游环境的都市形象特征，也是旅游形象定位中所不可或缺的重要元素。

4. 动感之都——香港

香港地处中国大陆南部，面临辽阔的南中国海，包括香港岛、九龙、新界三个主要部分及其附近许多岛屿。这一地域范围内高低起伏的山岭，星罗棋布的岛屿，形状不一的海湾和山岭中姿态各异的河溪各具特色。

(1)香港旅游的文化特点

香港的迷人之处是它的人文与社会旅游资源。新石器时代的香港就有了人类活动，其史前文化隶属于华南文化体系。在南丫岛、大屿山岛等地，都发现过多处这类古老的文化遗迹和出土文物；而在长洲、大屿山岛石壁村附近等地的摩崖石刻，也是古代中国文化的见证。香港大大小小200多座庙宇、寺院、宫观等宗教建筑，或古拙简朴，或金碧辉煌，或庄严雄伟，大部分有百年以上的历史，有的甚至是六七百年的古建筑，它们从一个侧面反映出港岛人民生活中宗教的渗入和影响。大屿山岛木鱼峰上高26.7米、重250多吨的大铜佛，其底座仿北京天坛圜丘而建，名“天坛”。1993年9月29日，大佛正式开光，立即声名远扬。这座东方艺术与现代科技完美结合的青铜坐佛连同原本游客稀少的宝莲禅寺，从此成了香港最受欢迎的景点之一。自1842年香港被割让给英国以后，大量洋人涌入，百年来，华洋杂处，其古朴的东方面貌增添了不少西方的情调，呈现出更为丰富多彩的面貌。中环一带的督宪府、圣约翰教堂、皇后像广场与渣打花园两块古老的绿地、香港立法局大楼等一一印证着这段岁月。此外，在香港，还有古塔、古墓、教堂、纪念碑,博物馆、雕像、园林及各富特色的街道,都吸引着大量的游客。

香港是一个出类拔萃的现代化、国际性的大都市,现代化的城市建设、雍容华贵的写字楼、纸醉金迷的娱乐场、美轮美奂的购物中心和风味齐全的酒楼食肆,共同铸造着现代香港的繁荣喧闹。同时,因其国际经济贸易中心、国际金融中心、国际航运中心和国际信息中心的地位,香港在独特有效的都市管理体制的运作下,发展迅猛,缔造了举世瞩目的奇迹,因此而赋予都市旅游资源以更多的吸引力。

综观香港,它不仅是移民们谋生求富之地,不仅是万商荟萃的购物天堂,不仅是有利可图的投资佳处,更在它自已久远的发展历程中,留下了古老中华文明的辉煌岁月以及历代欧洲帝国和现代都市奇迹的种种印记。它百态千姿、纷繁忙碌、日新月异、变化多端,它以非凡的精力和创意不断推出新的景观与热点,是一个充满活力的动感之都。另一方面,在香港,高度发达的、面向市民的、通俗和大众化的商业文化占据了主导地位。在生存压力重、竞争激烈的香港社会里,无论是文艺、新闻出版、影视创造等领域都或多或少地存在着迎合大众口味、走入某种固定模式与套路的倾向。贴合实际生活、富有娱乐消遣性以及浅显易懂的文化更易被接受,也更容易生存。"口停手就停"的香港人无暇顾及更深意义的文化。因而,在这片商业文化的"热土"上,文化也就呈现出特有的"快餐化"趋势。这也是香港"动感"形象的一个重要侧面。

(2)香港都市旅游形象

香港独特的社会发展道路赋予它中西融合、百态杂陈的文化态势,其迅捷发展的经济与飞速变化的商业又使香港都市面貌日新月异,都市生活千姿百态。香港集东方的神秘和西方的高度文明于一身,始终以不断变化的、丰富多彩的活动吸引着游客。这个"奇迹群纷繁复杂,妙不可言,它糅合了古代和现代的生活方式,接受了东方和西方的影响,融入广大都市和乡野的风采"。

香港旅游协会在香港都市旅游形象定位与推广方面的成功运作,更是让香港的形象日益完善,深入人心。香港运用动态发展的思路来为国际性大都市的旅游形象定位,从"购物天堂"。到"魅力香港"和"万象之都",直至1998年4月以"动感之都"(City of Life)的口号,来凸显其多姿多彩、充满新鲜感和富有创意和活力。此外,针对不同的客源市场,宣传的形象也有所侧重:在台湾地区宣传香港大都会的魅力,在日本强调可以提供给游客的能支付得起的豪华享受,在澳洲和新西兰注重介绍香港是一个缤纷多彩的亚洲旅游地,在欧洲和北美,则突出香港是以西方高度现代化的国际大都市为背景、凝聚东方神秘色彩的胜地。多元化的丰富形象各得其所地被推广,共同体现的仍然是一个多元化、国际化、充满活力与动感的现代香港形象。

资料来源:http://www.bcchina.org/article/news_view.asp?newsid=160

第七章　旅游产品和旅游项目的规划与设计

学习目标

- 了解旅游产品和旅游项目的内涵、特征和类型
- 熟悉旅游产品的构成要素以及旅游资源、旅游产品、旅游项目的关系
- 掌握旅游产品的开发模式和旅游项目的内容

旅游规划的核心问题是旅游产品(李明德,1995;申葆嘉,1995),因此旅游产品问题应该放到和市场同等重要的战略地位来考虑。范业正(1998)提出了旅游规划的中心是旅游产品,李淑兰(1995)也认为旅游规划就是旅游产品的“设计与制作”,除进行旅游资源的评估及其他配套设施的协调统筹外,更不能忽略的是考证该产品能否适应市场的需求。一些从事旅游管理的人员也意识到旅游产品对于区域旅游发展的重要意义,将其提高到发展战略高度来看待(吴统慧、谭良方,1997)。还有一些作者提出,产品在旅游营销中也占有重要地位(李天元,1992)。在旅游产品的组成要素中,吸引物是其中最为重要的部分。Gunn(1988:17)认为:“尽管旅游系统中各个要素都具有各自的重要作用,但唯有吸引物才构成其中的驱动力。吸引物不仅是指区域中那些能够为旅游者提供可看或可做的事物的地方而且为旅游者提供了为什么要出游的磁引力。”旅游产品规划的成果绝不仅仅是制作精美的旅游规划文本和图集,而是要具有实际可操作性,兼顾各方利益,具有市场有效性和适应性,只有这样才算得上是科学的旅游产品规划。

第一节　旅游产品概述

一、旅游产品的内涵

到目前为止,究竟何为旅游产品,人们对此历来存在着极大的分歧。例如,比较有代表性的定义有:林南枝、陶汉军在其合著的《旅游经济学》一书中,对旅游产品进行了相关解释,即“从旅游目的地的角度出发,旅游产品是指旅游经营者凭借旅游吸引物、交通和旅游设施,向旅游者提供的用以满足其旅游活动需要的全部服务”,而“从旅游者的角度出发,旅

游产品就是指旅游者花费了一定的时间、费用和精力所换取的一项经历”。显然，这种方式的定义是用一种比较宽泛的视角进行解释。这个比较被认可的定义同时也意味着，旅游产品是一个行业的产物而不是一个企业的产物。谢彦君在《基础旅游学》一书中提出：“旅游产品是指为了满足旅游者的愉悦需要而在一定地域上被生产或开发出来以供销售的物象与劳务的总和。”这种定义将视角缩小了许多，针对性也更强。这个定义意味着旅游产品应该是旅游企业的产物，而非整个旅游业的产物。另外，国际旅游学术界的有关研究普遍认为，对于旅游产品需要从两个层次理解和认识。其中一个层次是总体旅游产品（the total tourist product），另一个层次是单项旅游产品（the specific tourist product）。总体旅游产品从需求（旅游者）的角度看，旅游者外出旅游全过程中的全部必要开支等于该次旅游的价格；而从供给（或旅游目的地）的角度看，总体旅游产品是指旅游目的地为了满足来访旅游者的需要而提供的各种旅游活动接待条件和相关服务的总和。因此，完整的总体旅游产品的定义就是旅游者在离家外出期间，以在旅游目的地的访问活动为核心，构成一次完整旅游经历的各种有形和无形因素的集成或总和。单项旅游产品的概念是基于旅游企业的立场去认识而提出来的。从一般意义上讲，特别是从供给的角度，单项旅游产品是指旅游企业面向旅游市场提供的设施和服务，或者准确一点说，是指旅游企业借助一定的设施和设备面向市场提供的服务项目。

为了便于理解，我们可以把旅游产品的概念分为从狭义和广义两个角度。

广义的旅游产品是指旅游经营者为了满足旅游者在旅游活动中的各种需求，而面向市场提供的各种物品和服务的总称。

狭义的旅游产品即旅游商品，也就是旅游购物品。作为旅游学的一个专门概念，旅游产品在无特殊说明的情况下通指广义的旅游产品。理解和把握旅游产品的概念需要注意三点：

第一，旅游产品是一种组合型整体产品。从旅游经济理论的角度看，旅游产品是一个整体概念，是由多个单项旅游产品组合而成的综合体。例如，一条旅游路线是一个单位的旅游产品，在这条线路中，除了向旅游者提供各类旅游吸引物外，还包括沿线提供的交通、住宿、餐饮等各项服务。这些服务都是整体旅游产品中的单项旅游产品，这些单项旅游产品一般通过旅行社将他们组合起来，形成满足旅游者出行需要的整体旅游产品。而对于散客或自助旅游者而言，则是通过旅游者根据自己的需要购买各个单项旅游产品。

第二，旅游产品是一段旅游经历。从需求的角度看，旅游产品是旅游者花费一定的时间、精力和费用所获得的一段经历。具体来说，是旅游者从离开常住地开始，到旅游归来整个过程对所经历的事物与服务的综合感受。在旅游的过程中，旅游者用货币购买的往往不是一件件具体的实物，而是一次次旅游经历，例如，一个景点的参观游览、一次导游讲解服务等。

第三，旅游产品是一种服务产品。从供给的角度来看，旅游产品是指旅游经营者凭借一定的旅游资源和旅游设施，向旅游者提供的能满足其在旅游活动中所需要的各种产品的服务。通过生产和销售旅游产品，旅游企业可以达到营利的目的。旅游产品最终表现为活劳动的消耗，也就是提供旅游服务。当然，旅游服务要与有一定使用价值的有形物质结合在一起，只有借助一定的旅游资源和旅游设施，旅游服务才能够实现。

二、旅游产品的特征

与一般消费品相比，旅游产品的特征主要体现在以下几个方面：

(一)体验性(Experience)

休闲性即参与性。旅游是一种人类在闲暇时间进行的一项活动。随着社会经济的发展和人们生活水平的提高，旅游也成为人类一种积极的生活方式。按照约瑟夫·派恩和詹姆斯·吉尔摩的《体验经济》一书中提出的分析框架，按照体验者的参与程度和体验者与环境的关系可以划分为教育体验、娱乐体验、遁世体验和审美体验四种方式。不管是积极的旅游者，还是消极的旅游者，在旅游产品中能够被吸收，并融入到旅游产品中去，即旅游产品通过心智体验而吸引了体验者的注意力，并能够把体验者变成体验的一部分。通过各种形式的体验，实现了旅游者在情感世界和精神世界的徜徉和回归的旅程。在休闲旅游产品中，体验性是其根本特征。作为一种新兴的、更加人性化的和富有竞争力特性，体验性将推动休闲业的迅猛发展。

(二)无形性(Intangibility)

通过以上分析可以看出，旅游产品对于旅游者来说是一段经历，而对于旅游目的地和旅游企业而言，旅游产品则是借助一定的设施和条件为旅游者所提供的旅游服务，因此旅游产品具有无形性的特征。

(三)不可转移性(No possibility of movements)

旅游产品的不可转移性首先表现在旅游产品进入流通领域后其本身仍固定在原来的方位上，旅游者只能到旅游产品的生产地进行消费。其次是提供旅游服务的相关设施和设备在所有权上的不可转移性。对于旅游产品，当旅游者支付了一定的费用后，旅游者只是在一定时间和空间得到了旅游产品的暂时使用权，而不是该产品永久的所有权。这一点决定了旅游者无权破坏有关的设施和设备或将其占为己有，也不能随意将其使用权转让给其他人。

(四)不可储存性(No possibility of creating and hold stock)

旅游产品是通过对具体的物品、各种资源、设施和服务的有机结合来满足旅游者的需求，只有旅游者购买并在现场消费后，旅游产品的价值才能实现。对旅游者来说，当其购买旅游产品后，只能在规定的时间内使用其使用权，如果未能按时使用，他必须重新购买。对旅游企业来说，旅游产品的效用是不能积存起来留待以后出售的，其时间性很强，如果当天无人购买，就意味着这一天的价值就白白丧失了。当新的一天来临，它将表现为新的价值。例如航空公司的舱位或者饭店的客房，只要一天闲置，那么所造成的损失将永远无法追补回来。认识到这一点，对旅游企业的经营管理具有重要的意义。

(五)综合性(Integrity)

旅游目的地向旅游者提供的是由多项单项旅游产品组合而成的综合体，涉及吃、住、行、游、购、娱等方方面面的内容。这种综合性服务既体现在物质产品与服务产品的综合，又体现在旅游资源、旅游设施的结合。同时，旅游产品的综合性还体现在为生产旅游产品所涉及的众多行业和部门上，如餐饮业、交通部门、娱乐场所、景点等。任何一个方面的供给不利，都会影响到旅游者旅游的满意度，影响下次旅游者对该地的选择。这一点也说明了旅游目的地各旅游行业同步发展、相互协调的重要性。

（六）生产与消费的同步性(Inseparability)

旅游产品的生产和消费常常发生在同一个时空背景条件下，往往是一个过程的两个方面。旅游产品生产的同时也在消费，消费结束时生产也不再进行。而对一般消费品而言，从生产到消费往往需要经过一系列的中间环节，包括储存与运输。由于生产与消费在时空上可能存在差异，就允许企业在生产过程结束后，运用各种技术手段对产品进行质量检测，凡是不合格的产品予以剔除，只有合格的产品才允许流入市场。然而，旅游产品的生产和消费过程几乎同步进行，生产者和消费者直接发生关系，旅游者只有加入生产的过程才能最终消费到旅游产品。由此可以看出，由于旅游产品的生产与消费统一性，就意味着旅游服务人员的言谈举止、为人处世，乃至服务人员的仪表仪态都会对旅游产品的质量和游客的满意度产生影响，这给旅游服务人员带来了严峻的挑战。

（七）脆弱性(Vulnerability)

脆弱性也称为易折性、易逝性或易受影响性。这个特点的产生是由旅游产品本身的特点决定的。首先，旅游产品的综合性特点决定了任何一个行业或部门在供给过程中发生问题都可能对整体旅游产品产生影响。其次，旅游产品往往受制于自然气候变化和社会等外部因素的制约。如四季的更替、节假日的不同甚至政治动乱、战争、瘟疫、国际关系等因素都会引起旅游产品需求和供给的变化。

三、旅游产品的类型

随着旅游业的发展，旅游产品的类型也随之发展。按照旅游产品的发展历程，旅游产品的类型观光旅游产品、度假旅游产品、休闲旅游产品和专项旅游产品。

（一）观光旅游产品

观光旅游指旅游者以欣赏观览为主要目的，通过观赏异国他乡的自然风光、文物古迹、民俗风情等旅游吸引物，达到美的享受，获得愉快和休闲目的的旅游。观光旅游产品高度依赖原生资源，在旅游业发展初期甚至核心产品与旅游资源相等同，旅游对象以名山大川、名胜古迹、城市风光的为代表。

（二）度假旅游产品

度假旅游产品是旅游者在假期里以身体舒适、心里愉快、精神放松的旅游为主要目的的旅游产品。该类旅游产品具有一地性、逗留时间长、旅游活动丰富、对旅游交通和旅游服务设施的要求高，注重身心放松等特点。该类型产品不完全依赖原生资源的分布，兼顾市场引导。传统的度假旅游以阳光、海洋、沙滩(3S)的海滨旅游为主。20 世纪后期，度假旅游开始转向山地、森林、湖泊和乡村扩展，并出现了规模大、类型多、项目丰富、消费较高的专营旅游度假产品的度假中心。

（三）休闲旅游产品

从休闲旅游者的行为模式来看，休闲旅游产品与以“资源欣赏”为核心的传统观光旅游产品不同，休闲旅游者追求的是一种综合性价值诉求。休闲旅游者以反复驻留为主，休闲旅游者追求的不仅仅停留在美丽的风景对感官的刺激，而是追求深度的全身心体验。休闲旅游产品的可参与性会给游客带来完全融入其中的新鲜、持久的感受。休闲旅游者综合性价值诉求的特点就决定了休闲旅游产品的功能也应具备休闲娱乐、身心健康以及自我发展等多种功能。休闲旅游产品将“情感需求、文化消费、娱乐体验”作为旅游产品的内涵来充实。

（四）专项旅游产品

旅游业的发展一般遵循着观光旅游—度假旅游—专项旅游的不断深化开发的产品系列过程。在观光产品大规模发展、度假产品开始占一席之地的基础上，专项旅游的发展就成为必然。

专项旅游产品是一种新兴的旅游产品，是指为满足旅游者某方面的特殊兴趣与需要，定向开发组织的一种特色专题旅游活动。它是在观光旅游和休闲度假旅游等常规旅游基础上的提高，是对传统常规旅游形式的一种发展和深化。就目前旅游业发展的实际，它包括康体健身、体育旅游（非赛事的滑雪、攀岩、漂流、热气球、滑翔等）、养生医疗、猎奇探险（高山、峡谷、沙漠、洞穴、人迹罕至区域的探险）、自然和文化考察（观鸟、观蛇、潜艇海底观光、潜水观海底生物、文物古迹科考、冰川等）、修学旅游、宗教游、摄影游、写生游、边境游、乡村旅游、红色旅游、工业旅游等产品形式。与常规旅游产品相比，专项旅游产品具有旅游生态环境和文化环境的原始自然性、旅游项目和线路的新奇性和专题性、旅游形式的自主参与性。

专项旅游产品对于旅游规划与开发有重要的现实意义。首先，它可以丰富旅游产品类型，引导旅游规划与开发中旅游产品体系的开发。其次，特种旅游可以引导旅游产品开发，因其强调旅游者的自主性和参与性而属于“消费主导型”产品。这与传统旅游产品的“生产主导型”产品不同，它反映了当代旅游者的悬浮倾向和潜在需求，其组织方式和运作理念对传统旅游产品有借鉴意义和引导作用。最后，在带来经济效益的同时，它更能提高企业的社会效益。特种旅游虽然前期投入成本较高，但是它的独占性和内在价值决定了它同样是一种高附加值的旅游产品，可以给经营者、开发者以较高的回报。同时，因其新奇性和专业性会引起公众和新闻媒体的关注，在宣传产品的同时，也树立了企业的良好形象，提高其在旅游市场上的竞争力。由此可见，专项旅游产品具有完善旅游产品体系和结构，引导旅游产品开发，树立良好旅游形象的作用。所以，在旅游规划过程中要给予足够的重视。

四、其他类型

随着旅游业的发展，除了以上旅游产品的类型，还出现了新的旅游产品形式，如生态旅游产品、文化旅游产品和商务会展旅游产品等形式。

（一）生态旅游产品

生态旅游最早由世界自然保护联盟（IUCN）于 1983 年首先提出，1993 年国际生态旅游协会把其定义为：具有保护自然环境和维护当地人民生活双重责任的旅游活动。生态旅游的内涵更强调的是对自然景观的保护，是可持续发展的旅游。生态旅游产品是指旅游者对自然景物、自然环境和旅游地文化影响较小，有助于创造就业机会，对生态文化有特别感受的带有责任感的一种产品。

（二）文化旅游产品

文化旅游产品是指以文化旅游资源为支撑，旅游者以获取文化印象、增智为目的的旅游产品，旅游者在旅游期间进行历史、文化或自然科学的考察与交流、学习等活动。该种类型随着旅游者文化素质的提高和游览阅历的丰富，对旅游文化品位的要求越来越高，文化内涵也越来越多样化，旅游成为一种普遍的社会教育活动。

(三)商务会展旅游产品

随着世界商务会展活动频繁化、多样化,以商务交流、会议展览为主要目的和内容的旅行游览活动也得到了空前的发展。商务会展旅游规模大、停留时间长、消费水平高、经济效益好、社会效益大、关联性强,不受气候、淡旺季的影响,成为各国旅游发展的新形式。

开发商务会展旅游需要具备以下条件:便捷的交通、发达的信息网络、完整的媒介体系、完善的金融服务、高规格的住宿会务场所、多功能的餐饮供应,良好的购物场所、高档的娱乐设施,丰富多彩的夜生活和游览地,高水平的专业型会务人才等。

五、旅游产品的构成要素

从旅游规划的实践角度来讲,旅游产品的构成要素决定了规划的核心内容。对于旅游产品的要素构成的研究,国内外学者进行了深入的研究。

国内学者有两种观点比较有代表性。第一种观点认为旅游产品的构成要素主要包括旅游吸引物、旅游设施、旅游服务和可进入性;第二种观点从旅游六要素的角度出发,认为旅游产品的构成要素包括旅游餐饮、旅游住宿、旅游交通、游览观光、旅游购物和娱乐项目等六个方面。这两种观点都没有明确旅游产品的核心要素,对旅游规划与开发的指导作用针对性不强。国外学者的研究,目前比较流行的是旅游产品的三层次学说,即 Kolter (1994)提出的旅游产品包括三个层次:核心产品、有形产品和延伸产品。核心产品是能够提供满足旅游者生理需要和精神需要的旅游产品,即旅游吸引物,通常是无形的,包括气氛、过程、放松和便利等主观因素。将核心产品有形化后形成了有形产品。有形产品以旅游设施和旅游线路为综合形态的实物,它具有特色、品牌、质量、设计和包装。扩展产品是提供给游客的有形和无形的附加服务和利益[①],如图 7-1 所示。

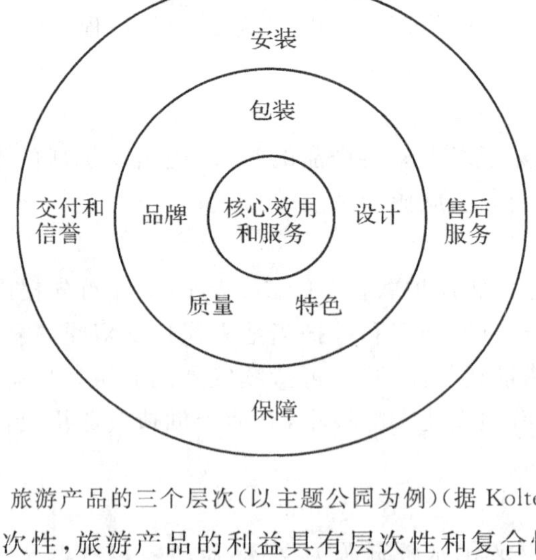

图 7-1 旅游产品的三个层次(以主题公园为例)(据 Kolter,1994)

基于旅游产品的层次性,旅游产品的利益具有层次性和复合性,其价值不仅拥有核心利益,而且还体现在其自身的展现利益和旅游中间商的努力带来的追加利益上。其中核心利益为旅游产品给旅游者所带来的审美和愉悦,展现利益包括价格、声誉、区位和质量,追

① 吴必虎,俞曦.旅游规划原理[M].北京:中国旅游出版社,2010.

加利益包括交通、住宿、餐饮和购物等。

综合国内外学者的研究，旅游产品的要素从广义、中义和狭义的角度有不同的组成部分。广义的旅游产品是由吸引物、设施和服务三类要素所构成。中义的旅游产品是指吸引物和设施构成的集合体，它带有较强烈的物质产品特点。在区域旅游规划中，这种产品的开发往往构成规划师，特别是受城市规划和园林规划影响较大的旅游规划师最为关注的内容。它涉及了旅游景区（点）、交通通讯、给排水、能源、旅游住宿餐饮、购物设施等内容。狭义的旅游产品往往仅指吸引物，它有时可以粗略地等同于通俗意义上的旅游景区（点）以及一部分非具象的人文景观。一般来说，仅将这层意义上的吸引物定义为旅游产品，它是区域旅游规划中相对独立的一个部分，包括以下几个层面：

（一）旅游产品的核心——旅游吸引物（景观）

保继刚、楚义芳认为“吸引物通常指促进人们前往某地旅游的所有因素的总和，它包括了旅游资源、适宜的接待设施和优良的服务，甚至还包括快速舒适的旅游交通条件，并且认为旅游吸引物通常情况下是旅游资源的代名词。”谢彦君认为旅游吸引物系统包括一个核心层次和两个支持层次，核心层次包括核心旅游产品和组合旅游产品，支持层次包括旅游者和旅游标识物。陈才按照吸引力的来源及其作用将旅游吸引物细分为旅游对象、旅游媒介物和旅游标识物三部分。

笔者认为这个旅游吸引物的概念过于宏观，基本上等同于旅游产品，在旅游规划实践中操作性不强。从狭义的角度来看，旅游吸引物是旅游产品的核心部分，是能使潜在的旅游者产生旅游动机的各种旅游资源和条件，它是一个地区能否进行旅游开发的先决条件和旅游者选择旅游目的地的决定性因素。

通常情况下，旅游资源是形成核心旅游产品的基础，是旅游吸引物的来源。但这并不表示旅游设施和旅游服务不能构成旅游吸引物。在特定的条件下，设施和服务本身也可以构成旅游吸引物，这与广义的旅游吸引物概念相契合。

旅游条件实质上是指旅游地的可进入性，即旅游者进入旅游目的地的难易程度。由于旅游产品的提供只能是在于旅游目的地，旅游者能否顺利到达旅游目的地就构成了旅游产品的重要因素，因此旅游可进入性是连接旅游者需求与各种具体旅游产品的纽带，其具体内容包括：经营管理条件、社会条件、交通条件、通讯条件、政策条件。

（二）有形产品——旅游设施和旅游线路

有形产品包括旅游设施和旅游线路。

1. 旅游设施

旅游设施是指完成旅游活动所必须具备的各种设备、设施及相关物质条件的总称。它是旅游活动得以进行的物质基础，是构成旅游产品的必备要素。旅游设施虽然不是旅游者选择旅游地的决定因素，但是不齐备的旅游设施必然会影响旅游者对旅游地的选择。

旅游地的旅游设施一般包括下面两个方面：

一是直接向旅游者提供服务的设施，又称专门设备。如交通设施、餐饮设施、住宿设施、游览设施等。交通设施指交通工具和道路；餐饮设施指餐饮场所和设备；住宿设施指各种不同类型的宾馆、酒店；游览设施指旅游景点。

二是间接向旅游者提供服务的设施，又称基础设施，如供电、供气、供水、排污、排水、通讯、环境卫生、安全保卫等。这些设施本身虽然是为旅游地当地居民提供的，而不是直接为旅游提供服务的,但它也是旅游活动不可缺少的基础设施。

2. 旅游线路

从狭义的角度来讲,旅游线路是指旅游经营者或者旅游管理向社会提供的产品,涉及旅游过程中的吃、住、行、游、购、娱等各种要素,各环节环环相扣,密切配合。从旅游线路跨越的空间尺度来看,线路可以分为大尺度旅游线路、中尺度旅游线路和小尺度旅游线。大中尺度的旅游线路包括六大要素的有机组合和衔接,小尺度的旅游线路则是在规划过程中的线路设计的内容。

(三)拓展产品——旅游服务

旅游服务是指旅游从业人员通过一定的旅游资源和旅游娱乐设施为旅游者直接提供的劳务。

从旅游活动的内容来看,旅游服务包括住宿、餐饮、交通、游览、购物、娱乐等服务。旅游者在旅游过程中离不开旅游服务,没有旅游服务,旅游设施只能作为潜在状态下的设施,并不能真正发挥作用,那么旅游产品的价值就不可能实现。而任何服务都是要凭借一定的物质条件的,这个物质条件就是上述旅游吸引物和旅游设施。比如,没有旅游吸引物、导游服务便没有内容;没有酒店旅馆,就不存在住宿、餐饮服务;没有游乐设施,就不存在娱乐服务。因此服务与设施二者之间是密切关联、相辅相成的。

从旅游活动的过程来看,旅游服务可以分为游前服务、游中服务和游后服务。简单地说,游前服务是指准备性服务,包括咨询、预订、兑换货币、办理保险等服务;游中服务是指旅游中的服务,包括吃、住、行、游、购、埃等服务;游后服务是指旅游结束后的服务,包括服务质量问题的处理、跟踪访问等等服务。总而言之,旅游服务直接面对旅游者。旅游服务的质量如何直接影响旅游者对它的评价,因此,热情、友好、礼貌、周到和高效的服务是旅游服务的基本要求,也是旅游经济发展不可忽视的环节。

第二节　旅游产品的规划与开发模式

随着旅游业的不断发展,旅游市场需求也随之改变。根据旅游市场需求以及旅游资源的特色,确定旅游地的产品定位;根据产品定位,策划旅游项目来支撑能满足旅游市场的旅游产品;从旅游项目来确定旅游方式,进行旅游要素的功能配置;根据市场特点及产品基础,进行旅游营销。

产品导向型旅游规划与开发模式的主要内涵包括旅游规划与开发可行性分析研究、旅游产品生命周期分析、旅游资源调查与评价、旅游目的地市场分析与预测、旅游目的地形象设计与塑造,在此基础上进行旅游产品的设计与开发,如图 7-3 所示。

旅游资源并不等同于旅游产品,旅游资源经过调查评价后确定资源—产品转化方式。旅游者对旅游产品需求的弹性变化决定旅游产品开发的重点和方向。根据受众调查分析和地方性研究,定位旅游目的地形象。基于前面的分析,建立旅游产品系统动态模型,设计旅游产品组合模型、区内外旅游交通线路等。

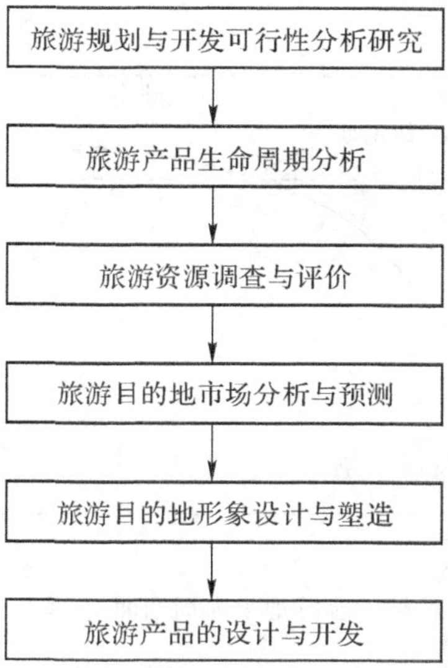

图 7-3　产品导向型旅游规划与开发流程

一、旅游规划与开发可行性分析研究

本文设计的规划开发模式中的可行性研究是糅合国内许多研究结果而形成的。主要包括开发目的、区域背景分析、存在主要问题、SWOT 分析、开发周期等的研究。如图 7-4 所示。

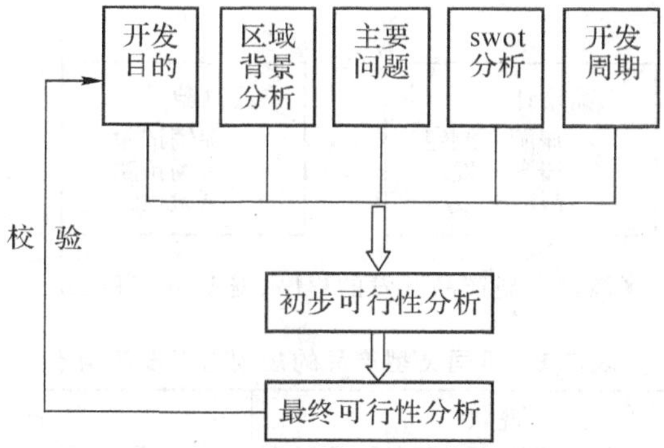

图 7-4　旅游产品规划与开发模式可行性研究流程图

二、旅游产品生命周期

任何产品都有其生长过程，都会经历生老病死等阶段，不同产品的生命历程长短也有所不同。

加拿大地理学家巴特勒在 1980 年提出旅游地生命周期(tourist area of evolution)理论。该理论认为一个地区的旅游开发不可能永远处于同一水平，而是随着时间变化不断演进的。如图 7-5 所示，旅游地的发展阶段可以分为介入期、探索期、发展期、成熟期、滞长期和衰退期。

巴特勒曲线是对旅游地发展周期的高度概括和提炼，旅游产品生命周期与之基本相

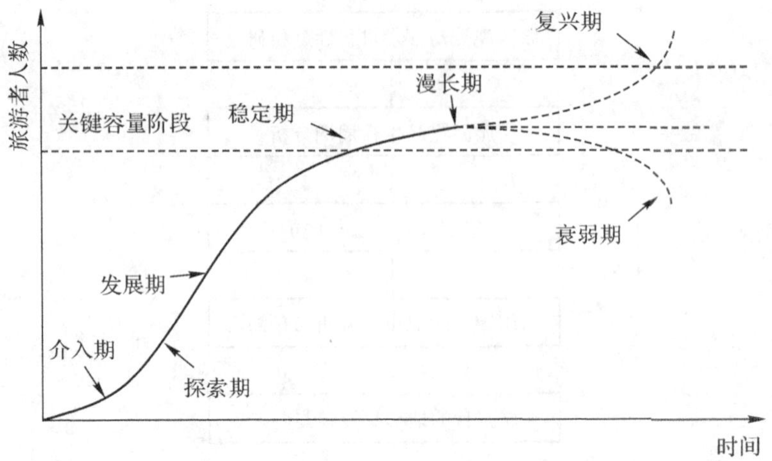

图 7-5　巴特勒的旅游地生命周期曲线(据 Butler,1980)

同。不同的产品有不同的周期。在旅游产品规划实践中,尽可能明确产品所处的生命周期阶段,以确定不同的开发模式。面对已经处于衰退期的旧产品,第一应该开发新产品;第二应对旧产品进行改造升级,注入资金,更新设备,并对产品本身进行更新换代,使其进入下一轮生长周期。

针对新产品开发,如图 7-6 所示,Urban 和 Hauser(1980)提出了程序化的步骤,其中包括机会确认、产品设计、产品试验和市场推介等过程。不同类型产品的规划与开发侧重点如表 7-1 所示。

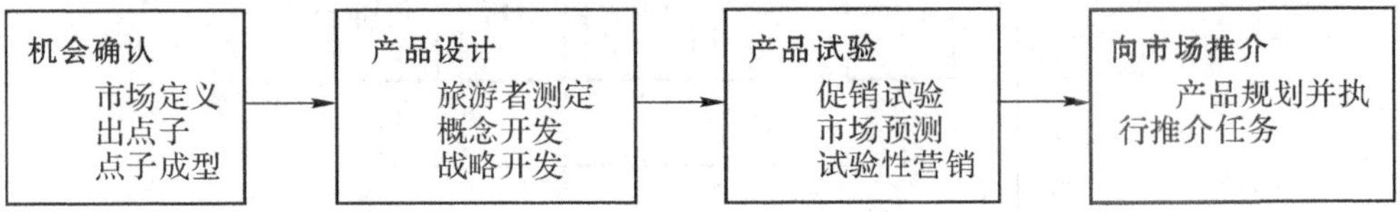

图 7-6　区域旅游新产品开发的程序(据 Urban 和 Hauser,1980)

表 7-1　不同类型产品的规划与开发侧重点

产品类型	现状	规划开发侧重点
观光旅游产品(人文景观和自然景观)	趋于成熟 价格竞争积累、利润水平下降 对交通要求高 重游率低	线路产品的精加工 挖掘文化的潜在价值,提高其文化品位 开发特色、多样化、适度超前的旅游产品 区域旅游的开展 专题旅游项目 开拓会议旅游和奖励旅游
非观光旅游产品(休闲度假)	初步建立 发展不成熟	旅游景点和旅游项目的优化 旅游线路的优化 旅游服务的优化 吃住行游购娱的协调规划 旅游大环境的改善和完善 旅游目的地整体旅游产品的开发

三、昂谱(RMP)旅游产品开发

吴必虎(1999)提出的分析理论的基础提出了 RMP 的旅游规划与开发模式即以旅游产品为中心。进行 R 性(resource analysis)分析、M 性(market analysis)分析,以此为基础,进行 P 性(product analysis)分析,并最终提出以旅游产品为中心的规划框架,如图 7-7 所示。

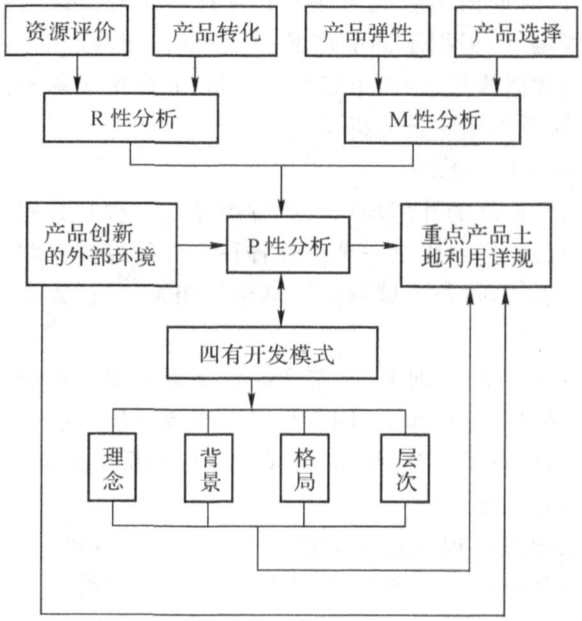

图 7-7　旅游产品昂谱模式(RMP)(据吴必虎,2001b)

(一)R 性(resource analysis)分析

旅游产品和旅游资源是有很大差别的,旅游产品是以旅游资源为基础而进行开发设计的。对于旅游资源的分析重点是其旅游吸引力。旅游吸引力是指旅游资源对旅游者的吸引力,所以旅游吸引力的分析只有从向旅游者提供体验的角度来理解和开发。也就是说,只有能够向旅游者提供某种非凡体验的资源才能称得上是一种合格的产品。如果一种资源不能或者仅能提供少数的体验机会,那么这种资源向产品的转化就要花更大的代价。以资源为基础开发的旅游产品与交通和接待服务一起,其根本的途径在于向旅游者提供某种映象和对于旅游收益的期望(Middleton 等,1998)。

从 20 世纪 80 年代到 90 年代,中国的旅游资源与产品的关系发生了明显的变化。说得具体点,就是资源向产品的转化难度大大增加,既增加了投资成本,又增加了竞争风险。这一特点决定了旅游规划与开发必须有较大投入和开发力度才能把资源转化为产品。区域旅游规划的核心是旅游产品的开发和组织,旅游资源则是旅游产品的原料和形成基础。旅游业的发展在很大程度上依赖于旅游资源的开发利用。旅游资源分析主要包括旅游资源调查与创新、旅游资源利用价值与容量以及资源—产品转化适宜性评价等。

(二)M 性(market analysis)分析

由于旅游产品本身的特性,使得旅游者对产品的需求具有一些特殊的规律。根据旅游经济学的理论,旅游产品需求具有以下特点:需求弹性大、需求敏感度强、需求扩展性大、需求的季节性明显、在时空上有集中性(王大悟、魏小安,1998)。旅游产品与其他产品相比,具有较大的需求弹性。即使在居民有足够多的可支配收入、旅游者具备出游动机的基础上,对旅游产品的选择次序多为中短途的观光旅游产品、周末旅游短途度假旅游产品、远途观光旅游(生态旅游),文化旅游。前两者弹性比较小,是当前及今后相当长一段时间内旅游者对旅游产品的选择对象;后两者受旅游者收入和文化教育层次的深刻影响,具有较大的弹性,在相当长的一段时期内不会成为旅游者选择的主流。在编制旅游发展规划时,应针对旅游者的产品选择偏好,根据不同的产品弹性,设计旅游产品结构。旅游市场分析与预测主要包括旅游市场数据收集、旅游市场特征分析、旅游市场影响因素分析、旅游者目的地选择行为规律分析、旅游需求定量分析。

(三)P性(product analysis)分析

旅游产品的创新需要良好的外部环境。旅游产品是一种复合概念,是吃住行游购娱的组合。这说明旅游产品的开发过程是一个整合各种资源的过程,即旅游产品的规划不仅涉及旅游景观或者旅游吸引物,也与区域旅游环境密切相关,包括人文环境、政府政策环境和基础设施等方面。

在资源分析和市场分析的基础上,旅游产品创新开发要求遵循一定的操作性框架,即所谓有理念、有线索、有格局、有层次的"四有产品开发模式"。这一框架模式反映了规划师对目的地的形象、文化历史背景、空间结构、开发重点等的系统界定。

1. 构建旅游产品理念系统

理念系统是区域旅游发展规划和旅游产品开发的思想基础。它主要建立在前述的地方性研究(包括地脉,原其形;文脉,还其魂;人脉,人皆知)和受众调查分析的基础之上,构建过程如7-8所示。

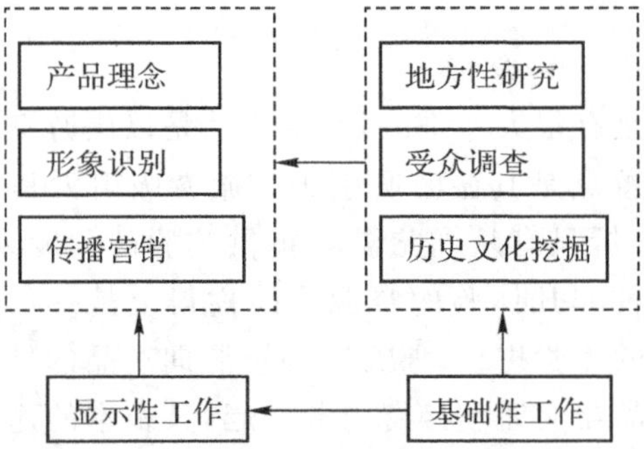

图 7-8 旅游产品理念系统构建过程

2. 揭示深邃的历史文化背景

作为任何一种旅游产品,其产品设计和景观规划,一方面需要体现一定顺序的历史关系,我们称其为景观系统的时间线索;另一方面需要揭示地方历史文化传统,充分体现与众不同的精神内涵。唯有做到这一点,才能使旅游产品的魅力保持较长的竞争力,产品生命周期才能保持持久不衰。

3. 旅游产品定位,优化旅游空间结构

旅游产品定位的目的就是实现差异化,实现旅游产品在市场、功能和档次等方面与市场需求的对接。市场定位是从旅游者的角度来讲,按照市场细分、目标市场确定的思路去分析，定位旅游地的旅游目标市场。功能定位是从旅游功能的角度来讲，分析旅游资源地是开发观光型旅游产品、休闲型旅游产品、度假型旅游产品，还是开发专项旅游产品。档次定位是从旅游产品的花费和提供的服务来确定该旅游地旅游产品的档次定位。

根据资源特点、城市格局、市场需求、政府政策等若干要素，综合考虑旅游发展的空间格局问题。区域旅游空间结构往往由不同层次的景观群落组成：最高层为当地最大的旅游活动中心；其次为主要的重点景区；最下层为散布全境的零星的“无围墙化”景点。这些无围墙化处理的景点，无形中延长了游客的滞留时间，使旅游者的总体花费增加，实际上增加了当地的旅游收入。上述不同层次的景观群落通过有效的旅游线路和活动组织加以连接和整合。实现旅游者的出游体验。

4.凸显重点旅游产品层次

考虑到投资能力限制和旅游地的空间层次结构，一般在构建一个区域的旅游系统时，应集中精力，突出重点，用主要力量去建设关键的主控系统。在旅游地开发初期，集中财力抓住一两个重点项目，开发与定位一致的标志性、支撑性旅游产品，避免遍地开花，分散客源。在旅游地的衰败期，旅游地应该适时更新和推出升级换代产品，以重点旅游项目为主。在旅游规划实践中，要提出开发旅游项目的思路和创意，确定若干项目的选址、内容、规模和粗略的投资匡算，并为旅游项目配置相应的功能。

第三节　旅游项目的规划与设计

实践经验证明，很多旅游区的失败原因不是没有好的资源，而是缺少好的项目方案，面对日益成熟的旅游消费市场、旅游资本市场，旅游区没有一个好的项目策划，没有标志性的特色项目，已很难找到开发资金，很难吸引旅游者，很难在激烈的市场竞争中取胜。随着旅游规划工作的日益开展，整体的旅游规划水平已今非昔比，旅游规划领域正在逐步形成一套规范的、适合旅游业发展的旅游规划技术、方法。技术需要不断进步，规划需要不断创新，在这种内部力量的推动下，现代的旅游规划工作已将旅游项目策划作为旅游区规划的重点突破。

一、旅游资源、旅游产品与旅游项目之间的关系

旅游资源是旅游业发展的基础，旅游项目则是旅游业发展的重要支撑条件。首先，旅游资源所具有的经济特征是一种潜在的经济性，旅游项目与旅游资源相比较其经济性的特征更具有现实性。其次，旅游资源所具有的空间特性在旅游项目上的体现也不明显，旅游项目在地域空间上是可以被重复建造的。第三，旅游项目比旅游资源具有更强的文化性特征。总之，旅游资源和旅游项目之间是一种相互依托的关系。

旅游产品和旅游项目之间实际上存在一种类似于点与线的关系。首先，旅游产品所包含的内容较为广泛，而旅游项目的内涵则窄一些。其次，旅游项目较旅游产品来说具体一些。综上所述，旅游产品和旅游项目是两个不同而又相互联系的概念。旅游产品是将各种旅游项目和旅游服务以及基础设施组合起来，对外销售的无形产品，旅游项目则是各种旅

游吸引物的综合体，与旅游产品相比它所包含的内容较少，但是稳定性相对较大。

三者关系如图 7-9 所示。

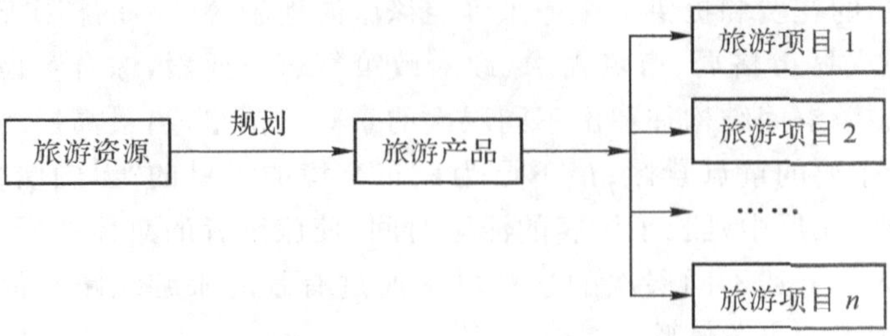

图 7-9　旅游资源—旅游产品—旅游项目关系简图

二、旅游项目的概念及分类

旅游项目是旅游产品开发设计的支撑。针对旅游项目的类型和旅游项目的特征进行规划和开发，是旅游产品规划设计的核心。

（一）旅游项目的概念

旅游规划与开发中的旅游项目是一个内涵十分广泛的概念。对于旅游项目概念有很多研究，主要体现在以下几方面：

苏格兰旅游委员会（1991）认为，旅游项目应该是一个长久性的旅游吸引物。旅游项目的主要目的是让公众和旅游者得到消遣的机会，做他们感兴趣的事情，或者是受到一定的教育，而不应该仅仅是一个游乐场、一场歌舞剧或电影、一场体育竞赛等等。旅游项目不仅应该吸引严格意义上的旅游者、一日游者，而且还应对当地居民具有一定的吸引力。

马勇等（2002）认为，旅游项目是借助于旅游地的旅游资源开发的，以旅游者和旅游地居民为吸引对象，为其提供休闲消遣服务、具有持续旅游吸引力，以实现经济、社会、生态环境效益为目标的旅游吸引。

黄郁成（2002）认为，旅游项目是指旅游开发者为了达到特定的旅游发展目标而临时调集到一起的资源组合，即由各种现实和潜在的旅游资源转化而来的，能真正创造价值和财富的旅游资源（tourist attractions）。

此外，还有观点认为，旅游项目的核心内容是如何向旅游者提供合适的旅游体验。由于旅游主题的不同，目标市场的不同，项目的功能也不同，项目的功能又为旅游产品的开发指明了方向，成为旅游规划、旅游产品设计的重要基础。

“尽管旅游系统中各要素都具有各自的重要作用，但唯有吸引物才构成其中的驱动力。吸引物不仅是指区域中那些能够为旅游者提供可看或可做的事物的地方，而且为旅游者提供了为什么要出游的磁引力。”而一个完整的旅游项目最能说明旅游吸引力的问题。如果说旅游产品与吸引物两个概念可以近似地等同使用或至少它们之间大部分涵义相互重叠，那么，旅游项目最能替代旅游吸引力的概念。

综上所述，旅游项目是指在特定旅游资源的基础上，具有一个主题，以旅游者和旅游地居民为吸引对象，为其提供旅游服务的，以实现经济效益、社会效益、环境效益为目标的旅游吸引物。根据旅游项目所指对象不同，可将其分为主题性旅游项目与辅助性旅游项目。

(二)旅游项目的分类

按照不同的分类标准,旅游项目有不同的类型。按照不同的项目类型,在旅游规划实践中进行旅游要素及功能的配置。

1.按照内容来划分

旅游项目可以分为旅游餐饮类项目、旅游住宿类项目、旅游游览类项目、旅游交通类项目、旅游娱乐类项目、旅游商品类项目。旅游餐饮项目可以从冷餐会、风味小吃、快餐、酒吧茶肆、方便食品、野餐等方面进行分类。旅游住宿类项目可以从酒店、市镇旅馆、度假村、乡土风情旅馆等方面进行分类。旅游游览类项目可以从天象景观、生物景观、地象景观、水象景观、风俗民情、历史文化和科教方面进行分类。旅游交通项目可以从人力旅行、兽力旅行、自然力旅行、动力旅行等方面进行分类。旅游娱乐类项目可以从自然娱乐、器械与健身娱乐、动物娱乐、理疗、智力娱乐、动力娱乐和体育竞技等方面进行分类。旅游商品类项目可以从日常类商品、旅游特色类商品等方面进行分类。

2.按照功能来划分

旅游项目可划分为旅游游览功能项目和接待功能项目。旅游项目功能是对旅游项目的主要内容及其主要服务形式的界定,在设计阶段界定旅游项目功能时应注意:明确旅游项目的功能和性质;便于进行旅游项目功能评价;有利于开阔旅游产品设计的思路。

三、旅游项目的设计原则

(一)市场导向原则

旅游项目的市场性原则主要体现在把握未来旅游市场趋势,立足竞争优势和地方性,设计旅游项目,满足市场需求。旅游项目在市场调研、旅游市场总体把握的基础上,进行项目的市场定位,对应于目标市场需求,进行创意策划、游憩方式设计和游线设计,最后进行市场核算与运作策划。这完全是为了利用有限的资源,使旅游项目获得市场获益的机会。

(二)创新性原则

旅游项目的创新性原则主要体现在创新型项目的推出。在激烈的旅游市场环境中,保持高水平竞争力的重要途径就是不断地对旅游产品推陈出新。尤其是进入到衰退期的旅游地,旅游项目的创新需求更为迫切。旅游项目的创新主要包括主题、内容和品质三个方面。随着时代的发展,旅游项目的同质化现象越来越严重,旅游项目的生命周期在不断缩短,只有差异化、个性化的旅游项目才能在市场中站稳脚跟。所以,创新性是旅游项目设计中的核心原则。

(三)特色性原则

旅游项目设计从传统的建筑和景观中解脱出来,寻求和强调特色性的塑造。旅游项目开发是从地方的资源评价与资源挖掘开始的,一般包括自然资源、历史文化资源两个方面,也可从地脉、文脉、人脉三个角度进行资源的挖掘,目的就是寻求其特色性。特色性最核心的内涵是地方性。特色性塑造不是简单地堆砌建筑材料和制造景观,而是指创造性地适当改造固有的场所特征,使之适合于新的使用方式,比如说开发作为旅游使用等。特色性的塑造就是要保留地方的原汁原味,与本地资源和环境特色相吻合,避免项目过于突兀。

(四)整体性

旅游项目的设计要从全局均衡发展的角度入手,优先选择对于区域发展有较大推动作用的项目类型。同时，旅游项目的设计要关注项目之间以及项目与资源、环境之间的相互作用与影响，从旅游地整体发展的角度来全面综合审视项目设计方案的可行性。

四、旅游项目的设计内容及设计程序

（一）旅游项目的设计内容

1. 旅游项目的定位

旅游项目的定位包括主题定位、目标定位、功能定位和战略定位。

主题定位和目标定位是旅游项目的灵魂，项目建设和实施必须围绕目标和主题进行，旅游项目一般都需要主题，即使是有独特资源的旅游区，或者是服务接待设施，如果有了清晰独特、引人入胜的主题，并且项目能够体现主题，旅游吸引力就会得到极大的提升。环境在不断变化，旅游者需求在变化，旅游项目的目标和主题也要不断地调整、完善，直至完成项目周期。项目独特吸引力提升到何种程度，是实现目标定位的基础。这对项目设计在资源挖掘、市场开发、创意突破、产品整合方面，提出了挑战。

旅游项目功能定位可以围绕六要素进行细分展开，结合游憩方式，构建系统的综合功能结构。例如，吃、住、行、游、购、娱等要素功能；观光、探险、休闲、度假、休学、疗养等游憩功能；以住为主，餐饮娱乐辅助的结构（大多数度假村的模式）；以餐为主，借助民俗游乐的结构（大多数为农家乐的模式）。旅游项目开发中要注意轻重缓急、先后时序、结构配合投资分配等方面。

2. 项目名称、风格和布局

在主题定位、目标定位、功能定位和战略定位的基础上，命名旅游项目名称。旅游项目名称是旅游者关于该项目的第一信息。能否发挥项目的吸引力，名称起到至关重要的作用。有创意的名称能够激发旅游者的无限联想和向往。旅游项目风格涉及旅游者对旅游地的第一印象，是旅游项目发挥吸引力的重要载体。建筑风格主要涉及建筑与环境之间的风格协调性以及建筑自身的风格的一致性。具体包括：主要建筑物的规模、形状、外观、颜色、材料和内部结构和装修等；旅游服务设施和基础设施，如厕所、指示牌、停车场、购物商店的外观、颜色、形状和风格，园林景观及植物造景等的风格。在此需要重点注意的是标志性建筑与风格规范要求对旅游地（区）具有重要标志意义。在此基础上，确定旅游项目的具体地理范围和开放空间，并按照旅游六要素进行生产要素配置与布局。

3. 旅游项目体系和游憩方式设计

确定旅游项目所能提供的产品类型以及主导产品或活动，进行游憩功能结构设计；设计整个系统的综合游憩模式，并按照观赏方式与观赏线路设计、游乐内容策划、故事编撰与场景布置策划、体验模式策划、特色餐饮策划、特色住宿策划，形成游程游线结构；落实“吃、住、行、游、购、娱”六要素的具体互补镶嵌系统结构。

4. 旅游项目的商业模式设计

这是旅游项目能否成功进入市场的关键。商业模式设计包括卖点策划与分析、收入点设置、收入结构设计、营销模式设计、品牌策划、营销渠道策划、促销思路策划、管理模式设计、人力资源开发策划、投资预估、财务预测、投资分期策划、融资策划、开发流程策划、杠杆运用策划、商业模式整合等。

5.旅游项目的管理

这包括合理的人员搭配和充足的资金保障以及恰当的评价标准与监控体系。这其中包括环境、经济、市场、旅游及地理、园林等专门人才组成的人员组合,要有明确的资金来源渠道。同时,旅游项目实施是一个长期的、后效的、不稳定的过程,要建立一个连续的、便于监控的经济、社会、环境目标评价系统,并根据旅游项目的特殊性,建立有效的政府或社会监控体系。

(二)旅游项目的设计程序

旅游项目设计的步骤,一般情况下包括以下几个方面。

1.资源评价与市场分析

资源是旅游项目开发的基础,一般包括自然资源、历史文化资源两个方面,也可从地脉、文脉、人脉三个角度,进行资源的挖掘,以获得开发地的资源特色。市场分析主要包括各类旅游项目的市场需求、市场竞争环境和发展态势。

2.旅游规划项目的初步构思

在进行旅游项目设计时,设计者要提出旅游项目的大致思路。这个大致思路来源于自创或者借鉴,但只是一个概念性的构思,其可行性需要进一步论证。一般情况下会提出几个思路,以供筛选。

4.旅游规划项目构思的可行性评价

在设计人员提供的数个可选择的构思的基础上,从市场需求和资源特色等角度对其进行甄别,从经济可行性、社会可行性和环境可行性等层面进行分析,淘汰可行性差的构思,保留可行性大的构思。

5.旅游规划项目的设计

对可行的旅游项目进行更加深入和全面的设计,并用功能性的语句来加以刻画和描述。该阶段在内容上更加丰富,更具有可操作性。

6.项目策划书的撰写

在以上工作结束之后,项目设计者应着手开始编写项目策划书。项目策划书的主要结构包括封面、序文、目录、内容、预算、策划进度表和相关资料。

【案例分析】

西柏坡——新中国从这里走来

西柏坡是河北省石家庄市平山县的一个普通山村,距华北重镇石家庄 90 公里。1947 年 5 月,中共中央工委选定这个地方。1948 年 5 月,毛泽东率领中共中央、中国人民解放军总部移驻这里,使这个普通的山村成为“解放全中国的最后一个农村指挥所”,成为中国共产党领导全国人民和人民解放军与国民党进行战略大决战,创建新中国的指挥中心。从此,西柏坡以其独特的贡献,彪炳于中国革命史册,竖起一座不朽的历史丰碑。1949 年 3 月 23 日,中共中央、中央军委和中国人民解放军总部从西柏坡迁入北平。西柏坡主要建设有西柏坡纪念馆,是全国著名革命纪念地和中宣部命名的全国百个爱国主义教育示范基地。随着旅游业的发展,每年到这里参观旅游的人次达 50 万之多。

西柏坡距北方小桂林天桂山 30 公里,距佛教圣地五台山 90 公里,西柏坡距避暑圣地驼梁70公里，距中山国古都遗址35公里，距温泉疗养度假村40公里，是辗赴以上旅游景点的中转站。

西柏坡所依托的平山县拥有众多资源，但缺乏大品牌。平山拥有“解放全中国的最后一个农村指挥所”革命圣地西柏坡，是省会石家庄重要的对外窗口。同时，中山国古城遗址、西柏坡中央旧址为国家重点文物保护单位，纪念馆内陈列革命文物2000余件。天桂山、驼梁山、林山、柏坡湖、南滚龙沟、黑山关、东方巨龟苑均为旅游胜地。平山县有以西柏坡为代表的红色革命遗址240多处，古中山国遗址等国家、省、市三级文物保护单位近300处，自然景点100余处。

讨论：

1. 西柏坡旅游产品规划时，应该从哪几个方面进行？
2. 在项目设计原则的指导下，试着从不同的层面对西柏坡进行项目规划。

（资料来源：马勇. 旅游规划与开发[M]. 北京：高等教育出版社，2012.）

复习思考

1. 简述旅游产品的概念、内涵和类型。
2. 简述旅游产品的构成要素。
3. 简述旅游资源、旅游产品、旅游项目之间的关系。
4. 简述旅游项目的概念和类型。
5. 简述旅游项目设计的内容和程序。

第八章　旅游市场营销规划

学习目标

● 了解旅游市场细分的作用和类别、目标市场选择的一般方法、传统营销策略的作用

● 熟悉市场细分的方法和步骤、目标市场选择的过程

● 掌握传统营销的常用手段，熟悉广告营销、关系营销、活动营销的操作方法，掌握文化营销、网络营销的主要理念和营销模式

旅游产品是为了进入市场而进行规划与设计的，合理而科学的旅游市场营销规划是旅游规划有效性的保障。通过对旅游市场进行细分和目标市场选择，确定旅游市场战略，实施旅游市场策略，将旅游产品成功推入市场，是实现旅游规划目标的核心。

第一节　旅游市场细分和目标市场选择

市场细分的概念是20世纪50年代中期由美国市场营销学家温德尔·斯密（Wendell R. Smith）在总结企业按照消费者不同需求组织生产的经验中提出来的一个概念。市场细分是以顾客需求的某些特征或变量为依据，将具有不同需求的顾客群划分为若干个子市场的过程。市场细分从消费者需求出发，寻找具有共同消费需求的消费者组成一个细分市场。

一、旅游客源市场的细分

（一）旅游市场细分的作用

1. 有利于识别和发掘旅游市场，开发旅游新产品，开拓旅游新市场。

2. 有利于旅游企业制定灵活的竞争策略，调整旅游市场营销组合策略。

3. 有利于旅游企业优化资源配置，集中人力、财力、物力、技术和信息，在市场竞争中以小胜大，以弱胜强，各个击破。

4. 有利于满足消费者的需求。

（二）旅游市场细分的类别

旅游市场细分是一项复杂而重要的工程，常见的细分类别有：

1.按旅游者人的文因素进行市场细分

(1)按年龄细分:儿童市场、青年市场、中年市场、银发市场等。

(2)按性别细分:男性旅游市场、女性旅游市场。

(3)按收入细分:高收入旅游市场、中等收入旅游市场、经济型旅游市场等。

(4)按种族细分:黄种人旅游市场、白种旅游人市场、黑种旅游人市场。

(5)按职业细分:商务旅游市场、公务旅游市场、学生旅游市场等。

(6)按受教育程度细分:高学历旅游市场、中低学历旅游市场等。

(7)按宗教细分:佛教、道教、伊斯兰教、基督教等旅游市场。

2.按旅游者的地理区域因素进行市场细分

(1)按主要区域细分:美洲市场、欧洲市场、非洲市场等。

(2)按城市规模细分:乡村、城镇、大城市、特大城市等。

(3)按气候细分:温带、亚热带、热带等。

3.按旅游者的心理因素进行市场细分

(1)按生活方式细分:基本需求满足型、需求拓展型、需求提升型等。

(2)按个性细分:安逸型、冒险型、保守型等。

4.按旅游者的行为因素进行市场细分

(1)按旅游动机细分市场:观光、度假、康体、休闲、会议、探亲访友等。

(2)按旅游方式细分市场:团队游、散客游、家庭游等。

(3)按旅游距离细分市场:短途、中远程等。

(4)按价格因素细分市场:经济型、豪华型等。

(5)按旅游时间细分市场:春、夏、秋、冬。

(6)按品牌忠诚度细分市场:专一的忠诚者、动摇的忠诚者、转移的忠诚者和犹豫不定者等。

(三)旅游市场细分方法

目前,多数学者采用三种细分方法。

(1)单一变数法,即根据影响旅游消费需求的某一种因素进行市场细分的方法。

(2)综合变数法,按影响旅游消费需求的两种以上的因素进行市场细分。

(3)系列变数法,按照影响旅游消费需求的各种因素进行系列划分。

(四)旅游市场细分步骤

美国的市场学家麦卡锡提出了细分市场的一整套程序。这一程序包括七个步骤:(1)选定产品市场范围,即在明确企业任务、目标并对市场环境充分调查分析之后首先从市场需求出发考虑选定一个可能的产品市场范围。(2)了解、列举分类潜在顾客的基本需求。(3)分析潜在顾客的不同需求。(4)抽调潜在顾客的共同需求。(5)为这些分市场暂时定名。(6)进一步认识各细分市场的特点,作进一步细分或合并。(7)测量各细分市场的大小,从而估算可能的获利水平。

细分市场的程序在实际的操作中可以根据市场的需要来做灵活的调整,不必拘泥于以上旅游市场细分的步骤之中。

二、旅游客源目标市场选择

旅游目标市场选择,就是在市场细分的基础上根据旅游企业本身的资源情况、营销能力以及对细分市场吸引力的大小，对各细分市场进行评估，确定特定的细分市场作为市场营销的重点，并用适合的旅游产品来满足特定细分市场的需要。

一般来说，只有具备下列条件的细分市场，才可作为旅游企业的目标市场：第一，细分市场具有一定的细分规模，包括现实需求规模和潜在需求规模；第二，细分市场未被竞争对手垄断；第三，细分市场与旅游企业经营能力相适应。

旅游目标市场的选择模式有密集单一市场模式、有选择的专门化模式、产品专门化模式、市场专门化模式、完全市场覆盖模式等五种。

（一）旅游目标市场策略

目标市场策略是指企业在市场细分的基础上，决定和选择目标市场的方法和策略。旅游企业可应用的策略一般有三种：无差异性市场策略、集中性市场策略、差异性市场策略。

（二）旅游目标市场选择的一般过程

（1）评估各类细分市场的市场容量及其发展趋势，包括：各细分市场的销售量及其发展趋势，本企业各类细分市场的销售量及其发展趋势。

（2）评估各细分市场的赢利能力。企业应该选择能给自己带来较大利润的细分市场作为目标市场。

（3）评估各细分市场的季节变化模式。企业要分析各个细分市场旅游者需求的旺、平、淡季，把营销精力放在能充分利用旅游企业接待能力的细分市场上。

（4）分析本企业对各类细分市场的招徕能力。企业选择目标市场时，除了考虑各细分市场是否值得招徕以外，还必须分析自己是否具有足够的招徕能力。

（5）分析竞争对手对细分市场的招徕能力。在选择目标市场时，还必须分析在各细分市场上企业竞争对手在满足各类细分市场的需要和要求方面，与本企业相比有哪些优势和弱点。

（三）选择旅游目标市场策略应考虑的方面

（1）旅游企业实力。若旅游企业资源有限，实力不强，无力兼顾整体市场或更多的细分市场，可采用集中性营销策略。

（2）市场的同质性。若市场差别很大，宜采用差异性营销策略或集中性营销策略。

（3）市场竞争情况。若竞争对手很多，宜采用差异性或集中性营销策略。当竞争对手采用无差异性营销策略时，本企业可采用差异性营销或集中性营销。

（4）产品生命周期。在旅游产品的成长期，一般采用差异性营销策略。而在旅游产品的衰退期，常采用集中性营销策略。

（5）产品的同质性。差异性不大的产品采取无差异性营销策略较为合适。

第二节 旅游市场战略

旅游市场战略是为了达到旅游市场营销目标而制定的重大方案，是一个地区或某一旅游企业在市场营销观念指导下为实现发展目标而进行的方向和手段的总体设计，是旅游市场营销过程中的最重要的环节。

一、区域旅游市场战略

（一）区域旅游市场政策战略

1. 制定发展旅游业的相关市场政策

制定旅游业发展相关市场政策，推动旅游业良性发展。积极争取上级行政主管部门的市场政策，协商有关部门，简化手续、减少费用，为游客通关提供最便利的服务。强化组织、规划、政策等层面的引导和扶持，系统地推进旅游市场战略升级。

2. 制定科学的旅游市场营销规划

注意研究旅游市场营销策略，切实针对市场发展变化趋势，根据旅游者的消费心理，深入挖掘潜力，推出有创意的营销策略，开掘新渠道，制订严谨的中、长期规划。

（二）区域旅游市场方向战略

1. 推进旅游城市和旅游区域建设

确立并普及“建设具有地方特色旅游业”的思想观念。让行政部门、居民、旅游业者、志愿者、非政府组织（NGO）都行动起来，从长远出发，有计划地推动城市和区域旅游业建设。

2. 促进旅游市场多样化发展

适应目前国际、国内旅游市场需求多样化，游客追求的不同品位，根据不同国家和地区的不同阶层人士，不同旅游方式等需求特点，分别开发精品旅游、宗教文化旅游、探险猎奇旅游等特色项目，并从吃、住、行、娱乐的设施和服务业方面分地理、分档次、分价格，适应和满足不同游客的需求，克服产品老化、结构单一的问题。

3. 兼顾入境出境，增强入境吸引力

这是基于着眼国际国内两个旅游市场的战略思考。要坚持两手抓，一手抓提升入境旅游，促进区域旅游产业发展，增进区域经济发展活力，提高经济社会发展层次；一手抓做活出境旅游，满足全国各地的旅客需求，提高区域的吸引力和知名度。

（1）采取措施满足外国游客的各种需求。充实针对散客的信息服务功能；运用电影、电视、杂志、报纸等媒体和互联网，有效地发送传递旅游信息；发展地方机场的包机航线和航班，扩大同世界各国的航空网络；推动地方港口停靠国际游轮的业务。

（2）改善外国游客的接待体制和设施水平。通过修改翻译导游业务的规定，完善翻译导游体制；鼓励志愿者担任义务翻译导游，完善相应的体制；设立外文的街道导游团、路标，扩充对那些携带信息网络终端旅游的外国游客的导游服务；加强针对外国游客的低价位住宿设施建设；降低旅游消费和交通消费水平，实行各种价格优惠政策，并积极提供相关信息。

4. 坚持旅贸互动

认真研究市场需求，提高贸易的额度、质量和层次，提升旅游的层次和水平；规范旅游市场，推进旅游和商业的结合，增强贸易发展的动力，实现贸易、旅游“双赢”，打造经贸旅游热点城市圈（区域）。

5. 推进“点、线、面”联动的营销机制。“点”指的是景区、酒店、餐饮店、购物点、娱乐点等旅游接待企业；“线”指的是主题线路；“面”指的是目的地整体形象。

（三）区域旅游市场人才战略

1. 培养优秀的旅游市场营销人才

建立政府部门、企业、学院及研究机构相辅相成的网络体制，培养旅游市场营销人才；

在高等教育单位，设立与实际紧密结合的旅游相关课程体系，加强培育和管理熟知新旅游形态的专业人才。

2.培养国民旅游市场意识

增强国民整体的旅游市场意识，增强旅游者的旅游素质，增强旅游区居民的素质，这是推进整个旅游市场良性发展的内在动力。

（四）区域旅游市场技术战略

积极发展旅游电子商务，开发多语言旅游信息交换平台，实现具有操作性的信息交流大网络，为实现自由贸易区框架下的无障碍国际区域大旅游创造前提条件。

二、旅游区市场战略

（一）产品战略

旅游区营销只有充分发挥资源优势，其市场才有竞争力、吸引力和后续力。

1.旅游区品牌塑造

要树立鲜明的品牌形象，旅游区应从以下四个方面入手：(1)品牌决策，包括品牌化决策、品牌使用者决策、家族品牌决策、多品牌决策、品牌扩展决策和品牌再定位决策。它主要解决以下问题：是否给产品规定品牌名称？是采用本旅游区品牌，还是采用中间商品牌或两者兼有？各类产品分别使用不同的品牌，还是统一使用一个或几个品牌名称？如何利用品牌开展营销以及如何更新品牌？(2)品牌具体设计，包括旅游区或产品名称、品牌标志和商标。高水平的品牌名称和标志设计能给消费者留下深刻的印象。(3)服务提升，即良好的品牌形象需要旅游区的高品质服务来支撑。因为一个强有力的品牌只能给有竞争力的产品或服务带来市场优势，却不能补偿任何劣质服务，甚至可能因为一次质量事故而毁于一旦。(4)有形展示。有效的服务展示能突出旅游区的产品特色，使服务有形化、具体化，从而让顾客在购买前就能感知产品或服务的特征以及消费后所获得的利益。旅游区实施有形展示策略的途径主要有四种，即设计旅游区标志、规范服务行为、美化服务环境和开展促销活动。

2.多样化营销

要丰富老产品，开辟新线路，开发特色游，做强企业主体，使自身在市场竞争中立于不败之地。就当今世界而言，旅游市场的主体已不单纯是观光旅游市场，而且一般情况下，观光旅游产品是低收入型。因此，旅游区应加强对专题旅游项目的开发，在观光旅游的基础上，努力发展新兴旅游产品，特别是度假旅游、工业旅游、文化旅游、生态旅游、保健旅游、商务旅游、会议旅游、民族风情旅游等多元化的旅游产品，使观光型、文化型、度假型、购物型、商务型与探险型旅游有效结合，以便增加吸引力，延长旅游者的停留时间，提高食宿消费水平，使游客每年既有新鲜感，又有品牌感。

3.整合营销

旅游区应在更大的市场地域内形成点、线、网紧密相连的旅游网络，使旅游者在一次旅游中尽可能享受到不同风格、不同特色的旅游活动内容。对未形成市场影响的旅游景点要紧密依托已形成一定市场规模的旅游景点，借助已有的市场，加强促销。要按照资源特色互补的开发原则，联合促销，增加旅游景点的娱乐性和参与性，丰富整个旅游线路的旅游内涵。

4. 文化营销

日趋激烈的市场竞争机制推动着旅游文化含量日渐提高，营销文化氛围日益加强，文化“核能”价值日益突出。依据旅游区的地脉（自然环境）、文脉（人文特征与历史），去延伸创意，去策划卖点，去包装形象，形成旅游区富有文化品位的特色旅游产品，增加旅游产品的文化附加值。

（二）形象战略

旅游形象是一个有机的整体，它涉及旅游业的方方面面，具有明显的综合性。旅游区形象由形象定位、形象塑造和形象标志三部分组成，这三部分恰好构成了人们常说的形象识别系统（CIS）。其中，旅游区名称、旅游区标志、标准色、标准字及经营口号是旅游区形象的具体设计。

形象设计和宣传是一个花费大量时间和财力的进程，但是良好独特的形象对一个旅游区的发展无疑是至关重要的。旅游产品品牌知名度就是无形资产。要以灵活的形式、合理的线路、广泛的参与性策划组织节庆活动，推出一系列有特色、有影响的旅游活动来强化形象塑造，进行整合营销。

（三）促销战略

强化促销的手段主要有：公共关系（奖励旅游、邀请参观）、旅游代理、旅游展览、互联网（Internet）营销、人员促销、一般广告促销、销售激励和其他间接促销方式等。

对一级客源目标市场，要根据覆盖面相对较大的特点，着重开发面对公众的促销活动，刺激市场需求的增长，拓宽客源层；对二级客源目标市场和机会客源市场，要根据覆盖面比较窄的现状，着重开展对旅游商的促销活动，更多地发挥市场中介的作用。

宣传促销可采取“攻城略地”、“总体轰炸”、“个别突击”等多种方式，充分运用广播、电视、报纸、刊物等多种新闻宣传媒介；设立旅游促销点；利用各种媒体、参加旅游交易会、邀请客源产出地的旅行商代表和新闻媒体代表、举办旅游节庆活动等；在机场、火车站、长途汽车站及繁华地段设置大标语、大广告、招示牌。

（四）价格战略

建立灵活的价格体系来增强吸引力和缩短旅游淡季，制定一个完整的季节性折扣政策，同时推出相应的淡季旅游产品，如温泉度假、文化体育艺术节、会展、冬季运动、民俗节庆等，以缓解淡季客源供给不足。当然，除了旅游业内部统一实施外，还须与交通等部门做好协调，以制定合理的淡季价格。同时也可以考虑成立不同类型会员俱乐部，推广 VIP 计划。

（五）人才战略

1. 完善营销组织机构

保证旅游区可持续发展的一个基本前提条件是要保证源源不断的旅游者，而要保证持续的游客，多元化的营销努力必须作为后盾，因此景区必须建立一个功能齐全的营销部门。旅游区可以考虑从营销策划、售后服务、网站服务、渠道营建、市场信息和市场开拓六大方面设置营销组织机构，如图 8-1 所示。

2. 加强营销队伍管理

营销团队的建设和管理是最基础的业务管理，是决定旅游区营销成效好坏的关键性因素。营销队伍建设必须选择合适的人员从事合适的营销工作岗位。营销工作从分工来说

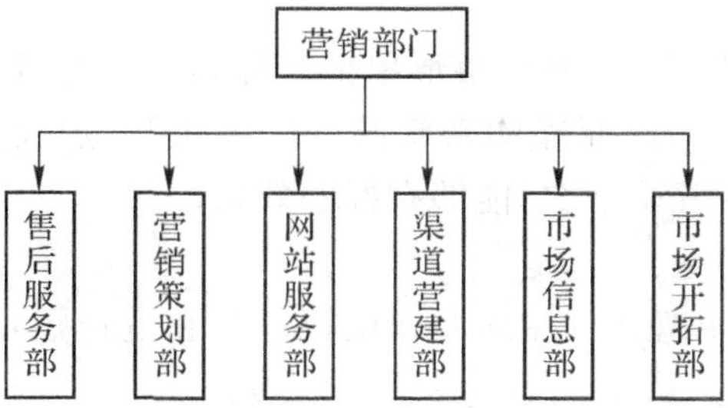

图 8-1 旅游区营销组织结构图

有营销策划、售后服务、网站服务、渠道营建、市场信息分析和市场开拓等。不同的岗位对人员的素质要求不同，比如售后服务、市场开拓等需要外向型、沟通能力强、活泼开朗的员工，而营销策划、渠道营建等则需要思维敏捷、创新能力较强的员工，营销过程管理需要沉稳、细心、一丝不苟的员工。因此，营销队伍建设必须结合实际情况按照人员各自的特点，把合适的人放到合适的位置上。

3. 加强营销队伍培训

员工培训是指组织为改善员工的价值观、工作态度和工作行为，使他们能在现在或未来工作岗位上达到组织的要求而进行的一切有计划有组织的努力。

(1)培训要有针对性。要针对不同的岗位设计不同的培训重点和培训方式，如市场开拓、营销人员除了业务培训外，还要重点加强人际关系、沟通能力、商务礼仪等培训，管理人员则要加强领导艺术、组织能力等方面的培训。

(2)培训方式应灵活多样。避免单纯的授课式培训，注重网上培训、讨论会式培训、角色扮演模拟培训、岗位轮换体验式培训以及观摩、考察式培训等更加活泼、员工更能接受的培训方式，尽可能考虑用实践性培训代替授课式培训。

(3)对培训结果也要进行评估分析。可采取多种方式对培训结果进行评估，例如采用现场模拟、业绩追踪、考试考核等。

(4)培训工作应作为一项长期性工作坚持不懈地进行，要有计划、有目标地组织实施。

第三节 旅游市场营销策略

一、传统的营销策略

(一)广告策略

1. 报纸杂志

传统营销中，利用报纸杂志的营销策略较为常见。一些报纸设有“文化时空”、“休闲假日”等模块，旅游景区可以在这些模块上刊登相关旅游信息，使读者在阅读欣赏游记、散文、诗歌时很自然地接受了有关的旅游景区的旅游信息。

2. 电视、电台新闻

与有关新闻单位建立联系，为其旅游形象推广计划打下基础。比如在电视台拍摄播出旅游专题节目，邀请有影响的新闻媒体来旅游景区采访等，加大宣传力度。播出时间多安排在黄金时段，且是在旅游旺季前夕，能够有好的效果。

3. 电视广告和电视短片

以旅游景区的核心价值理念为主题制作电视广告和电视短片来吸引游客的注意力，提高旅游景区的品牌知名度。

4. 户外广告和路牌

路牌广告画面巨大醒目，保存时间长久，游客在都市观光、购物途中反复观看，必定留下深刻印象。依据不同季节增加或更换路牌。旅游景区可以在目标市场的交通要道和对外主干道上，以及游客群密集的市区、景区，流动性强的车站、码头、港口等场所建立主题鲜明的户外广告牌。在旅游专列、专车上也可尝试这种旅游景区旅游广告。

5. 旅游景区宣传册

旅游景区可以印制景区宣传册，将景区的特色旅游资源及景区的品牌文化内涵、景区的品牌核心价值、景区的品牌形象定位等信息传递给游客。在宣传册中印制景区旅游资源的精美图片以及景区路线图，将景区信息简单、直观地展现在公众面前。

（二）公共关系策略

1. 新闻媒体

处理好与媒体的关系，能够更好地通过媒体进行景区宣传。主要方法是在一些节庆活动期间，与媒体合作共同举办推动景区品牌文化等一系列活动。

2. 政府与企事业单位

旅游景区应积极与政府、企事业单位建立良好的公共关系；每当上级领导来政府考察时，政府首先想到的参观地是旅游景区；当企事业单位有合作伙伴或顾客来访时，单位也要把旅游景区列为必经的行程。利用政府、企事业单位来提高知名度和美誉度是旅游景区品牌传播中的有效手段之一。

3. 中间商

中间商既是旅游产品的组织者，也是旅游产品的销售者，他们利用专业性的旅游开发模式代理旅游区进行市场开拓，中间商主要多指各大旅行社及会议主办单位等，他们起到了连接旅游目的地和旅游者的作用，可使旅游景点跨越时空进行营销活动，而且，中间商把交通、住宿、饮食、娱乐、游览等多个旅游企业的产品组合成不同的旅游线路来满足游客，这些综合需求是单个旅游企业无法满足的。

旅游景区在进行公关活动时，一定要认识到中间商的重要地位，认清中间商角色，选择目标消费群集中的大型、信誉较高的一类旅行社，与其保持良好的业务关系，不定期地向他们寄送宣传资料和最新信息，发挥他们的宣传作用，树立旅游景区旅游形象的良好口碑，并以互利互惠的诚信原则为合作指导思想，建立长期的合作关系。

（1）中间商代理渠道设计

通过代营企业的销售网络，景区可以将自己非专长的部分业务交给这种中间商代理，而专注于旅游项目的开发与经营，充分体现专业分工协作的精神，景区运营效率更佳。

旅游景区可以考虑与中间商成员的合作采用设立不同级别和层次的旅行社专卖店的

方式。这种合作方式实际上是借鉴产品营销领域的做法，是景区直接面对旅游市场的一个新突破。例如，峨眉山风景区是全国首家设立旅游专卖店的景区，蓬莱阁景区也于2003年同安徽合肥妇女旅行社签订了旅游专卖店协议。旅游景区可以从现在着手按照一定的标准要求，制定相应的政策，精心选择各地的旅行社，为旅游专卖店的设立做好准备。

(2)代理渠道成员选择

渠道成员(旅行社等)的质量直接关系到渠道的质量。一个较差的渠道成员，有可能影响渠道的正常运转，甚至破坏景区的品牌形象。渠道成员的选择是建立渠道链的先决条件。

(3)渠道成员的管理

高效的营销渠道不仅在于优秀渠道成员的选择，还需要对营销渠道的科学管理。渠道管理主要包括渠道成员的管理，渠道信息流、物流、商流的管理等。景区营销渠道的科学管理主要是对渠道成员和信息流的管理。

1)渠道成员的管理

首先，进行渠道成员的日常管理，主要包括对旅行社等中间商日常经营状况的调查，以便及时了解中间商的运营情况。这样能够帮助景区进行阶段性的决策。对于长期运营不佳的中间商，景区可以适当降低对其的依赖度甚至是发出预警信号。而对于运营较好的中间商，景区应与其加强合作。

其次，对旅行社导游进行阶段性集中培养。旅行社组团出游，导游的作用是至关重要的，景区要对旅行社的导游进行一些专业性的训练，对本景区要有足够的熟悉，并能够应对游客的各种问题。

再次，搞好渠道成员的激励。对渠道成员的激励是企业渠道管理中非常重要的一个环节，很多企业销售网络的瘫痪是由于企业渠道政策的不健全或缺乏有效的激励机制。

2)信息流的管理

及时了解旅游市场行情以及游客需求的相关信息，对景区的决策以及旅游项目的开发起着至关重要的作用。旅游景区应重视对各种渠道旅游信息的获取，并建立专门的信息收集部门，在与渠道成员进行沟通的同时及时收集旅游市场及游客的相关数据，然后通过数据分析，把握大部分游客的旅游需求意向。根据游客需求，对景区现有的旅游项目进行评测、革新。

(三)活动促销策略

1. 新闻发布会

在主要客源市场邀集当地的广告媒体和旅游、交通、文化、服务业等相关单位的人士，向他们宣传旅游景区的旅游形象和旅游产品。

2. 产品推介会

在上述主要客源地对旅游产品即旅游线路进行推介。线路内容除游乐项目外，还包括关系游客吃、住、行、游、购、娱等诸多服务内容的配套设施与服务。一般来说，只要旅游景区有了新项目、新内容，就应该及时通过产品推介的形式把产品信息(产品的内容、特点、价格、经营方式等)传达给市场，实现品牌创新。

3. 大型节事活动

旅游景区应定期举办一些大型节事活动，如端午节的划船比赛，秋季的赛驼、赛马、赛车、滑沙比赛，冬季的冰上运动比赛，春季的旅游景区水上汇演等，邀请主要客源地和目标市场的旅行商、代理商来旅游景区考察、体验，增强他们对旅游景区的感性认知，提高他们销售旅游景区的积极性，深入商谈合作销售的办法。还可以邀请名人、名家来旅游景区考察、采访，借此来引起公众的关注，同时它也可以塑造旅游地的精神，使旅游地具有文化使命感，成为旅游地景区之外的又一种特殊吸引物。另外，若活动策划成功，它还会成为旅游地的一种象征，成为当地居民的精神寄托和骄傲。

（四）价格策略

旅游区价格主要是指旅游经营者提供的商品与服务的收费标准，是商品与服务价值的货币体现，也是主客双方权利、义务关系的集中体现。旅游是一个产业，它必须按经济规律办事。旅游经营者通过契约合同为旅游者提供其所需的商品与服务，满足了游客的综合需求之后，经营者理所当然地具有了合理收费的权利。我国旅游区的价格主要由景点门票、住宿、交通、餐饮、购物、娱乐等六大部分组成，一定程度上，旅行社提供的导游等服务费用也可包含在其中。单一景区产品价格主要由生产成本、流通费用、税金、利润等部分组成。

1. 定价策略

在竞争日益激烈的旅游市场环境下，旅游区应制定各种具有竞争力的旅游市场价格策略，以应对各个竞争对手。可以从竞争导向、游客导向、时间导向和产品导向四个角度考虑多样化的定价策略：

(1)竞争导向定价策略

目前，旅游区应该以市场占有率的提高和价格有利于市场竞争为目标。旅游区要想增加市场份额，竞争导向定价应该作为主要的定价策略。

景区的竞争导向定价策略应该是门票价格以及一些常规的旅游项目如目前许多景区都有的滑船、骑骆驼、滑沙等，采用随行就市中的定价方法。

(2)游客导向定价策略

旅游区在选择定价策略时，除了要服从市场的竞争外，还应考虑景区面对的不同目标顾客，根据不同游客的特点，采用不同的价格策略。笔者认为企业应该采用游客差别定价策略，城市有别于农村、矿主有别于普通市民等，具体可以表示为：农牧民价格小于普通市民，普通市民小于矿主价格。对学生游客及其他国家规定的享有半价优惠权的游客坚决实行半价。

采用顾客导向定价策略，针对不同顾客制定不同的价格策略，可以更好地满足不同目标市场游客的需求，从而提高游客的满意度，并吸引更多的游客前来旅游，保证旅游区的可持续发展。

(3)时间导向策略

旅游产品需求在不同季节、不同时间存在很大差异，而旅游产品又同时具有不可储存性、易逝性等特点，因此可利用价格杠杆调节需求，使旅游产品淡季不淡，旺季更旺。结合旅游区具体情况，将一些核心旅游产品在节、会及“五一”、“十一”黄金周等旺季价格上调外，其他时间可下调价格，以适应部分低端消费者的需求。

另外，旅游市场具有明显的季节性，因此旅游区应该根据季节的变化给顾客或渠道成员一定的价格折扣。例如，景区可以在淡季给予游客一定的价格折扣。旅游区还可以在必要的时候采用低价策略，吸引大量游客，把牺牲当前利益作为未来的投资，通过这种举措为景区以后的发展打下良好基础。

(4)产品导向定价法

旅游区产品是指能够满足游客需求的旅游商品，包括旅游项目、旅游纪念品、门票等。各种产品都有其独特性，门票及旅游项目的消费具有一次性，属服务类的产品，而旅游纪念品是实物性的产品，可作长久纪念。

门票及旅游项目应该根据其生命周期进行定价。目前景区还处于建设期，门票价格应该实行低价策略或者是随行就市定价法；而对于景区内大部分采用的模仿性旅游项目，景区可以根据行业的平均价格来制定；对于那些自主开发的旅游项目，应该采用撇脂定价策略，即采用高价策略，随着时间的推移以及其他景区的模仿，再采用随行就市定价策略。另外，旅游纪念品是实物性的旅游产品，具有垄断性，应该采用成本加成定价策略。

其定价公式为

$$p = AC \times (1 + U)$$

式中：p 表示价格；AC 表示单位平均成本；U 表示加成率(一般为 20%)。

2.定价模式优化

目前我国旅游区定价模式稍显“柔性不足，刚性有余”，景区价格水平与其传递给旅游者的价值之间还存在较大差距，其价格上扬也是刚性定价模式成本推动的产物。因此，旅游区应认识到景区价格在景区管理和市场竞争中的重要作用，通过景区内部价值的提升和管理的优化，全面促进景区定价模式向柔性定价方式转变，形成市场认可的多元化景区定价模式。

(1)转换经营理念，全面认识价格功能

为了实现合理的景区定价，旅游区的经营管理者应首先转换经营理念，重新审视价格在景区经营发展以及竞争力提升中的作用，坚决放弃“靠门票吃饭”的旧观念，将价格制定放到景区经营策略和发展战略的高度来统筹考虑。毕竟价格提升是一把“双刃剑”，在创造收入的同时会提高景区进入门槛，如果没有内在价值的支撑，长此以往肯定会伤害到旅游区 A 的长期健康发展。

(2)创新产品开发，提升景区价值水平

旅游区的定价要与其内在价值对等，这是景区价格定位的一个根本原则。此外，在旅游区的诸多价值中，对旅游者而言最重要的还是体验价值或服务价值，而体验价值的提升最终还是要依靠景区产品的创新和服务功能的提升。旅游区虽然拥有优越的旅游资源，但一定要保持旅游产品的不断更新，而避免停留在静态陈列的初级层面上。因此，旅游区要获得长久的吸引力，使旅游者保持物超所值的旅游经历，就必须从景区内部的产品创新和功能提升入手，切实提升景区的价值。

(3)增加收入渠道，拓展价格发展空间

增加收入渠道是指旅游区应逐步降低门票收入在景区总收入中的比重，通过多元化的收入来源支撑景区柔性定价，拓展价格调整和变动的空间。不同类型的景区，其收入拓展渠道的方式有所不同。

(4)透明定价过程，强调相关群体参与

景区价格制定和调整的市场化是必然趋势，在定价模式柔化的过程中，为实现与市场的有效沟通，旅游区应在制定价格时邀请旅游者和社会各界通过各种渠道参与价格决策，将价格制定过程公开化、透明化，强调景区利益相关者的全程参与。例如，2002 年庐山和井冈山景区门票价格调整以及 2004 年北京三大世界遗产景区门票价格上调就采取了听证会的形式，效果较为理想。

（五）整合营销策略

整合营销策略的基本思想是以消费者为导向，以统一的目标和统一的传播形象，综合协调地使用各种形式的传播手段，传播一致的产品或服务信息，最终达到确立品牌地位的目标。整合营销传播以 4C 理论（consumer、cost、convenience、communication）为支撑点和核心理念。它要求营销者确立以消费者（consumer）需求和欲望为导向的观念，了解消费者为满足其需求愿意付出的成本（cost），关注如何给消费者提供方便（convenience），积极与消费者进行沟通（communication）。4C 理论的出发点和终点都指向了消费者，它重视消费者的感知，切实做到了消费者心理资源的有效调动和整合，有助于巩固消费者的忠诚度。

二、新兴的营销策略

（一）关系营销

关系营销指买卖双方间创造更亲密的工作关系与相互依赖关系的艺术。企业与顾客、分销商、经销商、供应方等建立、保持并加强关系，通过互利交换及共同履行诺言，使有关各方实现各自的企业与购买者之间创造更亲密的工作关系和相互依赖的伙伴关系，建立和发展双方的连续性效益，提高品牌忠诚度和巩固市场的方法和技巧。

建立并维持与旅游者和中间商的良好关系是旅游营销成功的基本保证。冬季旅游者是冬季旅游生存和发展的基础，市场竞争实质上就是争夺旅游者。要建立与维持同旅游者和中间商的良好关系，首先必须真正树立以旅游者为中心的观念，一切从旅游者出发，将此观念贯穿到冬季旅游经营的全过程中；其次要切实关心旅游者的利益，提高旅游者的满意程度，使游客的利益落到实处。此外，要加强与旅游者的联系，密切双方感情。冬季旅游区资源质量、产品价格等固然是吸引旅游者选择旅游区产品的重要因素，但是，情感在旅游者购买决策中也有重要影响。目前我国的冬季旅游区普遍存在旅游者满意度不够、对产品品牌忠诚度低下、工作人员流动性大等弱点。这要求我们加大投入，增加产品附加值，对包括旅游者在内的客户大力加强关系营销，对内加强内部营销，留住人才。

（二）定制营销

定制营销是指企业在营销活动中，针对每个消费者与众不同的个性化需求，为其"量身定做"产品，从而最大限度地满足消费者需要的一种营销模式，是将现代信息技术注入企业经营过程而引发的一种全新的营销理念。

随着人们生活质量的提高和社会人本意识的不断强化，人们不再盲目地追潮流、赶时髦，而更强调人性回归，关注人的精神需要和个性的充分满足。冬季旅游作为满足人类高层次精神需求的特殊形式，其人性化、个性化发展趋势体现得更为明显。为此，作为满足个性化需求最佳方式的旅游定制营销，也将成为新时期旅游企业市场营销的新理念。

同传统营销理念相比，定制营销具有以下特征：①以个性化需求为基础；②市场细分极限化；③旅游者的参与；④客户关系管理；⑤企业角色的转换。

定制营销是企业市场营销战略的又一次飞跃，也是培育企业核心竞争力的重要途径，要实施定制营销，必须做好以下几项工作：

1.改变传统营销模式

定制营销作为一种全新的旅游营销理念，必然给传统营销模式带来冲击。旅游企业必须适应变化，改变旧的营销模式。首先，营销目标由追求市场占有率转向追求顾客占有率。其次，营销方式应注重产品差别化。最后，旅游营销组织管理由产品管理型演变为顾客关系管理型。定制营销是以顾客为中心进行定制化生产和服务，企业必须强化顾客关系管理。顾客关系管理可以充分实现顾客让渡价值，满足顾客最大化需求，可以实现营销智能化、销售自动化，进而提高效率。

2.产品模块化

实现定制营销的最好办法是建立能配置多种最终产品和服务的块。定制并不是无限的选择，而是通过提供适当数量的标准件，进行成千上万种搭配，形成组合的特殊性产品。这既可给顾客一种无限选择的感觉，又使复杂的制造程序得到有效的管理。

3.价格溢价

按照顾客要求定制的个性化产品或服务蕴含更多的"可变成本"，固定成本变得微不足道，具有很大的价格优势。定制营销使顾客获得完全符合自己要求、没有雷同、功能独特的产品，他们对价格不再那么敏感。

4.充分有效的沟通

要实施定制营销，建立健全信息网络是必要的。消费者所需的产品或服务不可能都到企业去定制，企业也不可能挨家挨户地搜集品位不一的订单，这两者之间需要一个"桥梁"，以便实现信息的充分和有效沟通。从目前条件看，有两种途径可以选择：一是通过互联网进行信息沟通。二是通过企业现有的营销网络。现有营销网络有着和顾客打交道的基础，顾客对产品或服务的新要求可以直接通过营销网络传递给企业，达到企业和消费者之间的充分有效沟通。

（三）品牌营销

品牌营销是指以企业或产品品牌的长期发展为目的的一种营销活动。品牌营销建立在企业认为品牌对企业销售的影响力是长远和深刻的基础上的，在一定的程度上品牌营销与产品销售是有一定矛盾的。

21世纪是品牌经营时代，中国要想与世界潮流同步，旅游就必将与品牌同行。实施品牌营销战略，应以质量为基础，选择企业名称与品牌名称并用为主的品牌策略模式，实施创品牌的名牌战略。

1.强化全员品牌意识

旅游品牌创造的核心是提高品牌的满意度、知名度、美誉度和游客的忠诚度。一个品牌的知名度、美誉度以及忠诚度完全来自品牌所代表的产品或服务的质量与性能。

首先，旅游区的高层管理者要重视旅游区品牌的建设。高层管理者是企业的领导核心，他们的言行对员工起着很大的带动和效仿作用。高层管理者不仅要具有高瞻远瞩的战略意识，而且要在实际行动中起到表率作用，影响和带动员工自觉地为品牌提升努力。

其次，应对全体员工进行品牌理念教育，要让全体员工了解旅游区品牌文化的内涵和旅游区文化对品牌的重要性，要定期对员工进行培训，将品牌的现状、完整内涵、建设方案和意义，与全体员工充分沟通，强化品牌意识，认清旅游品牌建设的重要性，使之成为所有员工的共同愿景，并能自觉自愿地把品牌培育融入到日常的工作中去，以自己的一言一行来体现旅游区的文化与品牌的内涵，维护旅游区品牌的形象。

3. 加强旅游区品牌危机管理和创新体系

品牌危机管理在更广泛的意义上应被理解为对品牌价值的维护与管理。旅游品牌自营建之初就已经开始了价值的积累，随着市场变化与危机的出现，管理机构需要应对市场环境变更、不可抗力因素、消费者需要变化等多方面问题。维护并不断修正品牌的正向积累，使旅游品牌不至于出现严重的品牌价值扭曲、价值积累中断、行业竞争力下降的不利后果。

旅游市场更加激烈的竞争环境，决定了旅游区必须有相应的危机管理能力。品牌危机管理在多变的市场环境中凸显其重要性。旅游区的品牌经营之路不可能一帆风顺，必定存在着许多阻碍。这就要求旅游区在精心打造品牌的同时，还要精心管理和保护这个品牌。

(1)旅游区应设有专门的品牌管理部门，提前做好预防措施，及时调整应对策略，这样，其低迷状态存在的时间就会较短，其旅游正常状态的恢复就会明显快于竞争对手。在更迭品牌策略时，游客量会出现突破性增长。旅游区要加强法制化管理理念，用法律武器保护品牌。

(2)加强旅游品牌的创新能力。旅游市场不是一成不变的，游客的消费观念也是会随之变化的。因此，旅游区在积极建设基础设施的同时还应紧盯市场趋向的变化，适时地更新其旅游战略及品牌视觉等形象，在公众面前始终保持新鲜感与时尚活力。

由于不同的旅游消费者对旅游区的印象是不同的，而且在不同的时期对旅游区的感知也是变化的。因此，旅游区要抓住旅游者心理需求的变化，面对突发事件时应采取及时有效的品牌策略去应对，并通过品牌视觉系统将各种旅游政策的变换及时传达给旅游者。这样的品牌才能更加深入人心，更能得到消费者的共鸣。

(四)文化营销

文化营销是一个组合概念，简单地说，就是利用文化力进行营销，是指企业营销人员及相关人员在企业核心价值观念的影响下所形成的营销理念和所塑造出的营销形象，以及两者在具体的市场运作过程中所形成的一种营销模式。

企业文化是企业全体员工衷心认同的和共有的核心价值观念，它规定了人们的基本思维模式和行为方式，这种优秀文化的吸引力可以吸引外部优秀的营销人员来为本企业效力，还可以使本企业内部员工紧密团结在一起，为一个共同的目标而努力，从而达到人力资源的优化配置，确保企业经营业绩的不断提高。

知识经济时代，人们在消费物质形态产品的同时，更加注重消费文化形态的产品，从这个角度看，企业最大的效益是由文化创造的，利用文化力营销，从而优化资源配置，推动经济发展，由此看来，文化营销是实实在在的生产力，企业应加强旅游区品牌文化建设。

品牌文化体现着企业的经营哲学。知名品牌之所以经久不衰，在于其核心基因是其独特的积极向上的价值观和经营理念。企业经营理念是品牌的灵魂。所有成功的企业都有科学的、符合企业发展战略目标的企业经营理念，以及具有强烈特色的企业文化。企业文化就是企业的灵魂，而这个灵魂是企业永远不衰的理念支柱。旅游区在加强品牌文化建设方面，应着重做到以下两点：

1. 以产品质量为品牌文化建设基础

质量属于内在和主观的范畴，品牌属于外在和客观的范畴。旅游区必须树立品牌质量意识，加强旅游产品品质管理，这是成就品牌之路的基石。质量是全面的，它包括产品质量、工作质量和服务质量。而品牌创新是企业品牌经营战略的另一个重要方面。品牌市场的生命力归根结底在于企业持续不断的创新力。品牌价值的提升是在生产一代、销售一代、研发一代、构思一代的良性循环中实现的。因此，加大旅游区品牌创新投资力度是长期领先旅游市场的主要动力。

2.构建企业品牌文化体系和运行机制

加快旅游区经营体制改革，尽快建立现代企业制度，以适应市场经济条件下的品牌经营，是旅游区实施品牌经营战略的根本前提。构建适合旅游区品牌经营的经营管理体制，是旅游区品牌得以健康有序发展的根本保证。

(1)在旅游区管理体系中设专门负责品牌经营战略与规划的主管，负责进行品牌经营的总体战略与谋划，企业品牌经营状况的好坏、绩效直接由其向董事会负责。

(2)品牌经理负责制或品牌区域经理负责制。前者是指在施行品牌经营战略的企业中，有专门的品牌经理直接负责某一所有品牌的经营。

(3)在旅游区管理体制中设置品牌经营监督、评价、反馈部门，通过对品牌的市场份额、市场控制力度、品牌忠诚度、品牌亲和力等各项指标，对品牌经理的经营进行有效的、定期的考评与监督，并及时收集反馈意见，以便进一步改正和完善。

(4)建立并形成适应企业品牌经营战略的企业文化，鼓励员工形成品牌意识与观念，争做“名牌企业员工”，开展“名牌企业活动”。

(五)网络营销

旅游业网络营销又称在线营销，是指旅游企业为了满足顾客需求、实现组织目标，通过电子网络这一载体进行的制订计划和将服务从服务提供者手中输送到顾客手中的一系列必要活动。旅游区开展网络营销必须实现两大转变，一是在经营理念上，由原有的二维结构(产量和质量)向四维结构(产量、质量、个性、时间)转变，其中，个性指旅游产品特色和顾客的独特利益，时间指旅游区应通过互联网及时向潜在顾客提供最新产品或服务信息；二是在销售方式上，由面对面的销售向网上交谈式的销售转变。旅游区一般通过四种方式来实施网络营销战略，即开设电子商场，加入论坛、新闻组或公告栏，刊登在线广告和寄送电子邮件。

当前网络经济的发展，使得消费者和营销者之间可以更直接和快捷地建立营销渠道，甚至省略了以往传统的营销渠道和环节。网络营销是旅游目的地充分利用信息技术营造强势品牌的有效手段。一般而言，网络营销的功能有三：一是向旅游者提供真实、可信、及时、全面的旅游目的地信息；二是开展旅游预订服务；三是可以进行旅游产品促销。网络营销与其他媒介宣传相比，成本更低，且不受空间时间的限制，已经成了现代景区营销推广的重要媒介之一。

(1)网站建立

在网络营销过程中，需要以创新性的方法将目的地信息传达到目标市场，最后达到促进目的地旅游经济可持续健康发展的目的。网站的主要栏目应该包括景区介绍、景区动态、景区风光、旅游项目，还有景区周围的娱、购、食、住、行等主要方面。具体的手段包括：在目的地网页上提供更多的外语版本，如英语、日语、韩语、法语和德语等；提供深层次旅游信息，增加旅游信息的可用性；推广网上社区，加强顾客互动与便利性；提供定制旅游产品，满足顾客个性需求等。

统计表明，精美图片能够引起12.6%的浏览者产生旅游消费行为，所以网站的主页应该简单大方，尽可能多地使用一些精美图片。

(2)网站宣传

网站建立后，宣传不容忽视。景区可以通过一些知名网站(如搜狐、网易等)进行宣传，宣传的方式可以是互换链接，也可以采用网络广告，或者E-mail宣传方式等。

(3)利用第三方平台

利用第三方平台已经成为旅游企业营销的最主要方式之一。据统计2006年中国网上旅行预订用户较2005年增长72.1%，达到275万人，这一数值还在保持22%～46%的高速增长。网站旅游预订的巨大市场，为景区的宣传提供了广阔的网络虚拟市场。

可加入全国著名旅游的在线网站，如E龙和携程等旅游网，据统计携程拥有1000多条旅游线路，覆盖了200多个度假目的地，此外还可以加入中国旅游网、陕西旅游网等。并且最好将景区置于旅游电子商务网站的主页上，这样更容易引起人们的注意。

【案例分析】

承德市宽城满族自治县清河口村旅游市场营销规划

一、旅游客流量分析

承德市旅游分析表

指标名称	计算单位	2002年	2003年	2004年	2005年	2006年	2007年 1月—6月
全市GDP总量	亿元	200	235	300	360	425.9	—
旅游接待人数	万人次	486.7	418.4	552	622.2	702.38	270.2
其中：海外	万人次	15.8	8	16.9	18.6	21.55	11.5
旅游总收入	亿元	18.7	17.3	23.3	30.2	38.8	16.0
其中旅游外汇收入	万美元	1542	784.9	1680	1998.3	4702.06	2697.7

资料来源：承德市历年国民经济和社会发展统计公报。

从承德市历年来的国民经济和社会发展统计公报可以看出，随着我国GDP的不断增长，尤其是与承德市地理位置临近的北京、天津、山东、东北、内蒙古等省、市、自治区经济的快速发展，使人们利用闲暇时间旅游度假的愿望更加强烈。由此出现的旅游热给承德市带来了源源不断的客源。

从国际方面来看，来承德市旅游的境外游客主要包括韩国、日本以及我国港台地区等亚洲客源。不过随着承德市经济、文化的发展以及知名度的提高，它对美国、俄罗斯等国家的游客也具有巨大的吸引力。

二、客源市场定位

根据清河口旅游区的资源条件、交通区位，充分考虑今后旅游业及客源市场的发展态势，确定其客源市场开发的总体定位是：

始终坚持以北京、天津、唐山为中心的京津唐城市群市场为核心客源市场；

进一步开拓以秦皇岛、石家庄、保定等省内周边城市和周边其他省份（如内蒙古、山东、辽宁等地区）市场，辐射全国；

以港澳台地区、东亚、东北亚国家和地区为主攻点，努力开拓以东北亚、东亚地区为中心的海外旅游市场，同时积极开拓欧美市场，抓住2008北京奥运会的契机吸引外国游客。

国内分期市场定位表

分期	基本市场	拓展市场	机会市场
近期 （2008—2010年）	以北京、天津、唐山为中心的京津唐地区，承德市和河北省内其他城市	距河北省较近的其他省份	到唐、承、秦旅游的游客
远期 （2011—2015年）	京津唐城市群、河北省内城市和环渤海其他临近省份圈层	东北地区省会城市；中西部内陆地区省会城市	到京、津、唐、承、秦旅游的游客

三、旅游市场营销规划

（一）旅游形象设计

（1）旅游标徽、标准字体、标准色的设计、制作。

（2）旅游纪念品、办公用品及公关用品的设计、制作。

（3）各类指示、标识、展示用品设计、制作。

（二）旅游营销方式选择

1. 亮点促销

推广以碧水、青山、静村为主题的乡村生态游及龙凤文化为主线的龙凤文化游。

2. 公共关系

- 邀请知名人士来清河口参观考察
- 邀请《镇长》电视连续剧中名人担任形象大使
- 参加各类招商会、展览会、博览会

3. 广告促销

- 清河口整体旅游形象电视广告策划、制作、播放
- 各旅游企业形象广告制作协调
- 其他媒体广告费

4. 销售激励

- 对游客的激励（授予“荣誉游客”、赠送旅游纪念品、优惠券等）
- 旅游淡季降价销售、激励销售
- 对旅游中间商和批发商的激励

5. 节庆营销

- 策划相关节庆活动（如集体婚礼、运动会），扩大影响，形成品牌
- 指导民间利用假日办好如下节庆活动：乡村婚礼、赛龙舟、垂钓比赛等

6. 建设销售网络

在北京、承德市区设立办事处和销售点。

7. 旅游产品专卖

旅游专卖网络是旅游目的地营销的一种跨区域的互动合作模式，是以宽城清河口旅游产品为核心纽带的旅游联合体。以专卖店为基点，打造风景区与旅行社紧密合作的旅游联盟。

8. 其他营销方式

- 清河口风光旅游片的宣传运作
- 派遣文化艺术团体到外地进行民俗演出交流等活动
- 旅游信息化建设
- 在京津冀等地举办生态展览等专项展览等活动。
- 设计发行或赠送画册、明信片、邮票等

(三) 专项旅游营销

1. 硬件建设

- 窗口地段及旅游区道路景观化
- 汽车站、飞机场、码头、繁华商业街等地段旅游广告牌、旅游咨询中心等
- 交通主干道景区指示牌
- 主要景区中英文对照说明牌

2. 对北京、天津、唐山、石家庄、上海等地各进行一次大型公关促销活动

3. 多渠道促销

- 本地区旅行社的建设与管理
- 与近期主要目标市场的旅行社建立长期合作关系
- 交通、宾馆、饭店、景区(点)等相关部门企业的促销协调与实施

4. 联合促销

- 与承德市及周边地区政府、旅行社、新闻媒体进行联合促销

5. 旅游局对全市整体促销和各类旅游企业促销的宏观协调

复习思考

1. 简述旅游市场细分的作用。
2. 简述旅游市场细分的步骤。
3. 旅游目标市场选择一般有哪些过程？
4. 简述公共关系策略在旅游营销中的作用。
5. 知识经济时代如何进行文化营销？

第九章　旅游交通和服务设施规划

学习目标

● 了解旅游交通类型、旅馆等级、床位规划、餐饮规划、商业规划和娱乐规划的概念与原则，旅游解说系统的概念、功能和分类

● 熟悉掌握旅游交通方式的选择与布局，以及床位规划、餐饮规划、商业规划和娱乐规划的配置指标

● 应用旅游目的地服务基地的规划形式与分级配置的原则对旅游目的地服务基地进行分级规划，应用旅游解说系统规划理论对旅游解说系统进行规划

旅游交通与服务设施是旅游规划中可进入性的核心量化指标。旅游接待设施、旅游目的地服务基地的规划及旅游解说系统规划是旅游规划中服务设施规划中的核心内容。

第一节　旅游交通规划

旅游交通是交通运输系统的一个重要组成部分，是发展旅游事业的必要条件。它是为旅游者实现旅游，从出发地到目的地，以及在目的地内进行游览后再回到出发地，整个旅游活动过程中所利用的各种交通方式总和。

一、旅游交通概述

尽管旅游与交通的关系密切相关，但其发展关系的模式在不同的经济发展水平下表现不一。发达国家在工业化的进程中，建立了发达的交通运输体系，形成了四通八达的综合运输网，为旅游业的发展奠定了良好的基础。从这个意义看，是旅先游后，旅顺游畅。而在发展中国家，受经济水平的制约，基础设施相对落后，但旅游业明显的经济效益让不少国家和地区都将旅游业作为带动地方经济增长的坚石，而要发展旅游势必要先做好交通。因此在这些地区，往往是为了旅游的超前发展，才带动交通运输业的发展，故游先旅后，旅滞游难。

(一)旅游交通的构成与层次

1. 旅游交通的构成

旅游交通与大众公共交通运输一样,由旅游交通线路及设施、旅游交通运载工具和旅游交通站点构成。

(1)旅游交通线路及设施

旅游交通线路主要分为人工修筑的路线(如旅游公路、旅游铁路、索道、人工运河等)和自然形成的路线(如旅游内河及内陆湖水运航线等)两类。人工修筑的路线大部分或全部由人工劳动修筑而成,而自然形成的路线则是利用天然的航道再经过人工测量、整修加工和试航后形成的。一般而言,人工修筑的旅游交通线路成本较高,耗资较多,但受众群体相对较广,数量较多。自然形成的线路虽源于自然,但在投入使用前必须经过人工合理开辟和修筑,使之具有一定的安全性能,在使用后仍需进行日常维护,以确保旅游活动的畅通与安全。

与大众公共交通相比,旅游交通的设施要求比较高。如旅游汽车交通对道路就有若干特殊要求:路面质量高、宽敞、质硬,能通行数量大型旅游轿车并能全天候使用;路面坡度适中,排水优良;路边要有辅助设施,如加油站、车辆维修点、路边餐饮、汽车旅馆、路边停车场,以及卫生设施较好的休憩公园、风景坡道、来去方便的标志(最好涂有特殊色彩)。此外,旅游交通设施还包括与旅游交通相联系的电气设施、供水系统、通信、废物处理以及其他不可或缺的设施。

(2)旅游交通运载工具

旅游交通运载工具据其性质可分为三种类型:

一是现代旅游交通运载工具,如客机、火车、轮船、汽车、电车、地铁等;

二是传统旅游交通运载工具,包括人力车、牛车、马力、木帆船、雪橇等使用自然力的交通工具;

三是特种旅游交通工具,如汽艇、热气球、滑翔机、索道、缆车等。

无论何种类型的交通运载工具,其特点各不一样。详见本节“二、旅游交通的类型”。

(3)旅游交通站点

旅游交通站点是旅游者旅游线路中的拐点,它连接着旅游者行程中的前后交通工具。主要包括机场、火车站、码头、汽车站以及特种旅游交通的上下站点等,其建立地点、规模、方式的选择与确定要依据旅游客源市场和旅客流向因素而定,以适应旅游发展的需要。

2. 旅游交通的层次

旅游交通的范围包括旅游者往返于客源地与旅游目的地之间的交通以及在旅游目的地内的交通。张林(2007)将其划分为城际间往复式交通(或称活塞式交通)和游览区(或观光区)内漫游式交通。根据旅游交通涉及的空间尺度和旅行过程,可分为三个层次:

(1)外部交通

外部交通,即从旅游客源地到目的地所依托的中心城市间的交通,属于中远距离的空间位移。其主要采用能够承担中远距离运输的航空和铁路交通。

(2)中间交通

中间交通,即从旅游中心城市到各景区的交通,属于中短距离的空间位移。其以公路交通为主,辅以铁路和水陆交通。

(3)内部交通

内部交通，即景区内交通，属景点间的短距离空间位移。它主要因景区规模的大小、景区内地形的变化、景点间的距离以及景区内旅游活动的特色而异，采用汽车(尤其是绿色环保汽车)、步行或特种旅游交通工具(如游船、索道、滑竿、缆车、轿子等)为主。

(二)旅游交通的特征

旅游交通不同于公共交通，却又离不开公共交通(如图 9-1 所示)。它在自身的发展过程中表现出了鲜明的特征，也体现了旅游的特质属性。

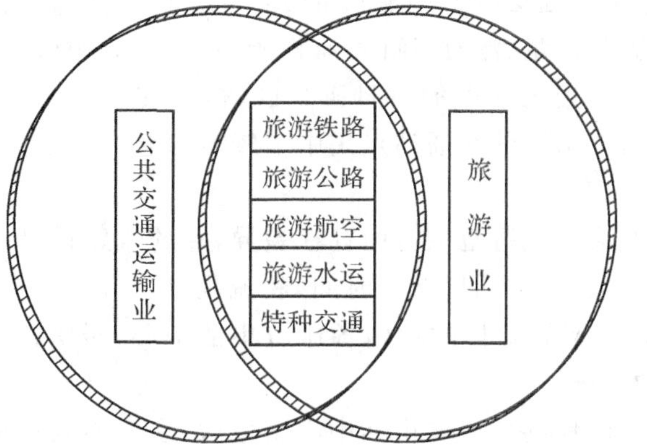

图 9-1 旅游交通与公共交通的关系

1. 服务对象的特殊性

旅游交通的服务对象是旅游者，他们不同于一般旅客，对旅途中的若干方面有着特殊需求，如快捷方便、乘坐舒适、便于观光、导游讲解、服务多元化、安全稳定，这些需求是否得到满足直接影响旅游者的旅游满意度。目前，大型客机、高速直达列车、高性能且观光条件好的汽车以及内部设施豪华且乘坐舒适的游船等各种旅游交通工具的使用，各种运输方式、交通线路、部门和地区间的联运，都是发展旅游交通所必需的。

2. 安全舒适性

安全性是对任何交通工具最基本的要求。旅游交通的首要目标就是要保证旅游者安全地到达旅游目的地，使旅游者得以进行正常的旅行游览活动。

旅游活动强调的是一种与日常生活不同的生活方式，它更注重精神上的愉悦、文化上的提升或是物质上的享受。因此，与公共交通相比，旅游交通对舒适性的要求较高。一般而言，旅游交通工具的车内设施要优于普通公共交通，如旅游大巴多以带空调、音响的豪华型为主。而巨型远洋游船更是拥有星级客房、风味餐厅、购物中心、各类娱乐健身设施，被誉为是“海上浮动胜地”。

3. 游览娱乐性

旅游行为包括“旅”和“游”两部分，如若能将两者合理穿插，做到“你中有我，我中有你”，则必将提升旅游者的游览兴趣，提高他们的旅游满意度。因此，旅程中的游览性在旅游交通中非常重要。比如在旅游公路交通工具的选择上，往往购买或租用窗体较大、方便观赏沿途风景的旅游巴士，同时配以导游的精彩讲解或互动游戏；在旅游路线的设计上，若干旅游目的地之间主要采用环状运输，尽量避免走回头路，且有意识地选择风景美丽或风情特色浓郁的地区。此外，选择富有特色的旅游交通工具也可以提高其游览性，如具有传奇色彩的东方列车，它们对旅游者有着极大的吸引力，能够满足旅游者求新、求奇、求特、求异的心理需要。

4. 通达灵活性

通达性，即要求旅游地区域内外各层次之间的交通连接性能好，既能将客源地的旅游者接过来，又能将他们合理地分散在旅游地内的各个景区。这就要求旅游交通线路设计连贯，交通工具选择适当，交通站点安排合理。

灵活性，即要求旅游交通必须具有较强的灵活性和机动性。旅游活动易受到季节、地域、客源等多方面影响，其流量、流时、流向、流程较不稳定，分布较不均匀，应根据实际情况灵活变通。比如对于一些当天往返的一日游景区，往往在上午集中了较多的去往的车船，而下午则是在景区门口或附近的交通站点集中了较多的返回车船。

5. 区域性

旅游交通与公共交通在运行范围方面存在差异，它的线路设计主要依据旅游者的流向（流动方向）、流量（旅客数量）、流时（旅行时间）和流程（旅行距离）等因素，集中分布在旅游客源地与目的地之间，以及旅游目的地内各旅游集散中心、居留、餐饮、游览、购物、娱乐等场所之间，具有明显的区域性。

旅游者到达旅游目的地的口岸城市和中心城市后，主要向周边的热点旅游城市或旅游区分流，之后才向其他温冷旅游城市或旅游区延伸。这一特征导致了许多旅游热点城市或旅游区交通拥挤或堵塞，束缚了旅游业的进一步发展。为了保证旅游者“进得来、散得开、出得去”，推动旅游业持久稳定的发展，必须加强旅游交通规划，加快对温冷地区的开发建设，克服客流量分布不均的弊端。

6. 季节性

受旅游活动季节性的影响，旅游交通运输量也随季节和时间的推移而发生明显的、有规律的变化，从而呈现出较强的季节性。把握好季节性对旅游交通的安排来说至关重要，这就要做到“运力适中、调控灵活、协作经营”，即按平季或各季平均客流量安排运力，通过浮动价格适时调节淡、旺季客流量，与景点、饭店、旅行社等相关企业开展项目合作，从而实现旺季不旺、淡季不淡、常年均衡的良性运输目标。

（三）旅游交通与旅游的关系

1. 旅游交通是旅游产业发生和发展的先决条件

旅游从活动内容上来说，包括旅行和游览两个方面。旅行，即旅游者在常住地和旅游目的地之间发生的空间位移；游览，即旅游者在旅游目的地内从容地到处游走参观、览景观色。因此，旅行和游览都提出了旅游者要“进得来、散得开、出得去”的要求，而旅游交通的存在和发展就是为了满足该要求。从旅游地的众多实例来看，凡注重旅游交通建设，游客数量就会逐年增加，旅游业就能够得到发展。所以，通达的旅游交通是沟通接待地和客源地联系的基础，是旅游行为得以实现的基本条件，是旅游地开发的先决条件。

2. 旅游交通可以调节当地旅游发展的规模和速度

旅游交通的建设布局和运力投入，可以调节旅游业的发展规模和速度。一般而言，旅游交通建设步伐快，运力投入足，就可以加快旅游业的发展速度，实现对旅游资源的进一步开发；反之，则会因为旅游者的可进入性问题而减缓旅游业发展的步伐，制约旅游业的发展。但是不考虑当地旅游市场发展的实际需求，盲目进行投资建设也是不可取的，会造成道路容量的浪费，使各类设施的接待能力与市场需求相脱节，降低旅游企业的成本收益率。

3. 旅游交通是旅游业经济收入的重要组成部分

尽管旅游过程中的交通支出会因交通方式的不同、服务水平的高低等因素而有所差异，但对旅游者（尤其是长途旅游者）来说仍然是所有支出中比例很大的一项。目前，旅游交通业已经成为我国旅游收入和旅游创汇的重要来源。统计资料显示，近年来旅游交通收入在旅游外汇收入中所占的比重一直保持在25%以上。如张家界景区的旅游外汇总收入中，交通收入的比例一直在27%以上，甚至曾达到了40%。此外，在一些地理位置相对偏远的旅游城市，旅游交通收入在旅游经济总收入中的比重更高。

二、旅游交通的类型

（一）旅游基本交通

旅游基本交通主要包括旅游铁路运输、旅游公路运输、旅游航空运输和旅游水路运输四个方面。它们在运距、运速、运价等方面占据着不同的旅游交通细分市场，同时又优势互补，互相衔接，彼此竞争，共同作为旅游的基本交通类型，为旅游者提供运输服务。

1. 铁路

铁路运输以火车站为客运站场，以火车为客运工具，以铁路为客运线路，主要从事中距离的旅游运输活动，如在旅游城市之间开行旅游专列和假日列车。世界上约有6%的国际旅游者使用这种交通方式。其主要运输优势表现为运载量大、经济实惠、快速高效、安全正点、受气候变化影响小、耗能小等优点，但也存在灵活性和机动性差的缺点，而且旅途噪音和振动明显，舒适性较弱。

随着铁路提速改造和高铁建设进程的加快，铁路在旅游交通上的地位不断攀升。高铁列车在600～800千米行程范围内，速度优势最大，堪与航空运输一争高低。有专家预计，这种列车可能在21世纪得到普遍应用，成为中远距离高速交通运输的主要方式之一。但修建铁路工程造价高，受经济和地理条件限制明显，因此仅仅为发展旅游业而修建铁路的可能性很低。不过，近年来国内铁路部门专门开辟的旅游专列，有效促进了旅游业发展。

2. 航空

航空运输以机场为客运站场，以飞机为客运工具，以航空线为客运线路，主要从事远距离的运输活动。它是国际旅游者使用最频繁的交通方式之一，世界上约35%的国际旅游者乘飞机旅行。其运输优势表现为速度快、航程远、乘坐舒适、可跨越天然障碍，安全性能是所有交通运输工具中最高的，且航空服务多以优质著称；缺点主要是价格高、能耗大、灵活性弱、游览性差。

航空运输是旅行速度最快的现代旅游交通方式，符合旅游者“旅速游慢”的基本要求，在长距离旅游和国际旅游中占有绝对地位，有无航空条件是能否开展大规模国际旅游业的前提。现代旅游航空运输主流机型——喷气式客机，采用仿生学流线型外形设计，飞行平稳，乘坐舒适，客舱宽敞，服务水准高，满足旅游者物质和精神上的双重享受。但民用机场一般坐落在城市远郊，严重依赖机场巴士等地面衔接交通工具，且机场建设需要有良好的用地条件，海岛和高原地区修建不易，故其灵活性较差，在短距离运输方面也难以发挥速度优势。

3. 公路

公路运输以汽车站为客运站场，以汽车为客运工具，以公路为客运线路，主要从事200公里以内的短距离运输活动，如市内旅游客运、景点观光和汽车越野专项旅游等。作为最受欢迎的短途运输方式，其运输优势表现为灵活方便、便于游览，且能深入到旅游景区的各个角落，把旅游者直接送到目的地，实现"门到门"的运输服务。而且公路建设投资少、占地少、施工期短，见效快，其路网具有密度大、站点覆盖面广、客运班次频繁等特点，可帮助旅游者达到高效省时的要求。它的劣势主要是速度慢、运距短、安全系数低、易受气候影响等。

统计显示，世界上50%以上的国际旅游者、发达国家80%左右的国内旅游者乘坐汽车出游。近年来租车旅游和自驾车旅游逐步盛行，旅游者可以自行确定旅行时间和线路，根据需要随时停车游览，用餐和休息安排灵活机动，颇受近距离旅游者的热捧。

4. 水路

水路运输以港口为客运站场，以船舶为客运工具，以水上航道为客运线路，主要从事水上游览和中距离旅游运输活动，如远洋巡游和内河客运等，约承担世界上8%的国际旅游交通运输量。旅游水运交通方式主要包括两种基本类型——水上客运和水上游览。前者以运送旅游者为主要功能，运输优势是运载量大、能耗少、价格低廉，劣势是速度慢、舒适性差，且对水路宽窄及水深等要求较多，易受风速、霜雾、冰冻等气候条件的影响而导致停航；后者以观光、度假为主要功能，优势表现为豪华舒适、安逸浪漫，劣势主要是速度慢、价格昂贵，同样易受水路条件及气候因素的制约。

现代远洋游船和内河豪华游船在很大程度上已超越了水运传统意义上的单一客运功能，成为集行、食、住、游、购、娱等多功能为一体的豪华旅游项目。例如，美国荷美航运公司旗下的6艘豪华游船，载客量一般为1200人，平均每2位游客配备1名服务员，服务十分周到。船上有甲板观景台、夜总会、健身房、温泉浴室、游泳池、音乐酒吧间、赌场、图书馆、电脑工作间和免税商店等，设施极为奢华、齐备。据统计，1991年世界游船旅游者中有50%以上为回头客，这表明游船旅游的豪华性与舒适性对旅游者具有极大的吸引力。

现代水陆交通发展将朝着两个方向发展：一是提高速度，克服自身的不利条件；二是努力打造旅游专用的游船或是游轮，可以利用浓郁的地方特色或水域风光，沿途开展多项文娱活动，增强旅游者游兴，也可以利用游轮体积大的特点，根据旅游者需求的不同档次增设或完善多种设施设备，使之成为一项旅游活动而不仅是旅游交通工具。

（二）特种旅游交通

近年来，一些适用于平地、山地、水域或一些复杂地形区且能提高旅游者游兴的特种旅游交通方式在世界各地悄然兴起，发展迅速。它们具有较强的地域文化内涵，游览娱乐性较强，在客运站场、客运工具、客运路线等方面无统一固定的要求和模式。特种旅游交通不仅能在一定程度上承担普通交通工具的功能，帮助旅游者进行空间位移，还能作为旅游项目加以开发，更好地吸引游客。特种旅游交通主要分为传统旅游特色交通和现代旅游特色交通两大类。

1. 传统旅游特种交通

传统旅游特种交通主要是指那些历史流传下来的以畜力、人力或是其他一些较为原始的动力为主的交通工具。这些交通工具往往带有独特的历史遗迹和浓厚的地方特色，能够满足旅游者的某些特殊需要。以人力为主要动力的交通工具包括：老北京胡同里穿梭的人力车、辅助老弱病残幼游览登高的滑竿、体验民俗风情的“大花轿”等；以畜力为主要动力的交通工具包括：草原上漫步的马匹、沙漠上行走的骆驼等；其他传统旅游特种交通还包括：西南山地较普遍的溜索、西北地区水域地带使用的羊皮筏和西南地区水域中使用的竹筏等。

2. 现代旅游特种交通

现代旅游特种交通不同于传统的旅游交通，前者更多的是运用现代科技手段或动力系统，而后者则主要以畜力或人力为主，且使用年代久远。现代旅游特种交通的方式也有很多，如以节省体力、节约时间等为主要目的的景区内观光缆车和索道，以运动娱乐或锻炼健身为目的的帆船和游艇，以追求刺激和探险为目的的热气球和滑翔伞，以生态环保或自由自在为目的的单双人甚至是多人自行车等。

（三）各类旅游交通的比较

旅游交通方式多种多样，旅游者在进行选择时，主要依据其快捷性、游览性、灵活度、便捷性、费用高低和舒适程度等方面加以判断。本书参考崔莉、杜学（2007）对铁路、航空、公路和水路交通的优劣势所做的比较分析，结合特种旅游交通的特点，对各类旅游交通方式在运距、运速、运价、舒适性、游览性和灵活性等方面进行横向对比，详见表 9-1。

表 9-1　各种旅游交通方式的优劣势比较

交通方式		运距	运速	运价	舒适性	游览性	灵活性
铁路		中	中	中	良	中	良
航空		长	高	高	优	差	中
公路		短	低	低	中	良	优
水路	一般	中	低	低	差	良	中
	远洋游船	长	低	高	优	优	差
特种旅游交通	传统	短	低	中	低	优	优
	现代	短	中	中	中	优	中

三、旅游者对交通方式的选择

旅游者在选择交通方式的时候，一方面会考虑各类交通方式的自身特点，考虑其经济性、及时性、灵活性、舒适性、方便性、快捷性及安全程度；另一方面还会从旅游目的地的客观条件以及旅游者个人条件出发，对旅游交通方式加以慎重选择。

（一）旅游目的地的客观条件

旅游目的地的特点主要指旅游目的地与客源地的距离远近、旅游目的地的通达性等，它们直接关系到旅游者对出行方式的选择。一般而言，旅游目的地与客源地的距离越远，旅游者选择火车、飞机等远途交通工具的可能性就越大；反之，公路运输以及特种旅游交通运输可能成为旅游者的首选。对于旅游目的地通达性较为优良的地区，旅游者对交通工具和方式的选择余度也较大，他们可以根据自己的实际需要和偏好进行选择；反之，则受控面较多。

(二)旅游者个人条件

这里指影响旅游者旅游交通方式选择的主体因素,如旅游者闲暇时间的多寡、健康状况、经济条件、生活习惯等。

1. 闲暇时间

闲暇时间是旅游活动之所以成行所必不可少的要素,它决定着此次出行旅游所能够持续的时间长短,而大多旅游者本着"旅短游长"的心理势必要求在这有限的时间内尽量缩短途中时间。因此,"闲少钱多"一族将更多地选择航空等运速快的交通工具,而"闲多钱少"一族可能会选择火车、轮船等运速中等但经济型的交通方式。

2. 收入水平

旅游者的收入水平决定着其可自由支配的收入,当价格或费用发生变化时,旅游者会对交通工具做出不同的选择。家庭收入高、可自由支配收入多的旅游者,一般会选择舒适、快捷的旅游交通工具;反之,则会选择较为经济的交通方式。如乘豪华游艇漫游,对绝大多数刚刚步入工作岗位的青年旅游者来说难以考虑。

3. 健康状况

旅游活动是一项愉悦身心的活动,但也需要一定的身体条件与之适应,不同类型的旅游交通方式对旅游者的健康状况也有相应的要求。如相关部门列出了不易乘坐航空交通的人群:传染性疾病患者、精神病患者、心血管疾病患者、脑血管病人、呼吸系统疾病患者、做过胃肠手术的病人、严重贫血的病人、耳鼻疾病患者、临近产期的孕妇。一般而言,身体条件欠佳的旅游者最好选择舒适平稳的交通方式,也可以借助交通工具来减轻旅行的疲劳,如登高爬山时可乘坐滑竿或缆车以节省体力。

4. 生活习惯

尽管旅游活动不同于人们的日常生活,但生活习惯的差异还是会在很大程度上影响他们对旅游方式(包括出行交通)的选择。如一个在生活上追求享受、安逸的旅游者,倾向于选择舒适型的旅游交通方式;而对于一个生活节俭型的旅游者来说,价位的高低成为了衡量的主要标准,运速、舒适性等其他因素则退而求其次。

5. 旅游经验

对旅游经验较为丰富的旅游者来说,如果某种交通工具在其看来是最好的旅行方式,那么这种交通工具往往会再次成为他们选择的方式。

四、旅游交通的布局

交通运输布局,即铁路、公路、水运、航空及特种交通等各种交通运输方式的交通线和运输设施的布局。各种交通运输方式应根据其技术经济特点,因地制宜地协调发展,并组成各级、各部门和综合的交通网络。交通运输的各个环节应从整体出发,有机结合、相互贯通。

(一)旅游交通布局的原则

1. 适应性原则

这是指要求旅游交通布局不仅要与旅游产业的发展相适应,要与旅游客流量、流向、流时相适应,而且还要与旅游者的需求相适应。

旅游交通是旅游产业的重要组成部分,这一属性决定了旅游交通必须与旅游产业的发展相适应。其服务对象为旅游者,主要功能是为旅游者提供客源地往返旅游中心城市、旅游中心城市往返各景区以及各景区内的空间位移,因此它必须对近期、中远期的客流数量和客流方向进行周密调查和正确预测,使之与旅游客流量和流向相适应。同时,旅游活动的季节性要求旅游交通的布局要结合当地旅游流时的特点,以满足旅游者对旅游交通运力的要求。

此外,旅游交通布局要考虑到游客的需要,遵循"便利、高效、快速、安全、舒适、经济"十二字方针,即达到"一短"(旅途时间短)"一长"(旅游时间长)、"一多"(景点变化多)、"一少"(重复路线少)、"一高"(经济效率高)、"一低"(旅游费用低)的十二字要求。

2. 网络化原则

这是指针对旅游景区所在位置及资源特色,科学合理地布局道路交通路线,灵活采取公路、铁路、水路、航空等不同的交通方式,形成综合的旅游交通网,将各景区紧密结合起来。随着旅游交通市场细分程度的加深,旅游需求越发丰富,旅游者往往根据个人条件以及各类交通方式的运速、运距、价格、舒适性、游览性、灵活性等综合优势来决定旅行方式。因此,各地应根据实际情况,采用多种交通方式,才能有效拓宽市场、增加需求。同时,旅游者希望通过旅游交通路线的合理布局,使得散落各处的多个景区相互连接,形成区域旅游线路群或区域旅游线路网络,打造一个完整的体验空间。

3. 可持续性原则

这是指旅游交通布局要尽量少占良田及土地,并要与旅游区、旅游城市的建设规划相结合。旅游交通的发展不可避免地会对区域环境产生一些不良的影响,如占用土地、大气污染、噪声、破坏旅游资源和景观等,如果不加以注意,轻则破坏旅游资源和景观,导致游客不悦,重则危害生物的生存环境,影响游客和当地居民的健康,导致整个区域生态环境的破坏。因此,必须坚持保护环境,坚持可持续性原则。具体体现在:尽量利用现有道路网络,慎重规划旅游线路,努力减少对土地资源的占用以及对环境景观的破坏;尽量引用无污染或低能耗的交通工具,改善燃油结构和汽车排气系统,将环境污染降低到最小限度,促进当地旅游业的可持续发展。

4. 因地制宜原则

这是指各种旅游交通线路、车站、港口、码头、机场及其他枢纽等设施的建设,都要因地制宜,根据实际需要来进行。首先,在交通运输方式的选择上,自然条件对铁路、水运、公路、航空等交通运输方式的发展都有影响,特别是水运和陆运方式的选择基本取决于自然条件。例如,在沿海地区和具有一定流量、水深的河道才能发展水运;在地震活动地段、断裂破碎带、冻土沼泽地区不宜修建铁路和港口;在某些运量不大的高山峻岭地区宜选取公路汽车运输。其次,在选线和港、站、机场选址上,如铁路、公路线一般多沿河谷修建,冲积阶地、低平缓丘、平原地区是适宜的选线地段;而在中高山地区、黄土高原、沙漠冻土地区则需要从保证路基稳定和行车安全方面考虑选线并采取必要措施;对地质严重不良地段应设法绕避或从病害最轻微的地段穿过。水位、水文不仅影响陆路交通线的位置和高度、桥涵建筑物的设置还影响港址选择和码头位置、规模;海岸的地貌水文特点及岸流、波浪、潮汐对海港、码头、港湾选址有重大影响;气流状况对开辟航空线路有较大影响;机场用地既要求平坦,又要求一定坡度以保证排水。再次,在交通线的标准、投资以及运营规模上,铁路、公路为达到一定的运行速度、运输能力和运行安全,需达到一定的技术标准(线路的坡度、弯道、承载能力)。海拔高度、地面或河床坡度、地形起伏、地段或河道的水文地质以及各地施工条件不同,对铁路、公路、内河航道的技术标准选定、工程量、投资、运输能力、运营支出以及能源消耗等有很大影响。

此外，旅游交通是一个资源、技术密集型产业，基础设施投资大，回收周期长，因此必须注重投入产出的科学性，根据实际需要来进行建设，促进旅游交通经济上的可持续发展和良性循环。

5.适度超前原则

这是指旅游交通布局应适度高于旅游业的发展速度，为当地旅游业的持续发展奠定必不可少的交通基础。道路交通设施的建设往往需要较长的周期和较大的资金投入，而旅游业一旦发展起来，则会对旅游地包括旅游交通设施在内的各种旅游基础设施提出极大的需求。如果旅游交通布局不能适应旅游业的发展，将会成为"瓶颈"，制约当地旅游业的稳步发展。因此，应采取适当超前于旅游业发展的战略，为当前和未来旅游的良性发展铺好路。

(二)旅游交通运输网的布局

任何一个旅游地的开发与兴起都需要一个完善的旅游交通网络与之相匹配，使之更好地满足旅游者的需要，满足地方旅游业发展的需要。在对该网络进行布局设计时，一方面要着眼于它与主要客源地的距离远近、旅游者愿意支付的交通费用以及可以接受的运速大小，另一方面也要考虑旅游交通的舒适性、游览性和灵活性等，因为它们在旅游者选择交通方式时占据着越来越重要的位置。

崔丽和杜学(2007)建立了一个市场分级与旅游交通方式、距离远近、速度和价格的旅游交通分工表(见表9-2)。旅游交通运输一级市场由短距离、中距离、远距离三个二级细分市场组成。每一个二级市场又可根据运输速度细分为低速、中速、高速三个三级市场。每一个三级市场又可根据运输价格细分为低档、中档、高档三个四级市场。在二级市场，公路和特种交通方式占据短距离细分市场的主导地位，铁路和水运占据中距离细分市场的主导地位，航空和远洋游船交通方式则占据远距离细分市场的主导地位。在三级市场，公路、水运、特种传统交通方式主导低速细分市场，铁路主导中速细分市场，航空、特种高科技交通方式主导高速细分市场。在四级市场，公路、水运、特种传统交通方式主导低档细分市场，铁路主导中档细分市场，航空、游船和特种高科技交通方式主导高档细分市场。

表9-2 旅游交通产业内部分工结构

	市场特征	主导交通方式	市场特征	主导交通方式	市场特征	主导交通方式
一级市场	整体市场	公路，铁路，航空，水运，特种交通方式				
二级市场	短距离	公路，特种交通方式	中距离	铁路，水运	远距离	航空，远洋游船
三级市场	低速短距离	特种传统方式	低速中距离	水运	低速远距离	远洋游船
	中速短距离	公路	中速中距离	铁路	中速远距离	铁路
	高速短距离	地铁，特种现代方式	高速中距离	航空	高速远距离	航空

续表

	市场特征	主导交通方式	市场特征	主导交通方式	市场特征	主导交通方式
四级市场	低档低速短距离	特种传统方式(如自行车)	低档低速中距离	水运(如普通水上客运)	低档低速远距离	公路(如长途客运)
	中档低速短距离	特种传统方式(如游览索道)	中档低速中距离	公路(如长途旅游汽车)	中档低速远距离	水运(如远洋客运)
	高档低速短距离		高档低速中距离	水运(如内河游船)	高档低速远距离	水运(如远洋游船)
	低档中速短距离	公路(如公共汽车)	低档中速中距离	铁路(如普通旅客列车)	低档中速远距离	铁路(如普通列车)
	中档中速短距离	公路(如旅游汽车)	中档中速中距离	铁路(如旅游列车)	中档中速远距离	铁路(如旅游列车)
	高档中速短距离	铁路(如旅游列车)	高档中速中距离	航空(如直升机游览飞行)	高档中速远距离	铁路(如高速列车)
	低档高速短距离	铁路(如地铁)	低档高速中距离		低档高速远距离	
	中档高速短距离	铁路(如高速列车)	中档高速中距离	铁路(如高速列车)	中档高速远距离	航空(如民航班机)
	高档高速短距离	特种现代方式(如磁悬浮列车)	高档高速中距离	航空(如民航班机头等舱)	高档高速远距离	航空(如旅游包机)

第二节 旅游接待设施规划

旅游接待设施是旅游目的地旅行游览接待服务设施的总称。可以将设施项目按其功能与行为习惯,统一归纳为8种类型,即旅行、游览、餐饮、住宿、购物、娱乐、保健和其他。旅行设施指旅行过程中所必需的交通通信设施;游览设施指游览所必需的导游、休憩、咨询、环卫、保健、救护、医疗、休疗养、度假等设施;将一些难以归类、不便归类和演化的项目合并成一类,称为其他类。

旅游接待设施配置应依据旅游景区的性质与功能,游人规模与结构,以及用地、淡水、环境等条件,配备相应种类、级别、规模的设施项目。而旅游服务设施配备的原则是与需求相对应,既满足游客的多层次需要,也适应设施自身管理的要求,并考虑必要的弹性或利用系数,合理协调地配备相应类型、相应级别、相应规模的服务设施。

一、旅馆等级和床位规划

住宿床位反映着旅游景区的性质和游程,影响着旅游景区的结构和基础工程及配套管理设施,因而,是一种标志性的重要调节控制指标。必须严格限定其规模和标准,应做到定性质、定数量、定位置、定用地面积或范围。

而住宿设施的建设规划一般要考虑三个方面的问题:一是根据游客规模的预测,确定旅馆床位数;二是从旅游目的地布局的角度,研究旅馆的位置、等级、风格、密度、面积等;三是考虑未来扩建的可能性。

旅馆是旅游景区住宿设施的重要组成部分,除旅馆外旅游景区还可以设置临时性住宿设施,如野营帐篷、竹楼、木楼、简易棚房等,还可以包括辅助住宿设施,如乡村农舍。这些设施在旅游旺季时可以作为旅馆的有效补充,提高住宿接待能力。

(一)旅馆的功能分类、等级

据统计,在一次旅游活动中,旅游者有1/3到1/2的时间是在旅馆中度过的。旅馆除了提供基本的住宿和膳食服务外,还可向旅行者提供健身、娱乐等服务项目。在游客的消费支出中,用于食、宿、娱乐的比例很高,约占总支出的一半左右。在这种情况下,游客对旅游中食宿的价格、实用性、舒适性、旅馆的建造风格及各种配套设施都有着强烈的要求。同时,旅馆的建设在旅游目的地投资中也要占相当大的比例。

1. 功能分类

一个有特色的旅馆除了具有住宿、餐饮的一般功能外,还具有多种专门的功能。

- 商务功能　旅馆通过设立专门的商务中心,为游客提供各种方便快捷的服务,如传真、国际直拨电话、互联网、文件处理等。商务性饭店可以在客房中配备齐全的商务设施,包括传真机、2条以上的电话线、互联网接口等,为商务游客提供工作便利。
- 度假功能　主要为旅游度假的游客提供服务。它注重为游客营造旅游活动中的家庭气氛,设施要求宽松舒适,并配备齐全的康乐设施。
- 会议功能　主要为各种商业展览、贸易洽谈、科学讲座和新闻发布等活动提供食宿和有关的设施及功能服务。旅馆内设置各类大小、规格不等的会议室、谈判间、演讲厅、展览厅等,并配备专业人员服务。
- 家居功能　指为那些专门为居住期较长的(几个月、半年甚至超过一年)长住游客提供家庭式服务的旅馆。

2. 旅馆等级

旅游饭店能够以夜为时间单位向旅游客人提供配有餐饮及相关服务的住宿设施,按不同习惯它也被称为宾馆、酒店、旅馆、旅社、宾舍、度假村、俱乐部、大厦、中心等。旅游饭店的分级是以大厦或其他建筑物为凭借,通过为游客提供住宿或住宿餐饮等多种综合服务项目,使游客的旅居成为可能的一种场所。旅游饭店的等级是按照设备、建筑材料、造价、服务人员、房间的比例以及所在地点的管理服务水平等因素来划分的。国际上按照饭店的建筑规模、设备水平、舒适程度形成了比较统一的标准,通行的旅游饭店分为五等,星级用星的数量和设色表示旅游饭店的等级。星级分为五个等级,通常用"星"的数目来表示旅游饭店的等级,即一星级、二星级、三星级、四星级、五星级(含白金五星级)。最低为一星级,最高为白金五星级。星级越高,表示旅游饭店的档次越高。

下面介绍星级旅馆的标准。

一星:设备简单,具备食、宿两个基本功能,能满足客人最基本的旅游要求,属于经济等级,所提供的服务符合经济能力较低的游客需要。标准客房平均建筑面积50m^2,宾馆的标准间客房的净面积小于15m^2。

二星:设备一般,除具有客房、餐厅基本设备外,还有卖品部、邮电、理发等综合服务设施，可满足中下等收入水平的游客需要。标准客房平均建筑面积 48～56m^2，宾馆的标准间客房的净面积 15～18m^2。

三星：设备齐全，不仅提供食宿，还有会议室、游艺厅，满足中产阶级以上游客需要。标准客房平均建筑面积 60～72m^2，宾馆的标准间客房的净面积 18～20m^2。

四星：设备豪华，综合服务设施齐全，服务项目多，客人不仅能得到高级的物质享受，也能得到很好的精神享受。标准客房平均建筑面积 74～80m^2，宾馆的标准间客房的净面积 21～23m^2。

五星：设备十分豪华，服务设施齐全，服务质量很高，是游客进行社交、会议、娱乐、购物、消遣、保健等活动中心，收费标准高。标准客房平均建筑面积 80～100m^2，宾馆的标准间客房的净面积 23～25m^2。

我国宾馆的类型有：

- 国宾馆　接待国家元首。
- 高级宾馆　接待外国政府、民间代表团等。
- 普通宾馆　接待自费的外国游人。
- 高级旅馆　高级对内接待。
- 普通旅馆　一般对内接待，或称社会接待、简易接待。

（二）旅馆的床位预测以及季节波动

旅馆餐饮及旅游床位是旅游目的地旅游业规模大小的主要标志，也是取得经济收入的主要来源。有几种预测所需旅馆床位的方法。

1. 以全年住宿总人数来求所需床位

$$C = \frac{Rn}{TK} = \frac{\frac{Rn}{T}}{K}$$

式中：C— 住宿游人床位需要数；

R— 全年住宿游人总数；

n— 游客平均停留天数；

T— 旅游目的地全年可游的天数；

K— 全年床位平均利用率。

注：Rn 代表全年住宿需求床位的总量；Rn/T 代表了平均每天住宿需求床位数，其占应建设床位数量的比例为 K。

2. 以每天平均客流量床位数

$$C = \frac{R(1-r)n}{TK}$$

式中：C— 每天平均停留客数对床位的需求；

R— 客流量（可以是年客流量或季度客流量）；

r — 不住游客占游客总数的比例；

n — 游客平均停留天数；

T— 日历天数（即一年中旅游景区开放的天数，或某一季度旅游景区开发的天数）；

K— 床位年平均出租率。

注：$R(1-r)$ 代表住宿人数；$R(1-r)n$ 代表住宿总量；$R(1-r)n/T$ 代表了全年实际的住宿床位，其占的比例为 K。

例：某风景区2003年平季、淡季、旺季可能接待人次如表9-3所示，平季共2个月，游览日历天数为60天；淡季共5个月，游览日历天数为150；旺季共5个月150天。床位的平均出租率为0.75，游客平均停留天数为2天，不入住游客占游客的比例为0.2，求全年对床位平均需求量。

表9-3 某景区旅游接待人次 单位：万人次

淡季(月)					平季(月)		旺季(月)				
1	2	3	11	12	6	9	4	5	7	8	10
1.894	2.790	4.790	14.136	9.387	16.396	17.595	19.703	27.484	32.274	31.584	23.906

解：根据公式 $C = R(1-r)n/T \cdot K$ 取 $r = 0.2$，$n = 2$，$K = 0.75$，$T = 150$ 天，则，按淡季算所需床位为：

$$C = (1.894+2.790+4.790+14.136+9.387)\times(1-0.2)\times 2\times 10000/150/0.75 = 4664(\text{张床位})$$

按平季两个月60天计算为：

$$C = (16.396+17.595)\times(1-0.2)\times 2\times 10000/60/0.75 = 12079(\text{张床位})$$

按旺季5个月150天计算为：

$$C = (19.703+27.484+32.274+31.584+23.906)\times(1-0.2)\times 2 \times 10000/150/0.75 = 19193(\text{张床位})$$

全年平均月接待人次为16.81万人次，以日历天数为30天来计算月平均床位：

$$C = 16.81\times(1-0.2)\times 2\times 10000/30/0.75 = 11954(\text{张床位})$$

分析比较四种计算结果，以平季或全年每天平均床位需求量安排旅游床位较为合理。

3. 以现状高峰日留宿人数求所需床位

$$C = R_0 + Y \cdot N$$

式中：C— 所需床位数；

R_0— 现状高峰日留宿人数；

Y— 每年平均增长数，由历年增长率统计进行估计；

N— 规划年数。

本式在缺乏必要的数据情况下可以采用，以用于初步规划时的匡算。

4. 以各月游客量的平均值计算床位

$$C = (\overline{X} + \delta)N$$

式中：C— 估计的床位数(同理需考虑床位利用率 K)；

N— 游人平均住宿天数；

$\overline{X} = (X_1 + X_2 + X_3)/n$，其中 $X_1, X_2, \cdots, X_n$ 为每月游客数，n 为游览的月数；

δ— 各月游人量的均方差，

$$\delta = \sqrt{\frac{\sum (X - X_i)^2}{n}} = \sqrt{\frac{(X-X_1)^2 + (X-X_2)^2 + (X-X_n)^2}{n}}$$

当 $\delta = 0$ 时，则 $C = (\overline{X} + \delta)N$ 式变为

$$C = \overline{X} \cdot N$$

当对 $C = (\overline{X} + \delta)N$ 考虑床位出租率时，则

$$C=\frac{(\overline{X}+\delta)N}{K}$$

此式适用于在全年各月游人量分布不均匀的情况下使用。

在式 $C=(\overline{X}+\delta)N/K$ 中，当 $\delta=0$ 时，则

$$C=\frac{\overline{X}\cdot N}{K}$$

此式适用于在全年各月游人量分布较均匀的情况下使用。

5.用优选法原理，求床位数的合理区间

华山日客流量差别很大，高峰时游人为 8500 人/日，淡季时只有 200 人/日，相差 40 倍之多。现以日平均客流量为 800 人/日为下限，以 8500 人/日为上限，住宿率为 K，计算床位的结果：

$$B_1=800K$$

$$B_2=8500K$$

$$B_3=(8500-600)\times 0.618\ K=4882\ K$$

$$B_4=(8500-600)\times 0.328\ K=4882\ K$$

然后用规划原则比较上述四种结果，认为第三、四式用优选法原理计算的床位数是合理的区间。偏上限则接待弹性增大，偏下限则经济性更明显。

6.以游人总数求旅游床位

$$C=\frac{TPL}{SNO}$$

式中：C— 平均每夜客房需求数；

T— 游人总数；

P— 住宿游人占游人总数的百分比；

L— 平均逗留时间；

S— 每年旅馆营业天数；

N— 每个客房平均住宿数，即用任何一阶段时间内的游人数除以游人留宿夜数；

O— 所用旅馆客房住宿率。

上面介绍的几种计算床位的公式，在应用中应根据具体情况选择。

(三)旅馆用地计算

1.旅馆区总面积的计算

$$S=nP$$

式中：S— 旅馆区总面积；

n— 床位数；

P— 旅馆区用地指数，$P=120\sim 200\text{m}^2$/床。

2.旅馆与公寓面积指标

关于旅馆面积指标和旅游公寓面积的指标见表 9-4、表 9-5。

表 9-4 各类旅馆各部分房间面积指标 (单位：m^2)

类　别	五　星	四　星	三　星	二　星
客房部分	46	41	39	34
公共部分	4	4	3	2

续表

类　别	五　星	四　星	三　星	二　星
饮食部分	11	10	9	7
行政部分	9	9	8	6
工程机房	9	8	7	4
其　他	2	1	0	0
备用面积	5	5	4	1
总面积	86	76～80	68～72	54～56

资源来源:GB/T 1891－2003　附录 A。

表 9-5　旅游公寓面积指标

设施类型及面积	两用卧室		一间卧室		两间卧室		三间卧室	
	最小	一般	最小	一般	最小	一般	最小	一般
床位(床)	2～3	3～4	5～6	7～8				
起居室净面积(m^2)	14	20	14	20	16	24	18	30
厨房净面积(m^2)	2	2	2	3	4	5	5	6
卫生间净面积(m^2)	3	4	3	5	4	7	5	6
卧室净面积(m^2)			8	9	8	10	8	10
					8	9	8	9
							7	8
过道与橱柜净面积(m^2)	2	4	5	8	8	11	12	15
总净面积(m^2)	21	30	32	45	48	66	63	84
总毛面积(m^2)	27	39	41	58	62	86	82	112

资料来源:GB/T 18971－2003 附录 A

3.停车场

对于旅游景区而言,凡是有车位可达的,需要开辟停车场。国外一般标准,旅馆每 2～4 个房间要求一个汽车空位。我国可以根据私人汽车拥有量以及景区级别,对停车场地进行增减。

其所需的面积可用下列公式计算:

$$A=\frac{RGMN}{C}$$

式中:A— 停车场面积(m^2);

R— 高峰游人数(人);

G— 各类车单位规模(m^2/ 辆);

M— 乘车率(%);

N— 停车场利用率(%);

C— 每台车容纳的人数(人)。

乘车率和停车场利用率均可取 80%。各类车的单位规模见表 9-6。

表 9-6 各类车的单位规模

车的类型	小汽车(2人)	小旅行车(10人)	大客车(30人)	特大客车(45人)
单位规模(m^2/辆)	17～23	24～32	27～36	70～100

资料来自:杨赉丽.城市园林绿地规划(第二版)[M].中国林业出版社,2006.

二、餐饮服务规划

在旅游区内,餐饮业是一个重要的组成部分。

餐饮业的接待能力与餐饮提供服务的方式有关,如快餐店由于人们就餐速度快,则可以多接待一些人;在咖啡馆的客人就餐时间长,每日接待客人的总数就要少一些。一般情况下,餐饮接待能力取决于营业总面积、人均就餐所需面积、营业时间、人均就餐所需时间等因素,有时也受到原材料供给的影响。

(一)餐饮服务设施的类型

1.独立经营型的餐饮服务设施

独立经营型餐饮服务设施一般建筑在旅游起点的接待区、旅游路线的中间地带及游览区几个部位,其规划设计的特点是:

(1)布局和服务功能要考虑旅游行为,在起始点准备、顺路小憩、中途补充、活动中心、歇脚远望等处,都是游客要进餐的地方,应安排餐饮供应;

(2)餐饮点作为旅游目的地景观的组成部分,建筑设计上要体现特色,同时又可作为良好的观景场所;

(3)使用的多功能,如一天中的用餐时间可作餐厅,其他时间作茶水、冷、热饮的提供点,还可举行文娱活动。通过不同时间段的多样化经营,有效地满足了游人的不同需求,减少了设施的闲置。

2.旅馆附属型餐饮设施

许多旅馆的餐饮业务的收入占到整个旅馆总收入的50%以上,因此旅馆在建设之初就非常重视各类餐饮业态的设置,如在旅馆内设置酒吧、咖啡厅、音乐茶座等。

一般旅馆的住宿面积和餐饮面积有一定的经验关系,表9-7所示为美国几个大旅馆所设餐饮服务项目及面积定额。

表 9-7 美国几个大旅馆所设饮食服务项目及面积定额

项目	定额(m^2/人)	300间客房		500间客房		1000间客房	
		单位(人)	餐饮面积(m^2)	单位(人)	餐饮面积(m^2)	单位(人)	餐饮面积(m^2)
咖啡馆	1.6	120	192	200	300	300	480
餐馆	1.8	120	216	150	270	250	450
西餐厅	2.2	—	—	—	—	150	33
风味餐厅	2.0	80	160	80	160	2×80	320
小餐厅	2.0	—	—	2×30	120	8×30	180
屋顶餐厅	2.0	—	—	120	240	—	—

续表

项　目	定额 (m^2/人)	300间客房		500间客房		1000间客房	
		单位（人）	餐饮面积 (m^2)	单位（人）	餐饮面积 (m^2)	单位（人）	餐饮面积 (m^2)
夜总会(可跳舞)	2.2	—	—	—	—	250	550
门厅酒吧	1.4	40	56	60	84	80	112
鸡尾酒吧	1.4	80	112	100	140	160	224
风味酒吧	1.4	—	—	—	—	40	56
快餐酒吧	1.6	30	48	40	64	80	128
游泳池酒吧	1.4	—	—	12	17	12	17
衣帽间	0.07	320	23	610	42	1200	84
公共卫生间	5.4/格	8格	43	12格	65	12格	130
净面积			850		1522		3061
×20%			170		304		612
设计面积			1020		1830		3670

资料来源：丁文魁编. 风景科学导论[M]. 上海：上海科技教育出版社，1993.

（二）餐位计算

餐位必须针对游客需求量最高的一餐（中餐或晚餐）来计算，并以餐位数来表达。

$$餐位数=\frac{(游客日平均数+日游客不均匀分布的均方差)\times 需求指数}{周转率\times 利用率}$$

三、商业设施规划

旅游区内商业服务设施的建筑面积，建议在区内接待总床位数的基础上，按0.4～0.6 m^2/床的指标做估算，并按照总床位数分设若干个各类服务点，具体如表9-8所示。

表9-8　商业、饮食业设施的分项配置指标

设施类型	区内接待总床数与设施数量					
	1千床	2千床	4千床	7千床	12千床	20千床
百货、食品类	1	2	4	7	13	20
综合类[a]	2	3	5	8	12	20
器材类[b]	2	5	10	20	35	50
服务类[c]	1	2	4	7	12	30
旅游咨询及车辆出租站		P	1	1～2	2	2～3
银行			1	1	2	2
房地产所			1	2	2～3	3
总计	6	12	26	47	75	123

注：1. 假设旅馆最低出租率为50%。

2. P表示可以设置。

a. 包括药品、书报、烟草、花木、工艺品、礼品。

b. 包括体育物品、摄像用品、本地产品、家具及时装。

c. 包括饮食、理发、洗衣、加油、汽车修理、室内。

资料来源：GB/T 18971—2003 附录A。

四、娱乐设施规划

文娱性建筑的总建筑面积，建议按 0.1～0.2 m^2/床的指标估算，文娱设施的项目除了表 9-9 中所列之外，还可以根据旅游区的具体情况设置植物园、展览及游乐性建筑、动物园等。

表 9-9　文娱设施的分项配置指标

设施类型	区内接待总床数与设施数量					
	1 千床	2 千床	4 千床	7 千床	12 千床	20 千床
电影院 300～600 座			1	1	1	2
多功能厅 200～1000 m^2					1	1
露天影剧场 500 m^2		1	1	1	1	1
图书阅览 150～500 m^2			P	P	1	1
青年中心			P	1	1	1
夜总会、舞厅 150～200 m^2				1～2	2～3	3～4

注1. 若旅游区有扩大可能，则可以设施。

2. P 表示可以设置。

资料来源：GB/T 18971—2003 附录 A

五、体育设施规划

户外体育活动场地的总面积可按 5～8m^2/床的指标进行估算，而游乐性建筑的面积可按 0.2m^2/床的指标进行估算。旅游区体育活动内容除了表 9-10 所列之外，还可根据本身的条件组织其他活动，如登山、野外考察、海底欣赏、冲浪等。

表 9-10　体育设施的分项配置指标

设施类型	区内接待总床数与设施数量					
	1 千床	2 千床	4 千床	7 千床	12 千床	20 千床
活动场 2000 m^2	1	2	4	6	10	16
篮、排球场 800 m^2			1	1	2	4
网球场	P	1～4	2～8	4～10	6～12	8～20
室内网球 25×40m^2						
体育厅 250～1000 m^2		P	P	1	1	1
室内游泳池 500～2500 m^2		1	1	1	1	1～2
跑马中心			P	1	1	1
马数(匹)				10	15	25
小型高尔夫球场 5000 m^2		P	P	1	2	3

注：P 表示可以设置。

资料来源：GB/T 18971—2003 附录 A。

六、旅游辅助设施规划管理

旅游辅助设施是指与旅游活动关系密切的基础设施类，如购物商店、加油站、洗染店等，其作用是方便和吸引游客，增加游客在旅游区的滞留时间和旅游消费。这些产业设施一般规模小，布局也很分散，但又事关旅游区的形象，因此在规划布局上可考虑分区设置，确定设施标准。根据旅游区的交通条件、客源市场条件，达到方便实用即可。

旅游区内管理、医疗等设施的总建筑面积可按 0.2m^2/床的指标进行估算(见表 9-11)。

表 9-11 管理、医疗等设施的分项配置指标

设施类型	区内接待总床数与设施数量					
	1 千床	2 千床	4 千床	7 千床	12 千床	20 千床
行政管理中心			P			
旅游咨询服务		P				
邮电所	P					
消防队		P				
派出所(季节性)			P	P		
维修站						
医疗诊所(m^2)	P	100	200	400	1000	2000
托幼服务		P				
托儿所(m^2)	P	100	150	250	450	500
内科医务人员(人)			1	1～2	2～6	2～10
牙科医生(人)				P	1	1
按摩医生(人)			P	1	1	1
药剂师(人)		P	1	1	1～2	2～3
其他医务人员(人)		1	2	3	5	5

注：1. 维修站包括道路、庭园、废物处理、扫雪等。

2. P 表示可以考虑设置。

第三节 旅游目的地服务基地的规划与建设

旅游服务设施要发挥应有的效能，就要有相应的级配结构和合理的单元组织及其布局，并能与旅游游憩和居民社会两个职能系统相互协调。旅游服务设施布局应采用相对集中与适当分散相结合的原则，应方便游人，利于发挥设施效益，便于经营管理，减少干扰。应依据设施内容、规模大小、等级标准、用地条件和景观结构等，分别组成服务部、旅游点、旅游村、旅游镇、旅游城、旅游市 6 级旅游服务设施，并提出相应的基础工程原则和要求。

一、旅游服务基地选择的原则

(1)旅游景区中旅游服务基地的选址,应避免对自然环境、自然景观的破坏,方便游客观光,为游人提供安全、舒适、便捷和低公害的服务条件。

(2)应具备相应的水、电、能源、环保、抗灾等基础工程条件,靠近交通便捷的地段,依托现有旅游服务设施及城镇设施。

(3)应有一定的用地规模,既应接近旅游景物又应有可靠的隔离,应符合旅游景区保护的规定。严禁将住宿、餐饮、购物、娱乐、保健、机动交通等设施布置在有碍景观和影响环境质量的地段,要特别考虑环境的适应性。

(4)避开有自然灾害和不利于建设的地段。

(5)分级配置旅游服务设施。服务设施应满足不同文化层次、年龄结构和消费层次游客的需要,应与旅游景区的规模相适应,建设包括高、中、低档次的,季节性与永久性相结合的旅游服务系统。

在以上原则中,用地规模应与旅游服务基地的等级规模相适应,但这在土地紧缺的山地旅游景区,有时很难做到,因而应该适当缩小或降低设施标准,甚至取消某些设施基地的配置,而用相邻基地的代偿作为补救。

在基础工程条件不利的情况下,如在陡峭的山地或海岛上,不宜勉强配置旅游服务基地,应该因地因时制宜,应用其他代偿方法弥补,例如,可以设施临近、临时、流动的设施等。

二、旅游服务基地的布局

旅游服务基地的布局要根据旅游景区的类型、范围划分、资源品质、数量与地域分布状态以及旅游线路与交通设施状况的不同,以及游客活动的内容、规律及客流聚会集中程度的不同,具体情况具体分析,因地就势灵活布置。根据其设施内容、规模大小、等级标准的差异,通常可以组成6级旅游服务设施基地,分别为:

1.服务部

服务部的规模最小,其标志性特点是没有住宿设施,其他设施也比较简单,可以根据需要而灵活配置。

2.旅游点

旅游点的规模虽小,但有住宿设施,其床位控制在数十以内,可以满足简易的宿食游购需求。

3.旅游村

旅游村或度假村已有比较齐全的行、游、食、宿、购、娱、健等各项设施,其床位常以百计也可以达到规模经营,已需要比较齐全的基础工程与之相匹配。旅游村可以独立设置,也可以三五集聚而成旅游村群,又可以依托在其他城市或村镇。例如:黄山温泉区的旅游村落、鸡公山的旅游村落、武陵源的锣鼓塔旅游村和索溪峪的军地坪旅游村。

4.旅游镇

旅游镇已相当于建制镇的规模;有着比较健全的行、游、食、购、娱、健等各项设施,其床位常在数千以内,并有比较健全的基础工程相配套,也包含相应的居民社会组织因素。旅游镇可以独立设置,也可以依托在其他城镇或其中的一个镇区。例如:庐山的牯岭镇、九华山的九华街、衡山的南岳镇、漓江的兴坪、骊山的临潼骊山镇、九寨沟的九寨沟旅游镇、太姥山与秦岭镇。

5. 旅游城

旅游城已经相当于县城的规模，有着比较完善的行、游、食、宿、购、娱、健等各项设施，其床位规模可以过万，并有比较完善的基础工程配套。所包含的居民社会因素常自成系统，所以旅游城已很少独立设置，常与县城并联或合为一体，也可能成为大城市的卫星城或相对独立的一个区。例如：漓江与阳朔、井冈山与茨坪、嵩山与登封、海坛与平潭、苍山洱海与大理古镇、黄果树与镇宁县、勐海县与西双版纳。

6. 旅游市

旅游市已相当于省辖市的规模，有完善的旅游设施和完善的基础工程，其床位规模可以万计，并有健全的居民社会组织系统及自我发展的经济实力。它同风景观赏对象的关系也比较复杂，既相互依托又相互制约。例如，桂林与桂林山水、杭州与西湖、岳阳与洞庭湖、昆明与路南石林、肇庆与星湖—鼎湖山、都江与都江堰—青城山、洛阳与龙门石窟、厦门与鼓浪屿—万石山、三亚与三亚海滨。

三、旅游服务设施分级配置的原则

旅游服务设施的分级配置，应有三个方面原则约束：

(1)设施本身有合理的级配结构，便于自我有序发展；

(2)配置结构能适应社会组合的多种需求，同依托城镇的级别相协调；

(3)各类设施的级配控制，应同该设施的专业性质及其分级原则相协调。

在旅游景区的规划中，对于所需要的游览设施的数量和级配，均应提出合理的测算和安排。而对其定位、定点安排，应依据旅游景区的性质、结构布局和具体条件的差异，既可以将其分别配置在规划中的各级旅游基地中，也可以将其分别配置在所依托的各级城镇居民点中。但其总量和级配关系，均应符合旅游景区规划的需求。表 9-12 对旅游景区旅游服务设施的分级进行了规定。具体的量化控制指标，可以在其他条目的单项指标中规定，也可以按照相关专业的量化指标进行规划。

表 9-12 服务设施与旅游基地分级配置表

设施类型	设施项目	服务部	旅游点	旅游村	旅游镇	旅游城	备注
一、旅行	1. 非机动交通	▲	▲	▲	▲	▲	步道、马道、自行车道、存车、修理
	2. 邮电通信	△	△	▲	▲	▲	话亭、邮亭、邮电所、邮电局
	3. 机动车船	×	△	△	▲	▲	车站、车场、码头、油站、道班
	4. 火车站	×	×	×	△	△	对外交通，位于风景区外缘
	5. 机场	×	×	×	×	△	对外交通，位于风景区外缘

续表

设施类型	设施项目	服务部	旅游点	旅游村	旅游镇	旅游城	备　注
二、游览	1. 导游小品	▲	▲	▲	▲	▲	标识、标志、公告牌、解说图片
	2. 休憩庇护	△	▲	▲	▲	▲	座椅桌、风雨亭、避难屋、集散点
	3. 环境卫生	△	▲	▲	▲	▲	废弃物箱、公厕、漱洗处、垃圾站
	4. 宣讲咨询	×	△	△	▲	▲	宣讲设施、模型、影院、游人中心
	5. 公安设施	×	△	△	▲	▲	派出所、公安局、消防站、巡警
三、饮食	1. 饮食点	▲	▲	▲	▲	▲	冷热饮料、乳品、面包、糕点、糖果
	2. 饮食店	△	▲	▲	▲	▲	包括快餐、小吃、野餐烧烤点
	3. 一级餐厅	×	△	△	▲	▲	饭馆、饭铺、食堂
	4. 中级餐厅	×	×	△	△	▲	有停车车位
	5. 高级餐厅	×	×	△	△	▲	有停车车位
四、住宿	1. 简易旅宿点	×	▲	▲	▲	▲	包括野营点、公共卫生间
	2. 一般旅馆	×	△	▲	▲	▲	六级旅馆、团体旅舍
	3. 中级旅馆	×	×	▲	▲	▲	四、五级旅馆
	4. 高级旅馆	×	×	△	△	▲	二、三级旅馆
	5. 豪华旅馆	×	×	△	△	△	一级旅馆
五、购物	1. 小卖部、商亭	▲	▲	▲	▲	▲	
	2. 商摊集市墟场	×	△	△	▲	▲	集散有时、场地稳定
	3. 商店	×	×	△	▲	▲	包括商业买卖街、步行街
	4. 银行、金融	×	×	△	△	▲	储蓄所、银行
	5. 大型综合商场	×	×	×	△	▲	
六、娱乐	1. 文博展览	×	△	△	▲	▲	文化、图书、博物、科技、展览等馆
	2. 艺术表演	×	△	△	▲	▲	影剧院、音乐厅、杂技场、表演场
	3. 游戏娱乐	×	×	△	▲	▲	游乐场、歌舞厅、俱乐部、活动中心
	4. 体育运动	×	×	△	▲	▲	室内外各类体育运动健身竞赛场地
	5. 其他游娱文体	×	×	×	△	△	其他游娱文体台站团体训练基地

续表

设施类型	设施项目	服务部	旅游点	旅游村	旅游镇	旅游城	备　注
七、保健	1.门诊所	△	△	▲	▲	▲	无床位、卫生站
	2.医院	×	×	△	▲	▲	有床位
	3.救护站	×	×	△	△	▲	无床位
	4.休养度假	×	×	△	△	▲	有床位
	5.疗养	×	×	△	△	▲	有床位
八、其他	1.审美欣赏	▲	▲	▲	▲	▲	景观、寄情、鉴赏、小品类设施
	2.科技教育	△	△	▲	▲	▲	观测、实验、科教、纪念设施
	3.社会民俗	×	△	△	△	▲	民俗、节庆、乡土设施
	4. 宗教礼仪	×	×	△	△	△	宗教设施、坛庙堂祠、社交礼制设施
	5.宜配新项目	×	×	△	△	△	演化中的德智体技能和功能设施

注：×禁止设置；△可以设置；▲应该设置。

第四节　旅游解说系统规划

一、旅游解说系统概述

（一）旅游解说系统的含义

解说系统是指运用某种媒体和表达方式，使特定信息得以传播并到达信息接受者，帮助信息接受者了解相关事物的性质和特点，实现其服务和教育功能。而旅游解说系统是专门应用于旅游景区，通过第一手的实物、人工模型、景观及现场资料向旅游者介绍关于旅游资源价值、引导游览路线、提醒旅游事宜等相关内容以帮助旅游者正确解读旅游区空间环境信息的重要手段。旅游景区通过合理的解说规划设计和完善的解说设施建设，可以增加游客对景区性质和特征的了解，提高活动参与意识，改变游览态度和行为，甚至产生某种情感依赖，达到更好地管理游客的目的。

（二）旅游解说系统的功能

旅游解说系统具有服务功能、教育功能、保护功能、景观功能、沟通功能等，其中服务和教育是最基本的两种功能。

1.服务功能

服务功能主要指基本信息传递和导向服务，以简单的、多样的方式给旅游者提供旅游景区服务方面的信息，使他们有安全、愉悦的感受。

向游客提供多种解说服务，使其较深入地了解旅游区的资源价值、公园与周围地区的关系，以及旅游区在整个国家公园系统中的地位和意义，帮助旅游者了解并欣赏旅游区的资源及价值。

2.教育功能

向有兴趣的旅游者及教育机构提供必要的解说服务，使其对景区的资源及其价值、景区的科学和艺术价值等有较深刻的理解，提高旅游者对于自然生态保护、野生动物保护、各种文化遗产保护的意识，充分显示旅游的户外教育功能。同时，为旅游者安排各种实践活动，在解说系统的引导和帮助下，鼓励游客参加景区适当的管理、建设、再造等活动。

此外，对于包含运动项目的旅游景区，游客可以在解说系统的引导下学习在景区内参与各种运动及游憩活动所必需的技能，如滑雪、野营、登山等技能。

3.保护功能

通过解说系统提供的信息，帮助旅游者较深入地了解景区的资源价值、景区与周围地区的关系以及景区在整个旅游系统中的地位和意义，使旅游者在接触和享受旅游资源的同时，也能做到不对资源或设施造成过度利用或破坏，并鼓励旅游者与可能的破坏、损坏行为作斗争。

4.景观功能

旅游解说物是旅游地形象展示的重要因素，设计独特的解说物能够有助于刻画景区形象，提升景区品位和增强景区吸引力和空间活力。在解说系统的引导下，游客对旅游过程中景观的时空演进产生清晰的序列感知，从而增强游览的乐趣。

5.沟通功能

提供一种交流途径，使旅游者、旅游景区管理者、社区居民相互交流，达成相互间的理解和支持，实现旅游景区的良好运行。

（三）旅游解说系统的分类

根据为旅游者提供信息服务的方式，旅游解说系统可分为导游解说（向导式）和非人员解说（自导式）。

1.导游解说（向导式）

导游（导向式）解说系统以具有能动性的专门导游人员向旅游者进行主动的、动态的信息传导为主要表达方式。具体形式包括向导性解说、定点解说、即兴活动和生存解说等。它的最大特点是双向沟通，能够回答旅游者提出的各种各样的问题，可以因人而异提供个性化服务。同时，由于导游一般掌握了较多的专业知识，导游解说系统的信息量一般非常丰富，但由于受到导游员的素质、管理、经费等多方面因素影响，易引起服务质量产生波动，使其可靠性和准确性变得不确定。

2.非人员解说（自导式）

非人员（自导式）解说系统是由书面材料、标准公共信息图形符号、语音等无生命设施、设备向游客提供静态的、被动的信息服务。它的形式多样，包括牌示、解说手册、导游图、语音解说、录像带、幻灯片等，其中牌示是最主要的表达方式。一般情况下，所说的旅游解说系统都是指非人员（自导式）解说系统。但由于受篇幅、容量限制，自导式解说系统提供的信息量有一定限度。从另一角度看，正是由于这一限制，使得自导式解说系统的解说内容一般都经过了精心挑选和设计，具有较强的科学性和权威性。旅游者获取非人员（自导式）解说系统提供的信息，没有时间上的限制，可以根据自己的爱好、兴趣和体力自由决定获取信息的时间长短和进入深度。非人员（自导式）解说系统容易受到自然的和人为的破坏。无论旅游解说系统采用何种介体，它们都必须依赖特定的语言。一地区或一领域内解说的各种类型和形式的有机组合就是该地区或该领域的解说系统。旅游解说系统存在语言选择。对于外国旅游者经常到达的地区来说，外语解说显得极为重要。

此外还有其他的分类方法，如根据旅游解说资源的归属不同，其可分为环境解说和遗产解说；根据旅游解说的服务范围不同，可分为园外解说与园内解说；根据解说物质的存在性不同，可分为物质解说与虚拟解说；旅游解说系统又可细分为交通网络引导解说系统、接待设施解说系统、观光度假区解说系统等。

二、旅游解说系统的主要内容

为了方便游客更好地了解景区，应具备良好的景区解说系统，内容包括游客中心、标识牌、网络展示、音像解说系统、印刷物解说系统、音响品等。

（一）游客中心

游客中心是接待游客的地方，是为游客提供信息咨询、进行宣传教育的场所，是旅游地对外形象展示的一个主要窗口。它的主要服务对象为：已入园的散客、预入园的散客、社会团队游客、旅行社团队游客及旅行社人员、其他旅游中间商等。结合各种服务对象的消费行为特征，游客中心一般具有以下职能：游客接待、导游服务、旅游咨询、旅游商品销售、失物招领、物品寄存、医疗服务、邮政服务、残疾人设施提供等。

游客中心的位置一般设置在旅游景区入口、边缘、餐宿集中的地区，或是进入旅游区的路线上。当然千差万别的实际情况使得游客中心的位置往往别出心裁，比如澳大利亚大堡礁国家公园的游客解说中心就设在游船上，利用游客坐船时间，通过录像讲解大堡礁的特点。

（二）标识牌

旅游区的标识牌是指导游客参观游览最普遍的一种方式，其具有内容直观简洁、设置适用简便、易于游客记忆等优点。标识牌的类型从不同的角度会有不同的划分。按解说对象和内容划分，可以分为吸引物解说标识牌、旅游设施解说标识牌、环境解说标识牌和旅游管理标识牌四大类；按标识牌制作选用的材料划分，可以分为天然材料制作的标识牌和人工合成材料制作的标识牌两大类；按所属范围角度划分，可分为旅游景区外部标识牌和景区内部标识牌两大类；按标识牌的功能划分，可分为全景地图型、目的引导型、景点说明型、环境教育型、警示型、服务型 6 大类。标识的设置需根据景区的环境、特色及其总体规划和详细规划的考虑，标识的对象也不应仅涉及物或空间，还应反映多样的社会系统与文化现象的内涵。

1. 全景地图型标识

全景地图标识通过表示整个旅游区域或局部景区的道路、景点、服务设施等总体状况，表明旅游区内事物的位置关系及当前所在位置，帮助旅游者快速定位，并获取自己需要的信息。全景地图型标识有平面图、鸟瞰图、简介文字等表现形式，主要布置在入口、路口等人流集散处，可与目的导引型解说物结合使用。

2. 目的引导型标识

目的引导型标识具有引导旅游者到达目的地的功能，应清晰地、直接地表示出方向、前方目标、距离、旅行时间等要素，有时可以包含一个或多个目标地的信息，并提供到达的方式和路径。目前旅游区地目的导引标识侧重于表示方向和前方目标，很少标识出距目标的距离和步行所需时间。

目的引导标识主要布置在主要人流集散地、交叉路口、重点景点、主要休息点处，分为独立型和组合型两种。独立型单独布置，形状鲜明突出，在远距离就能吸引车辆与行人的注意力，导向性更强烈。组合型与其他几种标识组合布置，需近距离观看。

3. 景点说明型标识

景点说明型标识用以说明单个景点的性质、历史、内涵等信息，解说的信息要准确、有趣、简洁、易懂，可以体现解说系统的教育功能。景点对旅游者有较强的吸引力，因此旅游者愿意花较多时间阅读这类景点标识。但目前旅游区的景点，特别是自然景点的说明，多侧重于审美描述性的解说，缺乏深度，应加强专业知识的渗透，比如在森林生态公园内，应特别突出植物群落、生态恢复等方面的知识以及野生动物或植物之间的生态依存关系，还应提供观看罕见动植物的建议。

4. 环境教育型标识

环境教育型标识是为启发和提高旅游者生态环境意识而设置的，以营造人与自然和谐的游览氛围，倡导健康、环保、文明的旅游方式。例如香港九龙公园在观鸟的景点处设立的“在春秋雀鸟迁徙的季节，你可能在这里看到美丽的寿带鸟”标识。

5. 警示型标识

警示型标识是为保障安全与维护旅游区环境与空间秩序而设置的，具有提示、告诫或劝阻旅游者行动的功能，如标示“禁止……”、“注意……”等具体指示内容。此种牌示多用红色，设置在需游人止步或引起注意的地方，如山体危险处、湿滑地、维修地以及管理用地等。

6. 服务型标识

服务型标识主要是指向服务功能建筑物的引导标识，包括厕所、餐厅、冷饮、小卖部、照相、休息场所、游船码头等。除规范的公众信息提示外，其他温馨提醒如景区专用车辆的使用说明、车次通告等设置，也应从旅游者需要的角度加以设计。

（三）网络展示

旅游区网站是旅游政府、旅游协会或企业利用网络技术在因特网上拥有自己的域名，由若干个相关的网页组成的网页组，在服务器上存储一系列的旅游信息的 web 站点。旅游区网站将包括许多 web 页面，而这些页面又包括许多文本、图像、声音和一些程序，它具有较好的信息展示和交流功能，以及自助服务功能。旅游者可通过旅游区网站浏览所需要的旅游地信息。它整合了传统旅游资源，提供全方位、多层次的网上旅游服务的场所，是旅游信息系统的输入媒介和人—人、人—机交流的窗口。

旅游区网站的建立运行需要一定的硬件设施来支撑，网站必须提供每天 24 小时连续不断的服务，因此服务器必须有足够快的速度处理大量的访问并保证服务的连续性，而访问速度主要受制于服务器的 I/O 速度与线路传输速度。另外还需要备份服务器以备不时之需，需要不间断的电源，需要建立强大的、专业性强的网站信息更新、维护保护的专业队伍和雄厚的资金保障。

在软件设计和管理方面，应做到网站提供的信息要符合旅游者的实际需要，设计好容易识别的域名，采用多媒体技术进行网页的制作；同时，还要注意加强对外宣传，即通过传统媒体、搜索引擎或其他网站等多个渠道发布广告，扩大网站影响力。

（四）音像解说系统

音像解说系统是集声音、图片、文字、视频等于一体，向旅游者传递旅游区的旅游信息的重要信息媒介。它有较好的可视性、故事性，并且具有制造简单、设计内容突出、体现时代气息等优点。现在的旅游区主要建设以下音像展示设施来构建音像解说系统：

1.影像放映厅

影像放映厅是一种将文字、声音、图片等多种媒体进行全面展示的设施。旅游区管理人员将旅游风光片、历史视频资料通过影像放映厅展示给旅游者，可以提高旅游者的旅游兴趣和欣赏水平。在规划影像放映厅时，一般选址可以选在游客中心或景区服务中心内，大厅设计做到宽敞通风，便于容纳较多的客人，播放方式采取不间断地循环播放以满足不断流动的游客。北京圆明园景区就设有专门的影视放映厅，放映有关圆明园修建和惨遭破坏的历史影片。

2.滚动屏幕

滚动屏幕是在景区户外设置一个很大的液晶显示屏，通过后台计算机控制播放各种视频文件或幻灯片来介绍旅游区具有代表性的景点图片。一般滚动屏幕设置在景区大门或服务中心等比较显眼的位置，以引导旅游者注意和观看。滚动屏幕面向的是全部旅游者，语言应该通俗易懂，内容要经常更新，而且管理人员应将拍摄得最佳的图片放到屏幕上，让旅游者赏心悦目，流连忘返。

3.幻灯片

旅游区同样可以用幻灯片向旅游者展示旅游景观，它是将在旅游区内拍摄效果比较好的照片，包括一年四季的美丽景象、能突出旅游区独特性的景象以及突出景区主体的景象，配上解说词，制作成幻灯片。

幻灯片的展示可以通过两种方式实现。一种方式是在游客中心设置多台电脑，旅游者只要点击页面，就会出现相关的信息。游客可以根据自己的兴趣和爱好自主选择浏览。另一种方式是在游客中心或在旅游区的重要位置放置一个大屏幕，由管理人员控制播放幻灯片。幻灯片制作简单，而且内容更换相对较容易，成本也不高，并且能突出旅游区的重点和旅游者可能观赏不到的效果。另外，在旅游者欣赏幻灯片图景的同时，也可以欣赏摄影艺术。但是幻灯片效果的好坏受拍摄条件（天气、角度等）、配音水平的制约。而且，幻灯片给人的是一种静态的视觉效果，具有局限性。但是若要对一个景物进行特写，突出细节，告诉旅游者应从哪些角度来观赏，用幻灯片是最合适不过的。

4.广播及背景音乐系统

广播是以声音为主的信息传播媒介。旅游区广播传出来的声音包括语言和音乐。旅游区可以通过广播播放旅游区的基本情况、游客须知、与旅游区相适应的背景音乐。广播使用的是有声语言，能刺激旅游者的听觉，让他们很快接受。同时，旅游区内的广播喇叭可以以仿真的形式设置在景区各处，如图 9-2 所示，这可使其与周边环境相融合。

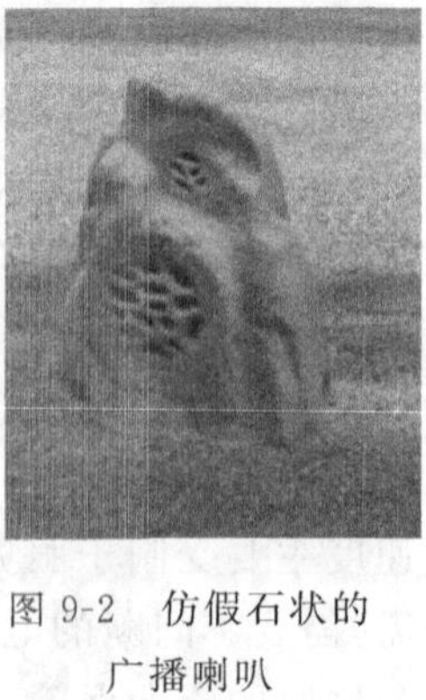

图 9-2　仿假石状的广播喇叭

广播系统具有程序简单、成本费用低、给旅游者亲切感、归属感强的优点，但是，它不能让旅游者在听到声音的同时看见图像，不能满足旅游者视觉上的愉悦，所以广播这种传播媒介比较适合于现代化的主题公园。

5. 电视

电视是一种生动的展示设施，它能将旅游区录制好的有关旅游区的过去和现在的景观等展示给旅游者看，给人的感觉是动态的、直观的，能让人印象深刻。电视应放在旅游者密集处、休息处或者游客中心。

（五）印刷品解说系统

印刷品是指通过铅印、油印和胶印等多种印刷技术，将要传达的内容固化在纸张上的一类物品，而在旅游区经常使用的印刷品主要包括旅游地图、旅游指南、旅游风光画册、旅游宣传彩页、旅游景区资料展示栏、旅游书籍、旅游刊物、旅游报纸等。这些印刷品可以被旅游者随身携带，是重要的自助旅游信息及不容忽视的广告宣传。制作精良的印刷品可以被旅游者当做纪念品带回家，反复阅读，成为向他人介绍旅游区的宣传广告。

在解说性印刷品设计时，说明文字风格应深入浅出，适合旅游者的口味，掌握好娱乐与指导性之间的平衡，帮助旅游者快速、准确、容易地掌握信息。文字内容应尽可能简明扼要，重点放在图片和说明上。

以导游图为例，可以包括如下内容：一定要看的景点、适合拍照的景点、特色线路、就餐地点、野营地、服务中心、活动项目等。同时，还可以利用导游图的背面用卡通图标的方式列出旅游区的特点，比如运动型娱乐项目特点，需要注意的危险地带等；旅游预算，比如大致花销、减少开支的小窍门等。

（六）导游解说

讲解员是指在旅游景区为旅游者提供导游讲解服务的工作人员。讲解员在引导旅游者游览的过程中，起到十分重要的作用。首先是做导游讲解，主要是在旅游景区内引导旅游者游览，为旅游者讲解与景区、景点、景观有关的知识，并解答旅游者提出的各种问题；其次，对旅游者进行安全提示，照顾旅游者避免发生意外伤害；再次，积极开展环境保护、文物古迹保护、自然文化遗产保护的知识。

一般讲解员的服务工作包括服务准备、接待服务、欢送服务三个工作环节。服务准备就是要背好导游词，熟悉旅游区的管理规章制度，准备好各种导游器材，如旗帜、扩音器等；而接待服务包括致欢迎词、导游讲解、食宿和购物服务等；欢送服务主要包括致欢送辞，赠送小纪念品或者相关旅游资料等。

二、旅游解说系统规划设计

旅游解说系统规划步骤一般包括：明确目的、指定范围、确定主题、选择表现方式（媒体）、确定解说重点以及对规划结果进行评价。它们相互联系，也可随具体情况变化。

旅游解说系统规划应包括以下基本内容：解说体系的基本框架；解说物的种类、空间布局；解说设置的节点选择与确定；游线解说；细节设计等。

（一）体系结构

旅游解说系统种类繁多，包含信息丰富，内容庞杂，不能简单视之，要分层次系统化地分析和设定。

旅游区内的节点是旅游解说系统的骨架，它反映了旅游者的停留位置，解说系统的分层次布点要以节点的划分与确定为依据。首先确定主要节点。出入口、重要景点等处及道路交会点服务设施齐全，旅游者滞留时间较长，是最重要的人流集散节点，可确定为主要节点。主要节点与旅游服务设施系统配合，尽量均匀分布，并配置相应的解说物。然后依次确定与配置次要节点和非节点位置。

（二）空间布局

旅游解说系统规划是通过实现解说设施设置的体系化，形成旅游景区空间结构构成要素在视觉环境意义上的体系化，强化景区内的联系与促成景点、设施的网络化，诱导空间秩序的形成。

旅游解说系统的空间布局应以旅游景区的总体规划和详细规划为依托，并和其他专项规划，如旅游景区的项目规划、服务设施规划等紧密结合，同时，结合旅游者心理和行为模式的研究统筹安排。一般，此项规划的成果以解说系统布局图为表现形式（如图 9-3 所示）。

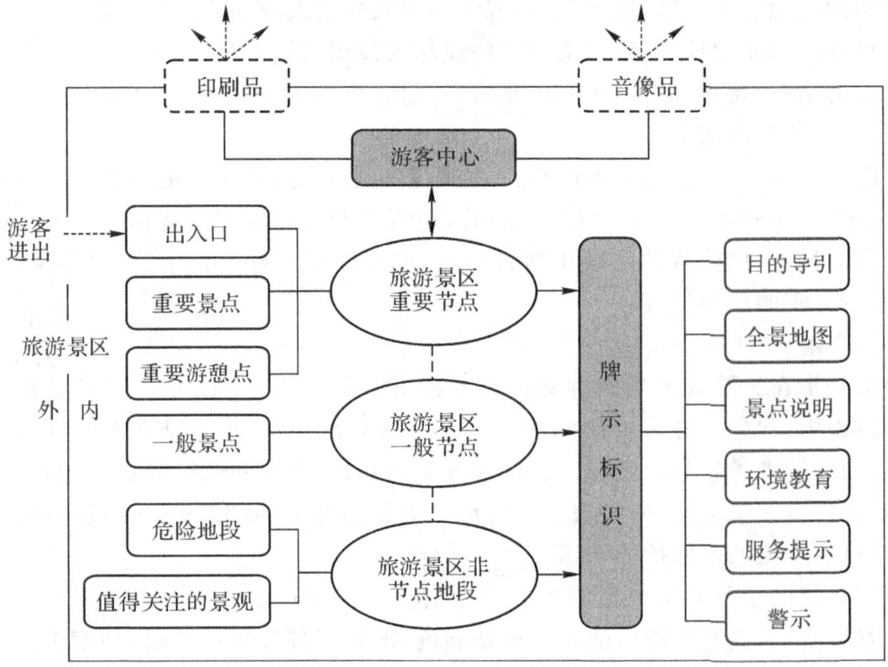

图 9-3　旅游景区解说系统结构示意图

资料来源：魏民，陈战是. 风景名胜区规划原理[M]. 北京：中国建筑工业出版社，2008.

（三）游线解说

一般情况下，旅游者使用频率高而导游无法随时解说的游线，都需要解说规划。规划一般采用沿线解说的方式，如图 9-4 所示，内容上包括专题解说、一般性解说。

1. 专题解说

这是指解说的内容集中在一个主题上。主题可以是自然生态方面的，如河流中的生物种类、森林的水土保持作用、土地利用的历史与现状等。也可以是人文社会方面的，如古代建筑的布局特点、村寨的节庆习俗与场所等。专题解说适用于具有典型景观主题的游线，解说内容比较系统而深入，专业性强，是旅游景区深度开发的主要依托，但目前应用较少。

图 9-4 台湾桃园县鸢嘴山的解说牌

2. 一般性解说

这类解说没有限定主题，而是根据现场解说。适用于游线景观多样的游线，随机向游客提供适时的信息传播，解说内容相对浅显而广泛，目前应用较多。

（四）细部考虑

1. 设计原则

（1）广泛适用性

广泛适用性，也称为无障碍设计。解说物的规划强调为更多群体对象设计，即面对旅游者五官的设计。因为各种各样的使用者，可能发生意想不到的事情，所以应允许失误。另外，广泛的适应性还应考虑多种多样的情况，如夜间、雨天、紧急状况、耐久性以及免维修等。

（2）易于理解

解说物简明易懂是最基本的要求，需要让各类旅游者对解说物都能够易于理解，但要做到被广泛理解则需要格外的努力。

（3）易于亲近

环境氛围的营造、地方传统的演绎、具有幽默与诙谐、可爱性、与使用者共同设计等，都可以使解说物具有亲切感。

（4）与周边环境相融合

无论具有什么功能和个性，在旅游区中解说物都应是美观的、与环境协调的，防止对景观产生破坏，或妨碍景观的观赏，造成“喧宾夺主”。

2. 无障碍的沟通

旅游解说系统应考虑特殊人群的需要，包括残疾人、老人、儿童、国际游客等，这些人群对于解说系统的要求与公众的要求有所不同（如图 9-5 所示）。他们需要更加方便、专门化的媒介形式来帮助沟通交流上的障碍，如语言、图画、手势等都能有所帮助。对于国际游客，多语解说特别是英语解说系统在我国旅游区得到广泛和深入的实施。

3. 多学科的参与

从旅游景区所挖掘的科学内涵的学科分布看，涉及许多领域，需要加强多学科对旅游解说的研究。如山水成因的地貌学研究；稀有动植物攒在的古生物学、气候学、进化学等的研究；古建筑的历史学、特征学的研究；古人类遗址的人类学、地貌学、气候学研究；民族服饰、饮食文化的人类学、人文地理学的研究等，都十分需要科学家的参与。同时，科学的解

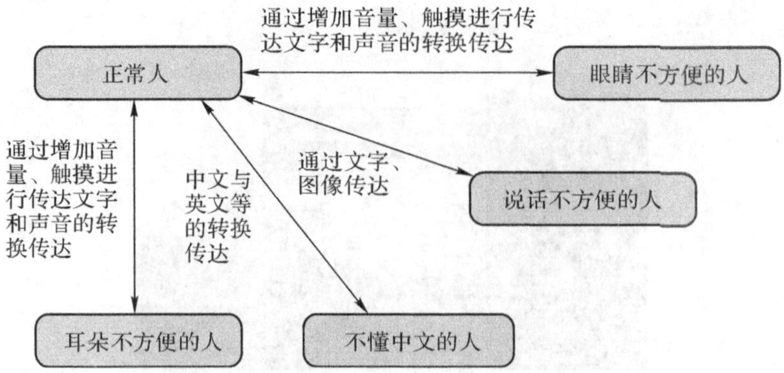

图 9-5 无障碍沟通示意各种人之间相互交流需要借助无障碍化手段

资料来源：魏民，陈战是. 风景名胜区规划原理[M]. 北京：中国建筑工业出版社，2008.

说还要求熟悉当地居民及旅游者的动机，深入浅出，并有侧重地实现向公众的传播。

4. 高科技的应用

旅游解说系统的形式因时代的发展而不同。传统解说方式由于其载体的限制，展示的信息是静态而无延展性的，如景区牌示标识、导游图册等。随着现代科学的不断进步，解说系统在图解、文字、模型、演示等方面寻求到突破，出现了很多现代解说的方式，如：语音导游、录播展示、动态展示(高科技制作的各种效果)、计算机多媒体展示、参与性测验等。使用较为普遍的语音导游，可以在解说过程中配以音乐或背景音响效果，强化游客身临其境的感觉。而且新一代的系统，以 CD 或程序芯片代替磁带，可以使旅游者根据自己的行走游览速度选择接听景点各个部分的解说，享有绝对的主动权。

高科技应用于解说系统中，是以科普教育为准则，更多强调旅游者的主动参与，提高旅游者的游览兴趣和亲历实感，将深奥的内容生动而准确地传递给旅游者，保证沟通渠道的质量。

【案例分析】

北京市旅游接待设施规划

摘自北京旅游总体规划(1999—2010)

一、旅游住宿设施规划

1. 涉外旅游饭店业发展的宏观控制

旅游住宿设施包括涉外宾馆和社会旅馆两部分。其中涉外定点宾馆饭店是旅游管理部门更为重视的旅游服务设施。1998 年北京市涉外宾馆饭店共计 308 家，客房数共计 7 万余间(套)，床位数近 14 万张(表 1)。此外，不属于市旅游局统计范围的、经公安部门审批的具有涉外经营资格的社会旅馆约 250 家。

表 1 1998 年北京市涉外宾馆情况表

类型	数量	客房数(间、套)	床位数(张)	客房数所占(%)
五星级	16	168628	14599	12.2
四星级	32	16133	27769	22.8

续表

类型	数量	客房数(间、套)	床位数(张)	客房数所占(%)
三星级	65	16150	29871	22.8
二星级	113	14697	29405	20.8
一星级	32	3370	6895	4.8
公寓	23	4714	9197	6.7
非星级	27	7014	22186	9.9
总数	308	70706	139922	100.0

资料来自:北京市旅游局(1999)

北京市涉外宾馆主要分布于城八区,占总数的87%以上,10个郊区(县)仅占13%左右。城区及近郊区中又相对集中于东城区和朝阳区,形成了天安门、大北窑、亮马桥构成的"金三角"地带,在这个"金三角"地带中又相对集中于四个区域,即:东三环地区、王府井地区、崇文门地区和建外地区。北京市涉外宾馆的所有制形式,包括国有、联营、合资、集体、股份制、私营等各种类型。从规模上看,超过1000间客房的宾馆4家,五星级宾馆的平均规模为539间,四星级宾馆的平均规模为504间,三星级宾馆的平均规模为248间,二星级宾馆的平均规模为130间,一星级宾馆的平均规模为105间。北京目前有19个饭店管理集团,以各种管理模式管理着北京的22家宾馆,形成了北京宾馆业管理的"百花齐放"的局面。1993年以来,北京市涉外饭店全年平均客房出租率连年下降,说明北京涉外宾馆客房供给大于需求,而且这一状况还在继续。北京涉外高档饭店的建设速度,大大高于海外旅游者人数的增长,造成北京饭店业总体效益的下降(表2)。随着北京涉外宾馆供大于求的矛盾的加剧,宾馆发展中的一些问题逐渐暴露出来,主要有:饭店建设失控、行政管理失控、行业管理职责模糊、多头管理给饭店经营带来了一些不利影响等。

表2 1978—1998年北京涉外饭店建设情况表

项目 \ 年份	78	88	90	91	92	93	94	95	96	97	98
接待海外旅游者人数(万人)	18.7	120.4	100.0	132.0	174.8	202.8	203.0	207.0	218.9	229.8	220.1
饭店数量(座)	11	131	197	219	226	228	226	236	254	293	308
客房间数(万间)	0.4	2.8	4.0	4.4	5.2	5.2	5.4	5.9	6.1	6.8	7.0
客房平均出租率(%)	100	81.8	54	57	67	75	71	67	63	59	55
平均房价(天/间天)	/	175	187	139	160	228	414	493	483	463	397

资料来自:北京市旅游局(1999)

综上所述,可以发现,目前的宾馆饭店结构不是合理的"金字塔"型,中、高档宾馆饭店比重偏大，在目前客房出租率逐年下降的情况下，势必借助它们优越的硬软件设施挤压低档宾馆饭店，从而越发导致北京市宾馆饭店结构走向更不合理的局面。进入饭店业的投资主体越来越复杂，行业管理难度越来越大，旅游局对饭店建设的审批没有控制权。鉴于此，在规划期内，应严格限制三星级以上的中高档宾馆饭店的建设，逐步将北京的宾馆饭店业内部结构调整到合理的状态。加强中低档旅馆的环境卫生和服务质量方面的行业管理，将北京市旅游住宿接待水平提高到一个新的层次。

2. 社会旅馆接待业发展规划

在规划期内，需鼓励社会旅馆的发展。对社会旅馆的行业管理要逐步走向正规化、标准化。提高社会旅馆的服务质量，规范价格，特别是保持客房内外环境整洁、卫生。在条件成熟时，与国际接轨，逐步做到接待国内外散客的所有旅馆与星级宾馆衔接，过渡到涉外宾馆与社会旅馆"一体化"的水平和行业规范。

在对宾馆结构调整的基础上，部分社会旅馆可以向家庭式模式发展，通过现有设施的改造，形成简单、卫生、适合中低档游客入住的具有浓厚家庭氛围的住宿环境。针对市场需求的多样化，旅馆的开发模式也应该做到多样化。

二、旅游者的餐饮服务规划

旅游者的餐饮是旅行过程中发生频次最大的旅游消费行为，发生的地点也具有多样性、转移性和偶发性。要针对旅游者餐饮行为的特点，制订富有成效的餐饮服务规划。

1. 餐饮服务

在旅游者入住的宾馆、游客集散的景点，以及游客经常前往的街区，需加强旅游餐饮的行业管理。对游客集中的餐饮设施，继续做好旅游定点餐饮点的审批、管理工作。对餐馆必须制订严格的卫生标准。要求就餐环境优雅。对定点餐馆应实行不定期突击检查，对那些不符合定点标准的餐馆要即时撤销其定点标志。

2. 北京地方餐饮文化的旅游开发

北京的餐饮旅游形象定位为：吃遍天下十六帮，尝尽古今五千年 。餐饮文化开发的重点是充分发掘京菜的内涵和表现形式。在前门、王府井、西客站等处建设若干处北京餐饮文化开发集中区段。在京菜文化开发方面，要把有特色的佳肴美食挖掘保存下来，并不断改进创新。经过数百年发展，以北京风味的山东菜、北京风味的清真菜、从清宫廷传出完整的宫廷菜、以谭家菜为代表的官府菜，以及北京风味小吃，共同构成了北京菜系。应加强开发京菜，恢复一些古代珍宴，以吸引旅游者。逐步恢复一些北京传统饮食老字号餐馆，形成老字号系列。如全聚德烤鸭、都一处烧卖、东来顺涮羊肉等。大力发展北京地方小吃，如宫廷糕点、北京果脯、芙苓饼等。满足国内大众客人需求的大碗茶、天桥乐茶馆、夜市小吃等。

纪念食品作为旅游纪念品的一类，是北京旅游文化的传播形式之一，应选择反映北京地方特色的食品，如北京烤鸭。应做到易于携带、易于食用、包装精美且有特色。郊区县的旅游景点应加强地方食品的开发建设，可以开发特色菜、农家菜、野味菜肴、绿色食品、地方土特产品。玉米、小麦、高粱、红米饭等农产品可以制作成地方风味食品。这些既可作为小食品供游客在景点附近食用，也可开发为旅游小商品出售。

在全面吸收各地餐饮文化方面，为旅游者提供各种地方特色的各种档次的菜系及特色食品，以满足四方宾客的需要，如四川菜、潮州菜、上海菜、山西菜、江苏菜、山东菜、淮扬菜、清真菜、广东菜、东北菜、蒙古菜、新疆菜、湖南菜、朝鲜菜、重庆火锅、陕西羊肉泡馍、南京板鸭、金华火腿、武昌鱼、成都赖汤圆、云南过桥米线、天津的狗不理包子、兰州拉面、山西刀削面等。在开发全国地方菜系和国内风味餐饮业同时，发展餐饮设施，规范餐饮服务。

在引进西方式的餐饮服务方面，一方面大力发展快餐业，另一方面适当发展西餐业。进一步完善朝阳区三里屯酒吧一条街的服务特色。

三、旅游者出行服务规划

旅游者的出行需要交通口岸、交通网络、交通工具、旅行社、信息和安全等各方面的支持和服务。

1. 口岸服务规划

旅游者出行需要航空港、火车站、公共汽车站的方便、安全、快捷、舒适的服务。

近年来通过航空口岸进出北京的旅客数量不断增加。1995年首都国际机场的客货运输量就已经超出原设计能力(750万人次)的一倍，处于严重的超负荷运转状态。为适应北京市国际旅游城市发展需要，北京首都国际机场需扩大规模。建议北京市政府协同有关部门抓紧论证，尽快确定首都第二民用机场的选址并列入建设计划。近期内可采取以下两种途径缓解运力不足的问题：

首都国际机场内部扩建。这一工作正在进行之中，首都机场候机楼正在扩建，扩建后吞吐量可比目前翻一倍。

京津联合，发挥京津高速公路优势，利用天津滨海国际机场分流部分旅客。该机场位于天津市东北侧，距离北京140公里，是首都国际机场的备降机场和主要客货分流机场，候机楼面积达到2万平方米，设计年吞吐旅客200万人次。2000年后再进行扩建，计划到2000年和2010年机场旅客吞吐量将达到317万和823万人次。

此外，加强机场旅游服务功能建设，加强机场内部管理，杜绝人为因素导致的旅行障碍。设立、充实空港娱乐、休闲设施和服务，完善机场内的旅游解说系统，这些都是行之有效的提高机场服务质量的方法。

加强北京站和北京西站的旅游信息咨询服务功能，在站内设置旅游咨询服务点，为旅游者提供旅游信息和宣传材料。目前北京站咨询问讯功能不强，管理也比较混乱，初次来京的游客很难通过专门渠道获取关于北京市的基本情况。必须加强这一方面的管理，专门设立旅游咨询服务点，为游客提供旅行、游览信息。建立明确的交通导引系统，分类规范出租车、市内公共汽车和长途汽车的停车点，使游客达到北京后，在交通方式的选择上有更大的自主性。按照国家标准，在车站广场设置公共信息图形符号。进一步构建车站周围的商业圈，完善车站的服务功能。

在游客出入的道口、建筑物连接部位，设计专门的行包、旅行箱搬运道。在西客站建立电脑信息查询网络，方便旅客制订旅游活动计划；完善候车大厅的服务设施，包括购物和游乐设施；完善道路导引系统和路标解说系统，为游客旅行提供方便。

2. 旅游线路与景点间的交通服务

在公共交通和出租汽车两方面提高旅游交通服务质量。建立准快速的公交线网。实行公交优先通行，尽快扩大公交专用道的范围，推行在路口公交先通过的措施，以此为基础建立覆盖近郊主要客流方向的准快速线路网，使之成为城市客运交通的主动脉。第一期可设计20条左右公交专用道(包括3条环线，8条直线，9条放射线)。

继续增加空调专线车的运营。争取在2000年底前热线路段均设有专线空调车，数量达到10条左右，并增加发车密度(间隔时间5分钟为宜)。

对城市公共交通实行科技管理。推广使用IC卡并进一步深化票制改革，逐步实现智能管理；做好车辆的技术改造和保养；搞好发车总调度，科学管理；推广使用发光路牌和低速大电流发电机，以及防冻液应用技术、柴油车外助力技术措施等。

加快北京市地铁建设速度。目前的一线和环线地铁负荷过大，不能靠提高票价减少乘客量的做法来解决问题，应考虑建立地铁二环线(外环)。

发挥出租车在旅游业中的积极作用，完善北京市游客出行系统，在北京市出租汽车发展规划和年度发展计划编制中，应突出出租汽车的旅游服务功能。协调各管理部门，合理拟设《出租车调价方案》，调低车价，到2000年淘汰“面的”，使出租车型主要为夏利、桑塔纳(普通)、马自达、富康，既能使出租车业保有一定量的低价位车以满足市场需求，又可充分发挥现有运力。加大打击黑车力度，保护纳税车主的利益。

出租汽车管理局要加强对旅游客运汽车经营者的管理，对旅游客运业从业人员加强培训，增强其服务观念和法制观念，坚决打击拒载行为。出租汽车管理局与旅游局合设一旅游客运投诉电话，加强对欺诈旅游者的不良事件的监督。各出租汽车公司要针对旅游者增加相应的服务项目，更好地为旅游者出行服务。

3.旅行社发展与质量管理

旅行社是旅游者出行过程中经常需要其服务的专门机构。严格执行《旅行社管理条例》，对旅行社及其导游人员的服务质量进行管理。2000年前，做到为海外旅游者投保率达到95%以上，为国内旅游者投保率达80%，2010年，为海内外旅游者意外保险率均达到100%；2000年前，执行与旅游者签订旅游合同率达90%以上，2010年签订合同率达100%；2000年前，合格导游上岗率达90%以上，2010年，合格导游员上岗率达100%；继续开展旅行社、导游员的业务培训、考核；继续开展旅游咨询日等活动，发挥社会及旅游者的监督作用；继续加大检查力度，规范服务行为，提高服务质量；继续认真处理投诉，保护旅游者的合法权益；坚持不懈地抓好旅行社从业人员的思想教育工作。

旅行社的管理要彻底由部门管理转向行业管理。加快旅行社经营管理的科学化、网络化，促进旅行社之间的代理制、集团化的发展。加强与其他行业的合作，彻底打击非法经营的旅行社。旅行社要向现代企业制度转变，允许多种旅行社的运行体制，如股份制、股份合作制、合资旅行社等多种形式。

4.城市旅游信息系统与旅游信息服务

由于种种原因，海外旅游者对北京还不太熟悉，而在来京的海外游客中，商务游客占40%，其中90%以上是散客，而且还将继续上升，游客的兴趣更加广泛，活动更加分散，涉及范围更广，要求的信息量也越来越大，而且对海外游客来说，文化差异大，语言障碍大，而北京市的国际语言环境比较差，路标系统不规范，因此必须尽快建立向旅游者提供服务的旅游咨询和服务中心，使北京市能良好通畅地为旅游者提供信息服务。在交通导引、接待区域、旅游吸引物、可携带信息各方面，努力做好服务工作。

在北京火车站、北京西客站、首都国际机场、旅游者进出郊县景点的巴士站（西直门、东大桥、前门、赵公口），建立、完善旅游导引系统。在外国人经常出入的站点增加相应的外语解说牌示。在旅游者前往饭店、观景点、娱乐场所途中所经过的道路，主要包括东西长安街及其延长线、平安大道、中轴线、二环、三环、四环、机场高速、京昌高速等干线，完善为旅游者服务的解说服务。将汉字、拼音双重牌示改为汉字、英语双语牌示。

加强对旅游者入住和到访的各类宾馆、旅馆、餐饮设施、旅游购物场所的解说系统的规划和管理。增强各类风景名胜区、城市风貌区、历史古迹区、自然保护区、森林公园、旅游度假区、康体休闲区、文化娱乐区等旅游地的解说系统的服务功能。在旅游景点内建立全景牌示、指路牌示、景点牌示、忠告牌示、服务牌示各类解说体系。在一些著名的旅游景区或景点应该引进现代的声光电解说系统，这种解说系统安装在各个著名的景点处，按时进行解说。将解说词录制下来，采用租赁随身听的形式为游客提供中文或英文的解说。还可将这种声像解说制作成VCD进行销售。

向旅游者提供《旅游服务标准》的小册子，主要内容应包括：北京旅游各方面的简单介绍；向旅游者推荐信誉较好的旅游企业；介绍国家有关保护消费者权益的各项法律、法规，关于旅行社和导游员的各项规定和如何保护旅游者权益等。《旅游服务标准》不仅为游客提供了北京市有关的旅游信息，还是旅游售后服务的一种重要保障措施。

编制旅游宣传图册，扩大宣传效果。北京市十八个区县中，还有一部分区县没有介绍本地旅游情况的图册，有的外语图册错别字频繁。没有图册介绍的区县应加快编制自己的旅游图册，这种图册要印制的精美一些，可以起到旅游纪念品的功效。各区县的旅游图册还应经常更新，以便能够反映其最新的发展态势。

由政府（北京市旅游局）建立向旅游者提供信息服务的旅游咨询和服务中心。将各种有关的旅游信息存入电脑，然后在首都机场、北京西客站、北京站及市区其他主要旅游者出入口设立若干分点，通过计算机联网，使游客自己就可以在终端上免费查询所需要的信息，并可以通过信息中心广泛宣传各种旅游产品，搜集有关旅游者需求的信息，供旅游管理部门在决策时参考。目前设立的旅游投诉电话，既为旅游者提供信息，又接受旅游者的投诉，起到了旅游者与旅游行政管理部门之间的桥梁和纽带，发挥了很好的监督作用，但是仅仅依靠一个投诉电话难以满足需要，还应提供其他形式的信息提供渠道，将旅游者、旅游经营者和旅游行政管理部门有机地联系起来。

规划到2000年，初步建立旅游者的咨询问讯中心；到2005年，初步形成旅游咨询问讯网络；到2010年，完善北京市的旅游咨询问讯网络系统。

5.旅游者出行安全保障

作为国际性的旅游城市，北京市必须注意旅游者旅游活动的安全性，有必要规划相应的安全保障措施。建立旅游急救保护系统，与公共急救服务系统相连，各项指标须符合公共急救服务标准。旅游景点和服务接待设施在规划建设时应充分考虑设施内部安全系统的完善。旅游团队配备简易急救设备及措施。

四、旅游购物品开发与旅游购物服务

北京的旅游购物品主要包括工艺美术产品、轻纺旅游产品、手工美术产品、文物商品和仿、复制品、农副土特产品和中药材、旅游纪念品、旅游食品等种类(表3)。

1. 旅游购物品开发

成立专门的旅游商品设计队伍;进行旅游商品的设计研究。举办旅游购物品设计竞赛等活动,可推动旅游纪念品的开发。应该集中全社会力量,根据市场调研结果,设计和制作信息承载量大,能反映北京自然风光、人文古迹、胡同文化、茶馆文化和民间传说的旅游纪念品,鼓励开发有专利权的旅游购物品,优秀设计成果申请专利,用完善的法律保护专利成果。

表3 北京市旅游购物品种类一览表

商品大类	工艺美术产品	轻(手)纺旅游产品	文物商品和仿复制品	农副土特产品和中药材	旅游纪念品
具体种类	1. 雕塑工艺品;2. 金属工艺品;3. 首饰;4. 漆器工艺品;5. 人造花;6. 画类工艺品;7. 天然植物纤维编织工艺品;10. 染织工艺品;11. 工艺鞋帽;12. 绣衣;13. 地毯;14. 艺术陶瓷;15. 剧装道具;16. 烟花爆竹;17. 工艺伞、扇;18. 工艺装饰灯具;19. 民间工艺品;20. 玩具;21. 其他工艺品	1. 轻工艺品;2. 纺织产品	一般是1795年以后到1949年以前,没有很高文化艺术价值的物品,经过有关部门鉴定、批准后可以出售。	1. 农副产品;2. 中成药	1. 纪念币;2. 纪念章;3. 纪念册、片;4. 其他

根据北京地区的特色,开发名胜古迹系列、文物商品及仿、复制品系列、民间手工艺品系列、传统手工业品系列、郊区县特色产品系列等旅游购物品。将旅游商品视同外贸出口商品,享受与外贸出口商品相同待遇,提取创汇奖励基金。调整政策,实行海外旅游者的购物退税等措施,改善旅游商品的经营和贸易条件。将旅游商品纳入全市生产计划,保证旅游商品设计、生产所需要科研费、试制费、技改和扩大再生产项目的资金。实行商品质量监督制度,发放商品质量合格证书。

2. 旅游购物网点布局规划

特色旅游商品市场是国内外游客很感兴趣的购物网点,要加强发展力度。重点推出的市场有红桥市场、潘家园旧货市场、琉璃厂文物市场及环天坛公园购物区等。在大栅栏建立大型旅游步行街。在旅游景区内或旅游景区周围,面向广大旅游者设立经营旅游商品的商业场所。人们在游览过程中容易产生购买欲望。拆除与景点环境不协调的一切摊点,保留的摊点数目要适量。

北京的综合性商业街区对旅游购物品销售具有重要作用。它们主要集中在城市中心地带,是全市商业中心。全市最大的王府井、前门和西单3个一级商业区分布于故宫的东、西、南三侧。三大商业区合计2000多米长的大街两侧,排列了将近100多个大小商店，许多大、特、名、专商店都集中于此。周围又有故宫、天安门等北京主体旅游景点，每天都接待几十万到上百万北京市民和外地游客。在王府井商场改造的基础上，把王府井——西单——前门一带建成北京旅游的“购物天堂”，在增加商品花色品种和质量上下工夫，并制定合理的价格体系，以商业促进旅游业的发展。表4列出了北京市的一些主要旅游购物品商家的情况。

只经营特定种类的商品的专业商业街区，如位于永安里的秀水街市场和雅宝路市场、位于中关村的中关村电子市场，具有吸引国内商务、文教游客的作用。今后，仍应鼓励这类专门性商业街区的发展，并应该有意识地加强市场促销。

表4　北京重点发展的旅游购物街区

街区类型	街区名称	街区内主要购物	商品特色及发展方向
综合性商业街区	王府井大街	王府井百货大楼、新东安市场、老福爷百货、世都百货、北京工艺美术世界等	商品以满足外地旅游者为一重要出发点。逐步建成集国内名优特产于一体的大型旅游步行街
	西单东大街	西单商场、西单购物中心、西单赛特购物中心、华威大厦等	根据自身“超级商业中心”的定义
	前门大栅栏	瑞蚨祥、同仁堂、内联升、步瀛斋等各类老字号商店	将商品与北京历史悠久的历史相联系，发展具有京味特色的商品
	建国门外大街	赛特购物中心、友谊商场、中粮广厦、贵友大厦、国贸大厦等	依托附近众多星级饭店及高级写字楼的区位优势，根据外国游客的偏好，发展相应的旅游购物商品
	东花市大街	锦伦大厦、新世界	以具有北京特色的商品为主
专门性街区	秀水街	零售摊贩	利用靠近使馆区的独特区位优势，发展符合外国游客的中、低档商品
	雅宝路		
	虹桥		
	潘家园		
	中关村电子一条街	联通、四通、方正等计算机公司的经销商和代理商	以计算机为核心的系列产品
	琉璃厂文化街	中国书店、钱币书店、荣宝斋等文物书店	保持原有特色，以文物、民间手工艺品为主要商品
	东单银街	Ports，Esprit等世界名牌专卖店	突出高档次的定位，吸引外国游客及消费水平较高的国内游客

结合以上材料，请分析以下问题：

1. 请探讨旅游接待设施建设旅游地形象塑造中的重要作用。

2. 请分析国外游客在北京旅游中的重要作用和本规划针对国外客人接待方面的不足之处。

3. 结合1999—2010年北京旅游接待设施的实际发展情况，与该规划内容相比较，你如何评价该规划的预见性和可操作性。

复习思考

1.请简述旅游交通与旅游的关系。

2.请简述旅游者选择旅游交通方式时应考虑哪些因素。

3.请简述旅游服务基地的布局形式。

4.请简述旅游解说系统的功能。

5.请简述旅游解说系统主要内容。

第十章 旅游支持系统保障规划

学习目标

● 了解旅游政策和法制保障的作用及特点、旅游人力资源保障规划的特点、旅游环境保障规划的原则

● 了解政策和法制保障规划的主要内容、旅游规划与开发的投资决策和可行性研究、旅游人力资源保障的主要途径和规划要点

● 掌握旅游支持系统规划的措施

旅游支持保障体系规划是旅游发展的辅助性规划，包括政策和法制保障、投资决策和可行性研究人力资源保障、环境保障等子规划。

第一节 旅游规划与开发的政策和法制保障

相关政策法规为旅游规划和开发活动的顺利开展保驾护航。开发者在制订以非当地居民为销售对象的旅游区规划时，不得不考虑政治及相关政策的影响。政策及相关的政治因素对旅游的发展和旅游规划有很大的影响。国家的政治稳定及政策的制定涉及相关的投资及发展方向，影响到投资者（开发商）的投资信心及资金流向。政治稳定、投资奖励政策、便利性及安全等因素，会在很大程度上影响到度假村、第二住宅、主题公园的选址和开发管理。从旅游业发达国家发展旅游的经验来看，在旅游发展过程中，政府的作用体现在政策、资金、立法等方面。国家性的方式，包括法律措施、组织机构的措施和进入财政措施。政府对旅游规划与开发的干预，主要通过一些经济政策的制定和实施来实现。制定法规与核准过程就是其中一种制约私人开发的手段。例如成长管制就是一种政府保护现有开发，限制新开发，使当地已开发的旅游区保持高售价的措施。

一、旅游政策和法制保障的作用

首先，旅游政策和法制保障是大力发展旅游业的需要。目前，不少省、市、地县都将旅游业作为推动地方经济发展的重点产业之一，受到了各级政府的重视。旅游业涉及范围很

广，不仅包括食、住、行、游、娱、购等直接行业，还涉及工商、税务、公安、卫生、园林、文物、教育等数个相关行业及部门，仅凭旅游业自身能力很难协调好各利益主体的关系。同时，旅游产业存在公共产品现象，其主要体现在两个方面——旅游目的地的整体形象推广以及旅游基础设施的建设，这两方面难以依靠单个或少数旅游企业来承担。因此，在发展地方旅游业的过程中，政府需要通过制定一系列优惠政策及有效法规来帮助整个目的地的协调开发，并配以相应的服务设施和基础设施等硬件条件以推动旅游业的发展。

其次，旅游政策和法制保障是弥补市场失灵的需要。旅游活动是一种体验性产品，它们中的大部分都很难用一种客观的显性的标准来衡量或是判断其优劣与好坏，买卖双方信息严重不对称，再加上旅游活动固有的异地性，引发了不少旅游企业的败德行为。这些“以次充好，偷梁换柱”等行为极大地损害了旅游者的利益，使他们产生了逆向选择，对当地旅游业的可持续发展极为不利。因此，仅仅通过“看不见的手”来调节旅游市场的秩序是难以发挥作用的。这就需要政府制定相关的政策法规，来保证市场的正常秩序，保证资源在市场中得到优化配置。

再次，旅游政策和法制保障是保证旅游业均衡发展的需要。旅游业具有复杂性，其发展还必须依赖于安定的社会环境和良好的经济文化氛围。如果放任自流、不加管制，诸如黄、赌、毒等不良社会现象便有可能会泛滥并危害社会健康，不正当竞争难遭杜绝，消费者权益得不到保障，既不利于旅游业的长远发展，更严重影响了旅游地的整体形象。为此，政府有必要对此进行适度干预，以监督旅游资源的可持续开发，保护人与环境、旅游业与环境的合理共生。

最后，旅游规划的顺利实施必须得到政府强有力的组织保障。政府通过制定相关的政策法规来干预旅游业主要体现在以下五个方面：土地利用规划的管理；建筑物管理；提供基础设计特别是道路件事；投资激励和财政调控及管理；对需求施加影响力。明确政府积极主导与市场自身调节相结合的关系，规划两者的旅游产业开发和发展中的具体分工是旅游规划中的一项重要工作。1995 年召开的第 11 届世界旅游组织年会，专门就过去 40 年国家旅游局(NTO)在旅游业发展的不同时期的作用进行了讨论，认为大致经历了三个阶段：开拓者、规范者和协调者。经过改革开放三十多年的发展，我国旅游业整体上还处于开拓者向规范者过渡时期，个别部门已经在走上协调者的道路。我国旅游业的发展属于政府主导型发展模式，因此政府对旅游业的直接干预比较强。社会对旅游产品数量和类型的需求的增加，传统产业结构调整的需要，促进了新旅游地的大规模开发。旅游地的生产和发展，导致了生态、经济和社会文化的重大变化，政府也完全充当着其中的重要角色，特别是在旅游开发中政府对基础设施的大规模投入及大型设备的安装，使国家整体的或地方的经济和社会都不同程度地受到了影响。所有这些都说明国家必须为旅游业的发展制定总体政策，并为旅游地的发展制定具体政策。而作为旅游规划者必须掌握和研究这些政策，以实现旅游规划的有效和高速的运转实施。

二、旅游政策和法制保障规划的特点

旅游政策和法制保障规划在制订过程中，体现出以下几大特点：

其一，针对性。任何一项政策法规的出台和实施都是针对某类现象或某个问题的，旅游政策和法制保障规划也不例外。它主要针对旅游业在目前发展阶段所面临的主要问题以及预期将来可能存在的发展障碍，其目的就是保障旅游规划与开发工作的顺利开展，从而实现地方旅游业的快速、永续发展。

其二，时效性。各类国家性及地方性的旅游政策需以国家法制为基础，并根据实际情况及时做出相应调整，以推行符合特定时期、特定情势下的现实政策。如汶川地震后，国家及四川省各市州纷纷出台相应政策，以最快的速度恢复和重振四川旅游经济。古城西安则以北京奥运为契机，对持有奥运会门票的游客特别推出2008年8月8日至年底市内27个景区门票半价的优惠政策，以吸引更多的游客前来西安旅游。

其三，导向性。旅游政策和法制保障带有时代的烙印，能够反映出当前宏观的社会经济形态，透露出国家及各地方旅游业的发展走势。各旅游企业以及与其相关的行业部门据此可以明晰形势，做出正确的判断和经营决策，实现各利益主体的利益最大化。

其四，综合性。旅游产业具有很强的综合性和复杂性。为了保障其快速健康地发展，旅游政策和法制保障规划在内容设置上必将涵括众多方面，涉及旅游行政管理体制、旅游合同、旅游资源保护、导游人员管理、旅行社管理、旅游安全管理、旅游价格管理、出入境及旅行居留管理、旅游者合法权益保护等内容。

其五，协调性。旅游政策和法制保障属于行业性政策和专项立法，它既要体现旅游业的特征，为旅游业的持续发展打造良好的环境，更要与国家各项基本政策和法规相吻合，处理好旅游业与国民经济其他产业部门的关系，对双方或多方在旅游发展中存在的问题予以统筹协调。

三、旅游政策和法制保障规划的主要内容

政府在构建旅游政策和法制保障规划时，一方面，要建设并不断优化旅游行业自身的组织结构，做到分工合理，职责明确；另一方面，要根据地方实际情况，因地制宜，制定出科学有效的政策法规体系，以推动区域旅游业的发展。同时，还要坚持依法治旅，加强旅游执法力度，打造和谐发展的行业环境。

（一）职责明确，优化旅游行业组织结构

1.组建旅游产业领导机构

区域旅游产业发展涉及多个部门，其决策协调工作很难由旅游部门独立完成，因此必须成立一个厅（局）际间的联席机构，即组建地方旅游产业发展领导小组，统筹协调，通力合作，避免部门间相互扯皮、管理混乱，充分发挥旅游产业的综合效益，带动地区经济发展。领导小组应当由地区主要领导或主管领导牵头，财政、国土、工商、统计、建设、林业、水利、文化、宗教、体育、环保、公安、交通、物价、质监、卫生等部门负责人共同参与，负责决策、协调和解决区域旅游产业发展中的重大问题，研究整合旅游资源的科学开发、永续利用等发展规划策略。如财政部门可设立旅游发展专项资金，通过贷款贴息、项目补贴、政府重点采购、后期奖励等形式，推进地方旅游业的发展；统计部门可完善旅游业统计调查方案和指标体系，建立旅游业信息管理和发布制度；公安、交通、工商、物价、质监、卫生等部门则要加强旅游交通、安全、市场秩序、公共卫生和食品安全等方面的监督管理。

2.建立旅游行业管理组织

目前，我国旅游行业管理组织主要是各级别的旅游局，负责对所辖范围内的旅游行业实行指导和宏观管理。地方所有旅游企事业单位，包括旅行社、饭店、旅游车船公司、风景

区、旅游商品经销店、旅游学校和培训机构，不论其隶属关系如何，旅游行政管理部门均可依据旅游政策和法规，对它们的经营活动实行行业管理和监督检查，同时严禁非旅游经营单位非法或变相经营旅游业务。旅游行业管理组织要做好以下几项工作，以实施行业统一管理：通过完善并规范许可制度、定点制度和资格证制度等旅游市场准入机制，杜绝旅游经营违规现象，保证服务质量和旅游企业的经济效益；健全旅游质监网络，进一步发挥各类质量保证金的作用，切实落实行政处罚权，强化对旅游市场的年检年审和监督功能；利用行政管理组织的优势，对社会上的旅游规划与咨询服务、人力资源培养进行监督、指导和扶持，增强其针对性和科学性；建立和完善旅游信息服务体系，为旅游者及旅游经营服务者提供有效的信息服务；调动旅游企业的积极性，为它们提供客源市场和产品开发的组织引导服务。

3.成立旅游行业协会

旅游行业协会是旅游企业与政府、企业与社会、企业与企业之间沟通的桥梁，在加强行业自律、规范旅游市场秩序、提高旅游行业整体层次和素质等方面发挥着重要作用。目前，各地的旅游行业协会会员主要由当地旅游企业和相关管理部门组成，部分协会已着手将一些旅游产业链上的其他企业发展进来，使旅游竞争的方式上升为整个旅游产业链的对外竞争。此外，新闻媒体、公关公司等企事业单位也可成为协会的联合会员，以扩大协会的影响力。协会的主要功能在于行业服务、行业自律、行业代表和行业协调，具体包括：协调行业间矛盾，反映企业呼声，保护企业共同利益；发挥桥梁纽带作用，加强与外界的交流与合作；做好市场调研，组织会员探讨旅游业发展中存在的问题，倡导企业健康可持续发展；提供各种所需的信息咨询服务；完善行业自律，规范行业竞争，维护会员的合法权益。

（二）因地制宜，制定区域旅游业发展的政策法规体系

1.促进旅游业区域合作的政策法规

开展区域旅游合作可以整合各地资源特色，实现资源互补，增强旅游吸引力，扩大旅游经营规模和影响力。作为区域旅游合作的重要推动力量，各地方政府要打破地区行政界限壁垒，从区域旅游产业布局的层面考虑旅游业的发展，出台相关的政策法规，如区域内允许导游跨地区带团、旅行社跨地区组团、外地车辆区域内自由通行等无障碍旅游政策，打破地方性的保护壁垒。目前，世界上许多国家和地区已成功进行了区域旅游合作，如在我国泛珠三角区域旅游合作下，各省区积极推进旅游合作，共同整合、规划、开发、建设跨省区旅游产品，提高了泛珠三角区域旅游形象，在增加各省国内旅游人数和旅游收入、推动旅游产业扩大内需、拉动国内消费等方面收到了很好的效果。

2.加强基础设施建设的政策法规

基础设施作为一项公共产品，具有非排他性，各旅游企业自然而然地形成了“搭便车”的思想，而且这些设施（如路、网、水、电、气、垃圾处理、污水处理、厕所、通信设备等基础设施）的建设需要投入大量的资金，因此不仅需要政府介入，更需要政府牵头组织。一方面，政府要制定倾斜性政策，加大对旅游基础设施建设的投入，在涉及旅游发展的公路、铁路、民航等方面，也可通过整体或局部使用权招标等方式，推进基础设施的建设；另一方面，政府（尤其是财政较为困难的政府）需要解放思想，大胆开拓，建立开放性、多元化的市场融资渠道与运营机制，争取内资、外资、信贷资金、社会资金及其他资金投入到基础设施的建设中来。

3. 改善投融资环境的政策法规

任何一个旅游地的开发运营都离不开资金的投入，但仅凭地方财政支出或单个旅游企业自身的投入，不易实现资源的最佳利用，难以达到效益的最大化。这就需要各级政府通过政策法规的制定，营造良好的投资软环境，增强对本土或外来企业及个人投资的吸引力。主要内容包括简化和规范投资项目审批事项，缩短审批时限，增强审批的透明度；采取各种灵活方式降低外来投资的进入成本，减少不确定因素和投资风险；对外来投资项目实行全程跟踪服务，及时发现它们在审批、建设和生产经营中遇到的问题，凡属政府职责范围内的，要积极采取措施帮助解决；进一步整顿和规范市场经济秩序，打破地方、部门和行业对市场的垄断；保障和维护外来投资者的合法权益；对国家法律法规规定的外来投资者享有的权益以及地方各级政府引资时允诺的优惠政策都要予以保护和兑现。

4. 关注旅游人才培养的政策法规

随着旅游业的迅猛发展，地方对旅游人才数量和质量的要求也日益提高，对从业人员的教育和培训工作日益迫切。目前，不少地区都存在着旅游从业人员年龄结构不合理、总体素质不高、管理水平偏低等问题，为此，政府更应关注旅游人才的教育和培养，带头制定相应措施和政策，切实推动有关工作的进展。如建立旅游人力资源培训基金和政策，帮助旅游乡土教材的编制和培训，整理当地的民俗风情，将本族舞蹈和体育项目纳入到当地中小学教育中，组织相关人员学习本地特色旅游商品的开发与制作等。

5. 健全各类旅游管理办法及规定

在地方旅游业发展的过程中，各级旅游组织对旅游行业及从业人员的监管非常重要，它是旅游政策与法制保障体系得以生效的必要途径。因此，各地要立足实际情况，健全各类旅游管理办法及规定，与执法监控相互配套，做到有法可依。其主要类别有：地区旅游管理办法、地区旅行社联合经营管理办法、地区旅游质量监督管理办法、地区景区景点管理办法、地区文物开发管理办法、地区导游人员管理办法、地区旅游安全规定、地区旅游环境质量整改办法、地区旅游景区摊点管理办法等。

（三）加强执法，构建和谐发展的行业环境

加强旅游行业管理，坚持依法治旅，加大执法力度。严格按照已出台的政策法规、行业公约及相关实施细则，对各相关企事业单位及人员的执行情况建立检查和披露制度，及时公布检查处理结果，对各类违法违规经营和违反行业自律规定的行为采取行政措施、经济措施或是宣传教育措施等方法，维护企业经营的严肃性，构建和谐发展的行业环境。

第二节 旅游规划与开发的投资决策和可行性研究

一、旅游区投资的含义、特征和分类

（一）旅游区投资的含义及其构成要素

所谓旅游区投资是指在旅游区开发建设和经营过程中经济主体投入一定数量的资金，并期望在今后获得经济回报的活动。在旅游投资活动中存在着投资主体、投资客体、投资

目的和投资方式四大要素。

1.旅游区投资主体

旅游投资主体是指具有资金或资财来源和投资决策权的投资活动主体。它可以是自然人、法人和政府。

2.旅游区投资客体

旅游投资客体即旅游投资的对象、目标或标的物。旅游投资客体的表现形式多种多样:可以将资金直接投入建设旅游项目形成的固定资产和流动资产,也可以是有价值证券及其他对象。

3.旅游区投资目的

旅游投资目的是指投资者的意图及所要取得的效果。旅游投资者的目的是保证投资回流,实现增值,以获取经济效益或社会效益。对于任何类型投资管理而言,资金的安全性、流动性和收益性等三个指标的完美结合是投资管理的最高境界。

4.旅游区投资方式

旅游区投资方式指投入资金运用的形式与方法。由于旅游区内的投资对象具有多样化和多层次化,因此投资企业进行投资的方式也千差万别。每个企业在进行投资活动时,都需要了解每一种投资方式的特点,并根据旅游项目投资的目的和自身的条件选择最佳的投资方式,实现投资回报的最大化。

(二)旅游区投资的特征

1.旅游区投资主体的多样性

旅游者在旅游区内的旅游活动涉及食、住、行、游、购、娱等多方面综合性的物质和精神需要。需求的综合性决定了供给的综合性,供给的综合性又决定了参与供给的投资主体的多样化,既有投资建立餐饮、住宿、交通运输等服务设施的,又有投资各种游乐设施设备的。由于投资主体不同,其投资目的和对投资方式、投资客体的选择都有所不同,投资活动差异很大。

2.旅游区投资客体的复杂性

旅游投资主体的多样性决定了投资客体的复杂性。对于不同的企业,其投资的侧重点有很大区别,如旅行社以中介服务、信息咨询等服务要素为主要投资对象,在投资过程中短期投资、流动资产的比例较大,所以投资管理重点是货币资金;提供住宿功能和餐饮服务要素的旅游饭店所面临的最大问题就是建筑项目的投资和管理,这种建设性投资的回收期长,管理成本高;而旅游商品生产企业的投资则有明显的制造企业投资特征。

3.旅游区投资目的的特殊性

任何在旅游区的投资最终目的都是为了取得投资收益,而对于各个独立的投资项目而言,其直接目的是有差别的。旅游项目投资的直接目的可以分三个方面:(1)实现资本增值;(2)通过多样化经营和风险控制来降低投资风险;(3)承担社会义务,如环境保护。

4.旅游区投资收益的不确定性

旅游区投资具有风险和机遇并存的特点,而其收益受到消费者喜好、社会、经济、生态环境等多种条件的制约,具有较高的弹性。由于旅游产品的无形性,只有游客到达旅游区时才能享受到旅游产品的使用价值,而对旅游产品的评价又完全取决于游客的个人主观感受。如果旅游产品不能满足游客的喜好,则收益不会太高。

同时，旅游产品的价值实现必须是生产与销售同时完成，即游客必须达到旅游区。但这个过程可能受到外部因素的影响。当旅游业处于极度困难的境地时，如传染性疾病流行、政局动荡、社会治安混乱等，旅游活动就会几乎完全停止，旅游业处于停滞状态，当然也就没有旅游收入，旅游投资的收益就不可能获取。反之，在一个社会和谐、政局稳定、经济发展迅速、平稳的社会中，旅游活动就较热，旅游投资风险也就比较小。

5. 旅游区投资的高耗资性

旅游区投资的高耗资性表现在区域内主体项目的豪华性上，例如上海迪斯尼主题公园预计投资高达 245 亿元[5]。主题公园具有项目集中、机动化程度高、技术含量较高等特点，这些因素决定了主题公园投资属于高耗资。同时旅游投资是综合性投资，包括旅游活动六要素的各个方面，这些旅游投资甚至可能囊括旅游城、旅游市、旅游镇的规划，交通、住宿与餐饮业及其设施设备、娱乐业与购物场所规划建设投资等。正是由于旅游区投资项目的综合性、复杂性、服务性，以及旅游产品的巨大创意空间，所以旅游区投资具有高耗资的特点。

6. 旅游区投资的持续性

鉴于旅游投资的综合性、复杂性，旅游投资的投入与回报都是持续的。尤其对于新开发的旅游地和旅游资源的原始性，旅游投资首先要对交通道路、电网、通信、给水排水等基础工程进行投入，随后投资旅游服务接待设施（宾馆、饭店），这是游客进入旅游区的基本条件，有了游客进入，其他旅游项目才可能投资，例如游乐设施、休闲设施、购物场所等。

（三）旅游区投资的分类

1. 按照旅游投资主体分类

（1）国家或中央政府投资

国家或中央政府投资是指以中央政府作为投资主体，运用国家财政资金进行投资。

（2）地方政府投资

地方政府投资是指以地方政府为投资主体，以地方财政资金为主要资金来源而进行的投资。

（3）企业自筹投资

企业自筹投资是指企业运用税后留下的利润或运用自筹资金进行投资。

（4）个人或家庭投资

个人或家庭投资是指社会公众把消费后的结余资金积累起来进行的投资。

2. 按照旅游投资的流向分类

（1）旅游规划设计费用

旅游规划设计费用指旅游区在开发建设之前聘请专家和专业机构对旅游区所在区域进行资源调查、制订旅游总体规划、景区详细规划、项目可行性研究以及具体的景观和单位设计所发生的资金使用。

（2）旅游区基础设施建设费用

旅游区基础设施建设费用指用于景区道路、电力、电讯、能源、给排水、环保、卫生等基础设施的建设资金。一般而言基础设施的建设任务由政府承担，投资商很难承担得起如此高额而回收率低的费用。

（3）旅游区服务设施和项目建设费用

旅游区服务设施和项目建设费用指用于旅游区餐饮、住宿、购物等服务设施建设以及景观和游乐项目的资金。通常来自旅游区的私营部门投资者。但在旅游区发展动力不足时,特别是在起步阶段,政府可以出资启动部分先导项目,通过这些项目经济效益的示范效应来吸引更多的私营部门前来投资。

3.按照投资的时间长短分类

(1)长期投资

长期投资是指不准备随时变现,投资回收期超过一年的各项旅游区投资。

(2)短期投资

短期投资是指能够随时变现,投资回收期在一年以内就能够回收的旅游区投资,该部分投资在账面上通常被列为旅游企业的流动资产。

4.按照投资对象的存在形式分类

(1)实物投资

实物投资是指投资企业用于购买实体资产的投资,如旅游企业为扩大现有经营规模而增建客房、餐厅、娱乐设施,或者为提高饭店档次进行的重新装修,或者在江海湖滨新建一座码头或购置一条游船。

(2)金融投资

金融投资是指以有价证券为载体,以金融投资为对象,通过金融市场进行的间接投资,如购买旅游区债券、旅游上市股票等。

5.按照投资的经营方式分类

(1)直接投资

直接投资是指投资者以其所拥有或筹集的资金直接投资于发展产业、开发资源及兴办基础设施等。固定资产投资、流动资产投资都是直接投资。

(2)间接投资

间接投资是指投资者以拥有的资金投放于金融市场购买政府公债、国库券、公司股票、债券等有价证券的投资属于间接投资。

6.按照投资的目的分类

(1)建设性投资

建设性投资是指景区初创时的投资,可以建设一个具有生产、经营、服务等多种条件的宾馆等旅游企业。

(2)更新性投资

更新性投资是维持旅游企业简单再生产的投资,主要用于旅游企业的更新改造。

(3)追加性投资

追加性投资是扩大景区再生产的投资。

(4)稳定性投资

稳定性投资是指因调整景区经营方向后而进行的投资。

7.按照投资方案间的关系分类

(1)独立性投资

独立性投资是指所要投资的旅游项目不依赖于其他投资就可以实施的投资,如饭店设置一个酒吧等。

(2)相关性投资

相关性投资是指所要投资的旅游项目实施依赖于其他投资的实施。由于旅游产业内部各部门之间关联性较强,因此旅游区内建设的大部分项目都属于相关性投资,如游乐项目的投资依赖于基础工程设施的建设,如交通、供电、通信、给水排水工程等,只有这些前期项目的建设才能保证旅游区的可进入性。

二、旅游项目投资决策

对旅游区内项目进行投资决策是投资企业的一种经济决策,是投资企业决策者对拟建项目的必要性和可行性进行技术经济论证,对不同建设方案进行比较、选择以及对拟建项目的技术经济问题作出判断和决定,并对有关旅游企业投资活动的重大问题如投资方向、投资方式、投资规模、投资组合、投资结构等所做的判断和选择的过程。

(一)旅游项目投资决策的原则

1.系统性原则

旅游业是一个关联性和带动性很强的产业,其中许多类型的旅游项目的投资也会引发多个行业消费需求的增长,且影响投资项目建设的各种因素是相互联系、彼此制约的。因此,在投资项目决策时,要深入调查和搜集各方面的信息,并对其进行科学分析和研究,通过对已获信息的分析,判断拟建项目是否符合国家或地区旅游产业政策、旅游需求、市场前景、经济合理型、项目建设的人财物及政策保证和投资总量等。一个投资项目就是一项系统工程,需要用系统论的思想和理论等指导投资项目决策。

2.效益性原则

旅游投资项目建设必须有投资经济效益,而且是短期效益和长期效益的结合,必须在追求旅游投资项目本身的经济效益的同时,使之有利于地区旅游业整体投入产出效益的提高。以此为保证投资项目建设对区域旅游业发展的促进作用。

3.科学性原则

旅游投资项目建设涉及面广,牵涉因素多,整个建设过程十分复杂,如上海欢乐谷项目占地90公顷,投资额40余亿元。一个旅游区就是一个小社会,商业业态丰富,因此要求投资项目决策必须遵循科学性原则,即要求决策过程必须尊重客观规律,按照一定的科学决策程序进行决策,做到先对项目进行调查研究和可行性论证,然后进行决策,坚决杜绝“边设计、边施工、边论证、边决策”或“先决策、后论证”等违背客观规律的做法。

4.时间性原则

投资资金随着时间推移和社会再生产过程的进行其价值是不断变化的,即同等数量的资金由于投放时间的不同而具有不同的价值量。任何一个旅游投资项目的建设都有一定的周期和阶段性,投资项目建设所需要的资金是随着项目建设的进度和需要不断发生的,分布在项目建设的不同时期,各时期投放的资金具有不同的价值和不同的可比性。因此在旅游项目决策时必须充分考虑资金时间价值,动态地测算项目投资总额和经济效益。

5.适应性原则

旅游项目的建设终归要落实到一定的区域上,因此,项目建设必须与所在地区国民经济和社会发展计划相适应,与地区旅游业发展阶段和水平相适应,与国家旅游产业宏观布局基本思想和方案相适应。适宜于社会需要是每个投资商追求社会效益、追求长远投资效益的基本要求。无论何种投资，只有在反映社会要求、符合社会发展需要的前提下，才能得到应有的回报，才能推进国家或地区国民经济的协调发展。

（二）旅游项目投资决策的类型

旅游项目投资决策是为了达到一定的投资目标而对有关投资项目在资金投入上的多个方案比较中，选择和确定一个最优方案的过程。从投资的目的看，可把旅游项目投资方案分为以下三种类型。

(1)为获取经济和财务收益的旅游投资决策方案，如对旅游饭店、餐馆的投资建设。其主要的目的就是为了获取超过投资成本的利润，并且使利润最大化。这些投资多属于企业性投资决策。

(2)为获取经济效益和社会综合效益的旅游投资决策，如兴建地质博物馆、改善和提高河道水质、治理湖泊等。其主要目的是为了发展当地的名牌旅游产品，使经济效益、社会效益、环境效益等都得到改善和提高。这些投资多属于地方和国家投资决策。

(3)为获取特定的经济或非经济效果的旅游投资决策方案。前者如开设免税旅游区，以赚取外汇；后者如建设旅游学校或培训设施，以培养和训练旅游业发展中所需要的各类人才。这类投资也属于地方和国家投资决策。

在旅游项目投资决策中，根据企业发展的需要，其投资决策方向又具体分为以下几种不同情况：一是扩大旅游项目经营规模，即不断扩大现有旅游项目的生产经营规模，如增建客房、餐厅、娱乐设施等，以提高经济效益；二是旅游项目更新改造，主要是指对旅游景区的餐厅进行装修、装饰，对景区信息化系统进行更新等，以提高设施、设备的档次，从而提高综合服务质量；三是不断开发旅游新产品来满足旅游者多样化的需求，如建设旅游景区景点，新建饭店、餐厅、娱乐设施等，或对传统产品进行挖掘改造，使它成为优质产品；四是如购买政府发行的旅游项目投资债券或其他企业发行的债券而进行的证券投资等。

（三）旅游项目投资决策的程序

投资决策程序包括明确投资目标、拟定投资方案、分析备选方案、选定投资方案、实施投资决策和评价投资决策效果等六个步骤，如图10-1所示。

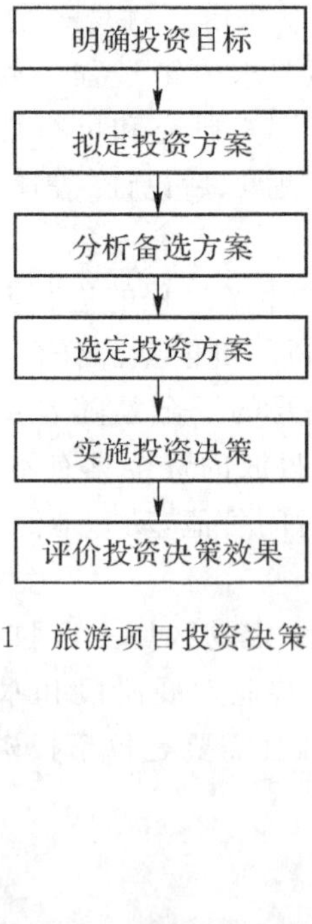

图10-1　旅游项目投资决策的程序

1.明确投资目标

决策的目的，就是研究如何行动才能达到预定的目标。因此，投资决策者首要的任务，就是确定一个正确、明确的投资目标。明确投资目标，不仅为投资方案的制订和选择提供了依据，而且为投资决策的实施和控制，为企业资源的分配和协调提供了标准。

旅游投资目标是为了获得包括经济效益在内的综合效益，或获取特种的经济或非经济的效果，一般包括以下几个方面：(1)能获得更多的外汇收入；(2)提供更多的就业机会；(3)更好地调整国家或地区内经济发展的不平衡；(4)更好地继承和发挥社会文化方面的作用；(5)更好地保护和改善环境。

2.拟定投资方案

决策的本质是选择，而要进行正确的选择，就是必须提供多种备选方案。因此，在旅游投资决策过程中，拟定可替代的方案要比从既定方案中选择重要得多。投资决策方案描述了政府或企业为实现投资目标拟采取的各种对策的具体实施步骤。为了使在投资方案拟定的基础上进行的选择有意义，这些不同的投资方案必须可以相互替代、相互排斥，而不能相互包容，否则就失去了可以参加比较和选择的资格。

根据已确定的目标和限定条件，拟定的备选投资方案越多，投资决策的相对满意度就越高。但是，在确定投资项目的每一个被选方案时，必须通过可行性研究。只有技术上可行、经济上合理、条件可能的项目，才是可行的投资方案。

3.分析备选方案

分析备选方案包括对投资方案逐一进行效益性评价和方案比较研究。评价和比较的主要内容包括：(1)旅游投资方案实施所需的条件能否具备，筹集和利用这些条件需要付出何种成本；(2)旅游投资方案实施能够给政府、企业和当地经济、社会及环境带来何种长期和短期利益；(3)旅游投资方案实施过程中可能遇到的风险，以及导致活动失败的可能性。

根据上述比较，就能找出各种旅游投资方案的差异，分出方案的优劣。在此基础上进行方案选择，不仅能确定能够产生综合优势的实施方案，而且要准备好可启用的备用方案。确定备用方案的目的是准备充分的措施，以避免临时应变可能造成的混乱。

4.选定投资方案

将每一个旅游投资方案的预期结果加以比较和评价后，决策者就可以从中挑选出能够最大限度地满足投资目标的最优方案。在选择最优投资方案时，旅游投资决策者往往会遇到各种困难，如同时有两个或更多同样可取的投资方案；或者，没有一个单独的投资方案能满足目标要求，而必须同时采用几个投资方案；或者，投资方案中没有一个能完全达成预定目标的，结果都不满意。

5.实施投资决策

实施投资方案是将决策传递给有关人员并能得到他们行动的承诺。有关人员在投资决策的实施过程中，要正确处理一些面临的问题，如避免和减少利益冲突，考虑补偿风险的因素以及对投资决策的理解程度。特别是人的因素在实施投资决策过程中作用重大，投资方案实施效果的好坏既取决于执行者对投资决策方案的理解程度，又取决于遇到风险的应变能力。

6.评价投资决策效果

旅游投资决策付诸实施后，还不能保证其结果一定符合原定的目标，必须要有一套科学的跟踪和检查办法，建立科学的信息反馈控制系统，以保证实施结果与决策时的期望相一致。跟踪和检查时应包括三个步骤：

(1)规定标准。所定标准尽可能用可计量的语言来表示，以标准来衡量执行情况。

(2)纠正偏差。在执行过程中若发现与决策目标偏离太大，则需要采取纠正措施。

(3)重新制定投资决策目标。当发现原投资决策目标确实不符合客观条件时，则要重新考虑各种因素、环境和条件等的变化，实时地调整投资决策目标。

(四)旅游项目投资决策应考虑的因素

1.投资收益

收益是投资首先应考虑的因素。投资的根本目的在于追求收益最大化。投资收益包括投资利润和资本利得。投资利润是指投入资金经运用后所取得的收入与所发生的成本的差额；资本利得是指金融商品买与卖之间的差价。考虑投资收益应以其具体的方案为选择对象，寻求提高和稳定投资收益的途径。

2.投资风险

投资风险是指在投资过程中或投资完成后，投资者发生经济损失或不能收回投资，无法实现预期收益的可能性。投资活动是企业财务活动中最重要的环节，投资的正确与否决定着企业的生存与发展。因此，从某种程度上说，旅游项目投资风险是政府或企业所面临的重要问题。投资风险主要来自于投资者对市场预期不正确以及经营缺乏效率。政府或企业在投资旅游项目之前必须考虑投资风险，寻找投资风险产生的原因，并提出规模风险的方法。

3.投资约束

投资约束是指政府或旅游企业对接受投资的旅游景区行使制约权利的程度。它与投资风险密切相关，当投资风险较大时，政府或企业对接受投资的旅游景区约束就会增强；反之，这种约束会较弱。一般来讲，投资约束有以下形式：

(1)控制权约束。它是指政府或旅游企业对旅游景区内部管理直接形式控制权或所有者权利的一种约束形式。它包括重大决策权，如针对资金变动而进行的重大经营决策权；监督权；以及分配利润的权利。从本质上看，这些权利属于行政控制权的范畴。一般来说，主权性投资才存在这种约束，债权投资不存在这种约束。

(2)用途约束。它是指旅游企业直接限制投出资金的使用方向，不许用作他途，接受投资的旅游景区管理部门必须按规定用途使用投资资金。这种约束的作用避免接受旅游景区管理部门投资的企业任意使用投资而造成投资损失。

三、旅游投资项目可行性研究

(一)可行性研究的含义

可行性研究是指在项目开发建设前，对与项目相关的市场、资源、技术、经济和社会等方面问题进行全面的分析、论证、评价，以确定该项目是否具有可行性的技术方法。可行性分析对于提高项目投资决策的科学性有重要的意义。

较大的旅游项目影响的产业部门较多、涉及的投资金额较大，在旅游规划中有必要对其进行可行性分析，这样会有效避免走弯路，有助于更好地实现旅游开发的综合效益。而所谓旅游可行性研究是对各类旅游建设项目实施前进行的全面分析、论证和评估、目的在于确定其环保方面是否符合国家有关环保护政策，技术上是否先进合理，经济上是否有效益等，为决策提供依据。

（二）可行性研究的作用

1. 可行性研究是旅游项目决策的前提和保证

对于是否应该建设某项旅游项目工程，不论是政府投资还是私人投资，主要依据除了项目申请报告外，还有就是可行性研究结论。可行性分析能够为规划者和投资者的决策行为提供各种信息和数据。由于可行性研究是针对规划项目的全面分析与评估，因此，其结果好坏直接关系到投资者的切身利益，从而影响到投资者的决策行为。投资者可通过可行性研究来预测和判断一个旅游项目技术上是否可行，产品是否有销路，竞争能力如何，获益是大是小，然后做出是否投资的决策。如果结论是可行的，项目就确定了，再进入实施研究；如果结论是不可行的，其他工作就不必进行了。

2. 可行性研究是吸引项目融资的重要依据

在旅游项目开发过程中往往需要从外界筹融资，而提供项目筹融资的主体通常需要以项目的可行性研究结论作为筹融资的凭证和依据。例如，旅游企业向商业银行申请贷款，则必须向贷款银行提送建设项目的可行性研究报告，银行对可行性研究报告进行审查，确认有足够的偿还能力，不担风险，才同意贷款。当前，在区域旅游开发的投资招商中，关于旅游规划与开发项目可行性的分析报告已经成为必不可少的重要文件之一。因此，由权威咨询机构撰写、综合多方面信息、以科学研究方法为手段的可行性分析成为项目融资成功的保障。

而承担编制报告的咨询机构，既要承担一定经济责任，又要维护本身的信誉，只有实力较强、信誉较高的咨询机构所提出的可行性报告可行程度较高。

3. 可行性研究是向环保部门申请执照的文件

在旅游项目可行性研究中，环境保护是一项重要内容。对于旅游项目中涉及自然资源的问题，都可能涉及国家环境保护法的相关要求。因此，建设项目投产以后，环境保护必须符合标准。可行性研究中为达到标准所提出的措施和办法，是环保部门签发执照的依据。同时，在环保方面还要接受政府和居民的监督，可行性研究报告是这种监督的文件。

4. 可行性研究是保证旅游规划质量的重要手段

由于可行性研究是对旅游项目的整体、全面研究，因此，可行性研究能够跳出旅游产业自身的发展，而站在旅游项目所在区域整个经济发展的战略角度出发评价旅游项目开发的质量优劣与可行性。其结果能为旅游规划的修订和优化提供一定的参考，对于保证旅游规划的质量具有重要作用。

（三）旅游投资项目可行性研究的一般程序

从投资前阶段的进行步骤出发，可行性研究分为投资机会研究、初步可行性研究、详细可行性研究和最终的评价报告四个阶段，如图 10-2 所示。

1. 投资机会研究

投资机会研究主要任务是从旅游业发展的宏观形势、区域旅游发展的趋势、不同主题类旅游项目发展的背景、市场基础、建设条件等方面进行研究，提出旅游项目投资方向的建议。该研究应与旅游项目策划工作同步，从可行性研究角度对策划项目进行分析和思考。投资机会研究比较粗略，旨在对拟议的工程项目的可行性进行笼统的估计，而不是详细的计算。但是，这种研究需要确定有无必要进一步获取建设拟议工程项目的详细资料。在国外，这种研究对总投资估算的精确度一般在±30％。

在投资机会研究阶段形成的成果为《旅游项目建议书》，该建议书应包括以下内容：(1)

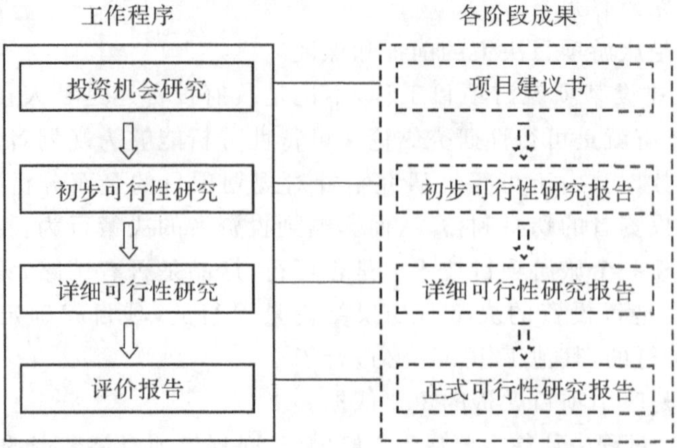

图 10-2　旅游项目可行性研究的一般程序和各阶段成果

项目建设单位;(2)建设目的;(3)对象;(4)建设范围;(5)投资估算;(6)投资方式和资金来源;(7)生产技术、主要设备和主要原材料等需要量和来源;(8)项目运作管理单位人力资源的数量、构成和来源;(9)经济效益估测;(10)主要附件。

2.初步可行性研究

初步可行性研究,也称为预可行性研究,判断分析所选项目投资机会是否有前途,是否值得作详细的可行性研究。该研究要分析投资机会分析的结果,深入研究项目的规模、材料供应、地址选择、项目设计、施工进度等情况,比较准确地(允许误差为±20%左右)进行经济效益评价,排除一些不利方案,确定少量的需要进一步分析的方案。

初步可行性研究的目的主要是:投资机会是否有前途,值得不值得进一步做详细的可行性研究;确定的项目概念是否正确,有无必要通过可行性研究进一步详细分析;项目中有哪些关键性问题,是否需要通过市场调查、实验室研究、工业性试验等功能研究做深入的研究。

在初步可行性研究阶段形成的成果为《旅游项目初步可行性报告》,该报告应包括以下内容:(1)旅游项目基本情况;(2)旅游项目提出背景和项目建设的必要性;(3)旅游项目建设条件和选址方案分析;(4)旅游客源市场分析;(5)旅游项目建设内容和规模;(6)投资估算;(7)财务评价及投资风险分析;(8)环境影响及生态效率分析;(9)社会效益分析;(10)旅游项目组织运作和管理;(11)结论与建议。

3.详细可行性研究

详细可行性研究对已经提出明确的建设性质、规模和建设标准的旅游投资项目进行深入的技术经济论证,仔细分析项目建设的各项基础条件,对项目建设的技术方案进行多方案比较,提出最合适的可行性方案。详细可行性研究对经济效益评价的精确要求不要超过±10%。

在详细可行性研究阶段形成的成果为《旅游项目详细可行性报告》,其报告内容与《旅游项目初步可行性报告》内容基本一致,而区别在于所获取资料的详尽程度不同,研究的深度不同,以及估算精度不同。

4.评价报告

针对详细可行性研究的结论,重点进行项目评定和投资决策,提出正式的可行性研究报告。

第三节 旅游规划与开发的人力资源保障

一、旅游人力资源保障规划的作用

其一，满足旅游业发展对人力资源的需求。旅游业是劳动密集型产业，离开了人力资源的支撑其就会成为“无源之水，无本之木”。近年来，我国旅游业发展迅速，尤其是在北京获得奥运主办权后，每年海外游客数量就以平均递增7%的速度增长。但与此形成对比的是，我国旅游人力资源的开发与培训尚未系统化、规模化，各类专业型、复合型人才相对匮乏。因此，各地政府及企业要注重旅游人力资源的开发与培训，以满足旅游业长远发展的需要。

其二，适应现代科学技术发展的需要。随着现代科学技术的发展及其在旅游业中的运用，依靠旅游资源发展旅游业的传统模式将逐渐转变为依靠技术、设备、人力资本和管理等现代化生产手段来保持旅游业的竞争力和可持续发展，迫切需要各类既懂业务又懂技术的教育培训机构及专业人员、研发机构及专业人员、旅游企业优秀经营管理人员以及技术服务人员。

其三，体现市场竞争的要求。旅游企业和其他企业一样，要想走向成功就不可或缺经验丰富、眼光独到的决策者，他们能准确洞察市场需求的变化，把握市场运行的规律及机会。同时，旅游产品是无形的服务产品与有形的实体产品相结合的产物，对旅游者而言更是一种体验型产品，其满意度的高低很大程度上取决于服务人员的服务态度及水准。因此，各旅游线路或旅游企业要想在市场竞争中占据优势，就必须培养并拥有高素质的旅游人才。

其四，符合旅游服务质量管理的要求。旅游服务质量管理，即在准确了解旅游者消费期望的基础上，切实制订有关旅游服务质量标准，以此为依据对相应人员开展技能和素质培训，使其达到标准所要求的细化或量化程度，尽可能满足旅游者的期望。因此，对旅游人力资源进行开发和培训是旅游服务质量管理的重要组成部分。

二、旅游人力资源保障规划的特点

(一)系统性

现代旅游产业已不局限于“食、住、行、游、购、娱”，而是涉及众多其他行业，它们相互影响、相互制约，这就决定了旅游人才的培养应具有很强的系统性。具体而言，包括面、线、点三个梯级。面，即旅游人才培养系统应覆盖“食、住、行、游、购、娱”等多个层面，同时对与每个层面经营服务相关联的其他行业也应给予关注，让该层面的从业人员对其有所了解。线，即旅游人才培养系统应贯穿整个旅游产业链，包括市场调研、产品开发、服务销售、售后服务等，根据不同链级上各岗位对人力资源需求的具体内容，设置相应的培训课程。点，即各类旅游产品在其生产销售中都有其独特性，需要不同知识结构和身体素质的人员加以完成，因此要有针对性地为不同企业不同岗位培养不同素质结构的人力资源。

（二）综合性

旅游业作为一个服务性行业，其服务既是一种产品，也是一种展示，既要展示出服务人员的熟练的技能和优雅的仪态，也要展现出本企业、本行业的非凡风采，因此，旅游人力资源的开发与培训要综合考虑多方面的需求，力求综合全面，从思想素质、品德修养、服务意识、业务技能、组织协调、沟通交际、应变能力等方面，塑造高素质的综合性旅游从业人员，满足旅游业对人力资源的需要。

（三）实用性

旅游人力资源的开发和培训其最终目的是要充分利用现有及潜在人力资源，培养他们的专业能力，提升他们的综合素质，最大限度地挖掘他们的潜能，有效调动其积极性，以推动地方旅游业的发展。因此，各地务必围绕地方实情，围绕行业所需，有的放矢地开展各种具有实效意义的开发和培训工作，杜绝"花拳绣腿"的表面文章。

三、旅游人力资源保障的途径

（一）教育培训内部旅游人力资源

为了适应旅游业的发展，向外部吸引招募旅游人力资源是必要的，但更重要的是对现有旅游从业人员以及有意成为旅游从业人员的当地居民进行教育和培训，促使他们提升道德素养和知识技能，以适应业务工作的需要，有助于他们个人职业生涯的规划和塑造。

1. 旅游人力资源教育培训的需求分析

为了使培训更具有实际意义，一般企业在实施培训前都会借助各种调查工具进行需求分析。旅游人力资源教育培训的需求分析主要从组织需求、工作岗位需求和个人能力需求三个方面展开。从企业组织的层面上，人力资源主要分为经营管理层人力资源和技术服务层人力资源两大类，他们在角色定位、工作内容和岗位规范上存在着较为鲜明的区别，这就决定了两者的教育培训必须要各有侧重。

(1)对经营管理层人力资源的开发与培训

经营管理层人力资源包括企业基层及中高层管理人员。

基层管理人员扮演着生产参与者、计划的执行者和组织者等多重角色，承担对技术服务层员工的工作督导职责以及各种上级指示的落实情况，需要具备熟练的专业技能和一定的管理技能，因此其教育培训的重点应放在实际工作技能和管理技巧的提升上。

中层管理人员是沟通基层管理人员和高层管理人员的桥梁，起着承上启下、上传下达的作用，需要具备相当的计划组织能力、协调控制能力以及一定的决策能力，因此对其教育培训应着重加强业务管理能力、企业环境分析能力、领导能力以及自我管理能力的提升。

高层管理人员是企业发展的决策者，同时充当着各种不同的角色（如图 10-3 所示），这一角色定位要求他们必须熟悉本行业的运营模式，具有精湛的管理理念和较强的创新意识，具备卓越的领导能力和沟通协调能力，因此应侧重其领导知识、理念与管理技能的培训。

(2)对技术服务层人力资源的开发与培训

技术服务层人力资源承担着企业具体的技术支持和服务操作工作，是决定旅游产品质量的直接影响因素。这一层级的人力资源要求具备良好的职业道德、强烈的服务意识、较高的个人修养和熟练的服务技能，因此对他们的教育培训主要从道德培训、知识培训和能

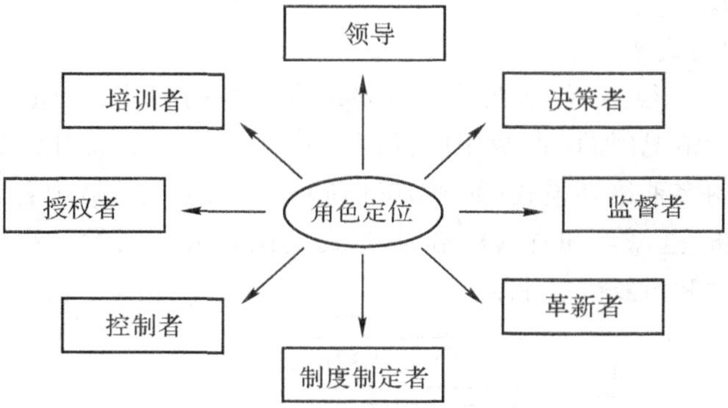

图 10-3 企业高层管理人员组织角色分析图

力培训三个方面着手。其中，道德培训包括社会公德和职业道德两部分；知识培训特指本岗位专业知识和技能的培训；能力培训表现在岗位所需的观察能力、记忆能力、思维能力、想象能力、应变能力、交际能力、艺术欣赏能力等。

2. 旅游教育培训机构的设置安排

设置旅游教育培训机构，其宗旨是为了满足区域旅游业快速发展对旅游人力资源的需求，促进区域内各旅游企业和单位在旅游教育和培训上更好地合作与交流。因此，旅游教育培训机构的设置应基于当地人力资源教育培训的需求分析，采用统筹规划、总量控制的办法，有针对性地进行合理安排。目前，从事旅游教育和培训的机构主要有两大类：一是学校；二是政府或社会主办的培训机构。学校包括高职高专和各类高等院校，前者以与职业技能相关的各类学历教育和就业培训为主体，后者主要承担普通高等学历教育，既有学者型的科研人才，也有专家型的技术能手，但两者均可根据行业或企业需要承办多种社会培训教育活动。政府或社会主办的培训机构是政府、企事业单位、社会团体及其他社会组织或公民个人利用非国家财政性教育经费，在本行政区域内面向社会举办的以职业技能培训为目标，以职业资格培训、技术等级培训、劳动就业技能培训为主要内容的培训机构，它们在培训方式的灵活性和培训内容的针对性上颇具优势，例如建立由当地旅游局全面或参与管理指导的旅游培训中心。这两类旅游教育和培训机构相互依存，相互补充，共同支撑着区域旅游教育培训的发展。

3. 旅游人力资源培训的方案设计

(1)教育培训的目标与内容设计

通过对区域内旅游人力资源的需求分析，可以发现不同层次的人力资源所需的培训内容和侧重点有所不一，其培训目标也有所区别，主要包括改善工作态度、更新知识结构、提高专业能力(含工作技巧、工作技能、决策能力等)和综合素质。设置教育培训目标应注意广泛、具体、量化、清晰，即广泛召集相关人员讨论培训目标，将抽象的目标具体化，尽量将目标量化为客观数字，用“必须”、“最好”、“掌握”、“熟悉”、“了解”等词汇区分目标层次。

教育培训的内容设计主要是根据培训对象的不同需求和目标设置相应的培训内容，具体体现在培训课程体系的建立和安排上。这就需要对培训需求调查中的各个需求点进行分类整理，并按照需求程度的高低细化为若干具体的培训课程，同时就课程的先后顺序做出合理安排。每一门课程都需要根据各自的培训目标确定其主要的内容模块，并据此开发或选择相应的培训教材。

(2)教育培训的模式选择

教育培训的模式有很多,各地在选择时要结合市场的需要,考虑当地教育培训机构的实力以及企业的实际情况(如培训费用的额度等),针对各类培训对象的需求、目的以及特征、兴趣等,灵活运用多种培训模式(如图 10-4 所示)。如组织区域内各旅游企业的总经理,通过举办高级研讨班、选派参加省内外培训、选送到国外大公司学习锻炼等多种途径,大力提高他们的经营管理和市场开拓能力。

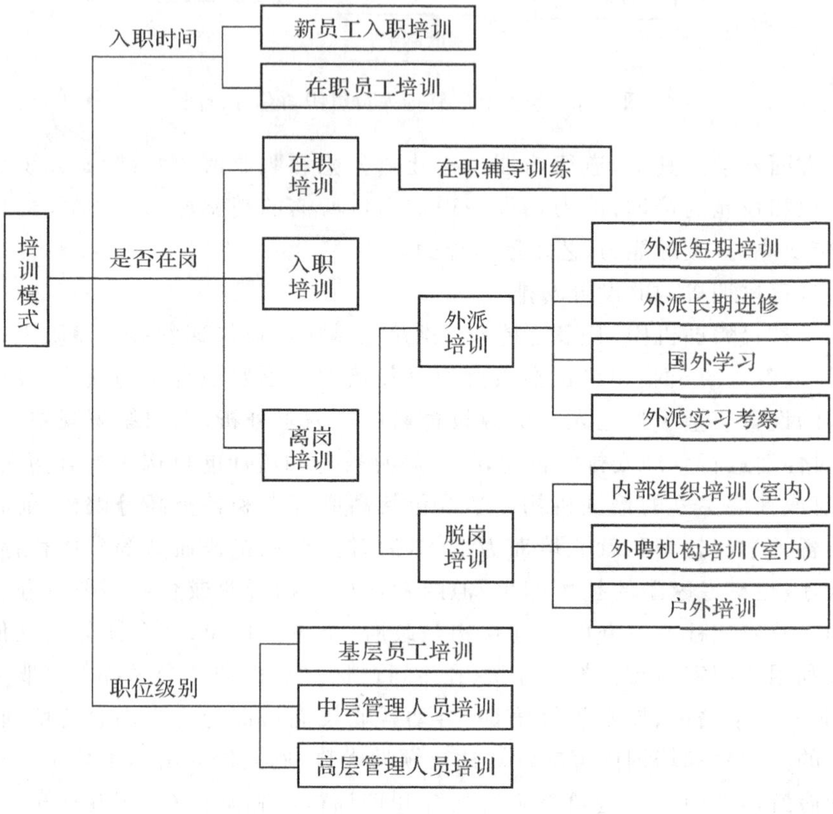

图 10-4 培训模式分类图

在各种教育培训模式下,都面临着培训机构和师资的选择,它直接影响着教育培训的最终效果,在聘请外来教育培训机构或师资时尤其要注意了解他们的各方面情况。一般来说,培训讲师要具备丰富的专业知识和沟通能力,最好有与培训相关的从业经验、灵活的授课技巧、较好的沟通表达能力和个人魅力等。如在为饭店销售人员进行在职培训时,资历和经验是其首先要考虑的因素,可选择学有专长、富有销售经验的专家学者或实践经验丰富的销售骨干、销售经理来担当;而在为新员工进行入职培训时,业务培训的课程内容则可以由企业内部选派一名资深员工以师带徒的形式,给予新员工系统、具体、细致的讲解和指导。

(3)教育培训的方法选择

根据当地旅游企业的实际情况和培训项目、培训对象的具体情况,选择灵活的培训方式,是保证培训取得预期成效的重要条件。针对知识理论性的培训内容,其培训方法主要有课堂讲授法、小组讨论法、案例分析法、角色扮演法、头脑风暴法等;针对实践指导性培训内容，其方法主要有操作示范法、四步培训法、情景模拟法、实战演练法等。培训方法众多，但每种方法都有各自的优缺点(见表 10-1)。

表 10-1 常用培训方法介绍及优缺点比较

培训方法	方法介绍	优点	缺点
课堂讲授法	最简单最常见的方法，老师讲课，学员听课。	讲师能够有效控制课堂，不易受干扰，授课内容较系统全面。	讲师与学员之间单向沟通，缺乏反馈。
小组讨论法	分组围绕某个主题进行讨论。	促进学员学习，拓展学员的思维能力，加深知识的理解，氛围较活跃。	课堂不容易控制，讲师要注意防范学员在讨论中跑题。
案例分析法	让学员分析和研究所给案例，提出解决问题的建议或方案。	能够启发和挖掘学员的分析、判断和决策能力，促进其运用新知识、新方法思考问题，使借鉴经验教训，提高处理实际问题的能力。	很多案例都存在若干合理的解决方案，难以用一个最优方案将它们代替，故讲师要对各方案进行归纳总结，而非不了了之。
角色扮演法	让学员扮演某个角色，做出他们认为适合每一种角色的行为和情感，使其体验所扮演角色的感受。	通过体验，让学员主动发现不同角色之间的内在差异，有助于消除角色之间的隔阂与障碍。	课堂时间和进度不容易控制；多为小组训练，人均费用较高。
头脑风暴法	讲师给出一个论题，鼓励所有学员说出自己的想法(要提倡多种思路)，将想法罗列出来，然后逐个进行讨论，定出最好的方案。	能够打破学员的思维定势，集思广益，锻炼学员的分析思考问题能力，整体效果好于单独思考。	课堂时间和进度不容易控制；讲师需要具备良好的课堂收控能力和归纳总结能力。
操作示范法	利用实际使用或仿真模拟的设备和材料，将工作流程和操作方法边讲解边操作示范给学员看。	能够加深学员的第一印象，增强他们的动手能力。	讲师必须掌握规范的操作规程和方法；不易与理论讲授相结合。
四步培训法	通过讲解、操作示范、实习、上岗操作四个步骤培训学员在某岗位上的实际操作能力。	实践性强，学员容易掌握。	时间持续较久，要有专人跟踪、复查学员在实习及上岗操作过程中的表现，确保操作要领的领会和正确运用。

4.旅游教育培训的实施与考核评估

根据旅游教育培训的方案设计，确定培训时间、培训地点以及培训讲师，并根据具体的实施计划表开展培训教育工作。在整个培训过程中，还需安排专人做好对整个培训过程的监控，以便进行后期的考核评估。

对旅游教育培训进行考核评估对了解培训效果、界定培训对地方或企业的贡献、改善今后的培训工作具有积极作用。一般而言，考核评估的内容主要是对培训工作人员的评估和对培训效果的考核评估。培训工作人员主要指培训讲师和培训组织者。对培训讲师的评估侧重于责任心和授课质量等方面；对培训组织者的评估主要是培训主办方对相关部门和人员的自我评估，如后勤服务、培训设备准备、讲师选择、培训时间的组织安排等方面。

培训效果的考核评估可根据柯克帕特里克(Kirkpatrick)模型,划分为四个层面——反应层评估、学习层评估、行为层评估和绩效层评估,他们分别贯穿在培训中和培训后展开。其中,反应层评估是指学员对培训总体印象的感觉,包括对培训课程、讲师、方法、内容等方面的看法,可在培训中后期或培训刚结束时开展;学习层评估则主要测量学员对知识和技能的理解和掌握情况,在培训结束时要求学员运用所学知识解答试题或现场操作;行为层评估是培训后的跟进过程,需要在培训结束一段时间后利用观察法、访谈法或自我评价法等对学员培训后在岗位工作中的行为变化做出评价,以判断所学知识、技能对实际工作的影响;效果层评估往往在培训结束后的更长一段时间后进行,主要是通过一些企业组织指标(如顾客投诉率、员工流失率、销售增长率等)来衡量和判断培训是否对企业经营具有具体而直接的贡献。

(二)吸引外部旅游人力资源

除了对区域内部人力资源进行培训教育使之成为符合地方旅游业发展所需的人才外,吸引招募区域外人员也是保障旅游人力资源充足的重要途径。虽然从外部招募而来的人力资源需要一段时间熟悉和适应当地的风土人情和工作氛围,但他们犹如一股新鲜血液,给本地旅游企业注入新鲜的工作理念、方法和经验。

吸引招募外部人力资源主要有以下几个渠道:

一是直接招收录用外地旅游院校的毕业生。他们年轻、有活力、求知欲强、成才快,对提升企业员工素质、提高产品服务质量具有积极作用,但他们大多缺少实际工作经验,需要企业给予必要的培训。

二是通过职业介绍机构和人才交流市场等途径,广泛在社会上网罗旅游人才,这是招募具有一定工作经验或管理层员工的重要渠道。其提供的选择对象在数量上和类型上都较多,便于企业根据实际需要进行挑选,量才录用,唯才是用,也可在一定程度上避免裙带关系的形成。

三是通过项目合作、兼职、考察讲学、担任业务顾问等形式,积极鼓励高层次旅游人才参与到当地的旅游业规划和发展中。这部分人力资源在专业领域上往往具有较好的知名度和口碑,他们视野开阔,经验丰富,能提供一些建设性的建议,但他们对当地旅游资源开发的具体情况了解不够深入,在项目探讨时还需要有本土专家联合参与或辅助。

四是内部人员或相关部门推荐。由于招聘和应聘双方事先已有一定的了解,可以节约不少招聘环节和费用,但有时会因人情而影响了招聘水平,或是形成裙带关系,带来管理上的困难。

第四节　旅游规划与开发的环境保障

一、旅游环境保障规划的意义

旅游环境是旅游活动得以存在和进行的外部条件,是区域旅游业生存的基础,关系到旅游业的兴衰成败。一方面,旅游环境是吸引旅游者前来旅游的重要吸引物,是构成旅游地形象不可或缺的要素，也是衡量一个旅游地质量高低的主要标准；另一方面，旅游环境的优良与否同旅游资源的开发保护有密切关系，环境的恶化与破坏会极大降低甚至损毁旅游资源的价值。因此，确保旅游环境的优良和安全已经成为促进旅游可持续发展的基本要素。

二、制订旅游环境保障规划的原则

制订旅游环境保障规划应遵循以下原则：

其一，规范性，即制订的旅游环境保障规划既要遵循国家所规定的一系列法律、法规、条例，又要参照地方针对本地实际情况所制定的环境保护规范。例如《中华人民共和国环境保护法》、《中华人民共和国自然保护区管理条例》、《中华人民共和国大气污染防治法》、《中华人民共和国森林法》、《中华人民共和国野生动物保护法》、《中华人民共和国水污染排放许可证暂行办法》、《风景名胜区管理暂行条例》、《旅游规划通则》、《旅游区(点)质量等级的划分与评定》等，这些法律法规都为旅游环境保障规划的制订提供了有利的依据。

其二，统一性，即制订的旅游环境保障规划一方面要与地方经济建设的步调相统一，注意与其他专业规划的相互衔接、补充和完善，使各方同发展、共促进；另一方面，要实现科学性与美观性的统一，在尽量美化环境的同时对区域旅游环境加以科学保护和建设。

其三，超前性，即制订的旅游环境保障规划既要立足于当前实际，使规划具有可操作性，又要充分考虑发展的需要，使规划具有一定的超前性，同时统筹兼顾，使之既满足当代经济、社会、人口发展的需要，又为子孙后代预留了可持续发展的空间。

三、旅游环境保障规划措施

(一)准确把握旅游区环境质量标准的有关规定

国家及地方以法律法规、条例规范等形式对旅游区环境质量进行了具体翔实的规定，在规划中必须准确把握这些法律条文。

根据中华人民共和国国家质量监督检验检疫总局颁发的《旅游规划通则》(GB/T18971—2003)国家标准，不同类型的旅游区要求执行不同的环境质量标准。

1. 自然景观型旅游区

对于自然景观型旅游区和度假型旅游区，其环境质量应达到如下标准：

(1)绿地面积：除滑雪、海滨和河湖型旅游区外，其他旅游区绿地面积不少于50%；

(2)大气环境达到《环境空气质量标准》(GB3095—1996)的一级标准；

(3)水质要求：人体直接接触的娱乐水体达到《景观娱乐用水水质标准》(GB12941—1991)的A类标准；与人体非直接接触的景观娱乐水体达到(GB12941—1991)的B类标准；生活用水水质达到《生活饮用水卫生标准》(GB5749)的要求；其他水体达到《地表水环境质量标准》(GB3838)的要求；

(4)环境噪声达到《城市区域环境噪声标准》(GB3096－1993)的0类标准；

(5)公共场所卫生达到(GB9663—9673)和(GB16153)的要求。

2. 人文景观型旅游区

对于人文景观型旅游区，其环境质量应达到如下标准：

(1)绿地率不少于30%。

(2)大气环境达到《环境空气质量标准》(GB3095—1996)一级标准。

(3)水质要求:人体直接接触的娱乐水体达到《景观娱乐用水水质标准》(GB12941—1991)的A类标准;与人体非直接接触的景观娱乐水体达到《景观娱乐用水水质标准》(GB12941—1991)的B类标准;生活饮用水水质达到《生活饮用水卫生标准》(GB5749)的要求;其他水体达到《地表水环境质量标准》(GB3838)的要求。

(4)环境噪声达到《城市区域环境噪声标准》(GB3096)的要求。

(5)公共场所卫生达到(GB9663—9673)和(GB16153)的要求。

此外,《旅游区(点)质量等级的划分与评定》(GB/T17775—2003)国家标准也对各级旅游区(点)的资源和环境保护拟订了相关的条件和要求。可见,国家制订的这些标准规范对区域旅游环境规划提出了非常具体的要求。与此同时,规划者们还要学习了解地方相关部门对本地环境质量的其他特殊要求,使之更好地适应地区整体规划和发展。

(二)客观分析旅游地的环境现状

在制订具体的旅游环境保障方案前,旅游规划者们应连同其他相关人员对旅游地的实地环境进行调查,客观分析其环境现状,结合旅游项目的性质及其对环境的影响,制订出行之有效的保障方案。

在对旅游地的环境质量进行分析时,可从自然生态环境和人文环境两个方面着手。其中,自然生态环境的分析因子包括大气质量、水质、区域环境噪声、植被覆盖率等;人文环境的分析因子包括经济发展程度、政府的支持程度、社区居民的生活质量及友好程度、地方卫生状况等。通过对这些因素的调查分析,有助于旅游环境容量的测定,对可能造成负面影响的开发方案给予及时的否决或更改完善,提高游客的旅游体验,推动旅游地有效持续的发展。

(三)监督制定旅游环境保障方案

应严格按照各类旅游区环境质量标准的相关规定监督旅游环境保障方案的制订。旅游环境涉及的内容非常广泛,从旅游者的接触范围和对旅游活动的影响来看,主要涉及两大环境——自然生态旅游环境(包括旅游大气环境、旅游水体环境、旅游地质环境、旅游生态环境以及其他自然景观要素)和人文社会旅游环境(包括旅游社会治安环境、政治环境、经济环境、文化环境、卫生环境等),因此所制订的旅游环境保障规划内容既要涵盖对旅游资源的保护,也要强调对当地居民、旅游从业人员和旅游者等利益主体行为的监督和约束。

1. 旅游资源的保护规划

根据《旅游资源分类、调查与评价》(GB/T18972—2003)国家标准,旅游资源可分为8主类、31亚类、155基本类型。各类旅游资源在景观价值、资源禀性上都存在着较大的差异,因此需要对它们予以不同的措施加以保护。

(1)对自然景观类旅游环境的保护

1)对山地景观类旅游环境的保护

在我国现已公布的国家级名胜风景区中,山地景观类的景区占据了50%以上,因此对它们的保护意义重大。此类景区的环境问题较多,如:旅游设施的不断增加和大量游客的涌入对山地生态环境产生了诸多不利影响;东北地区的山地景观受气候影响一旦遭到损坏不易恢复;各种现代化交通设施及水电工程等建设容易造成景观污染,并人为地引发水土流失、山体滑坡等地质灾害;西南喀斯特山地土壤贫瘠,水土保持能力差,旅游业的过度开发会导致荒漠化等问题的产生。

对山地景观类景区的保护主要有以下几个方面的措施：

- 加强对各类建设项目的管理，禁止进行破坏山体环境的任何开采、开发和建设；
- 大力推广“区内游、区外住”的布局原则，即实行景区和接待区的功能分区，在缓冲区和核心区内不得修建任何餐饮及住宿设施，以控制和减少污染源的排放；
- 对允许建造的建筑设施要统一规划、合理布局、精心设计、科学施工，包括建筑布局、形式、风格、材料和色彩等，使之与周围环境协调一致；
- 各类服务设施应配备污水、粪便、垃圾等集中处理设施和器具，以防止对山体及山体周围环境的污染；
- 加强对旅游区(点)及其周围生态环境的建设，提高植被覆盖率，美化整体环境；
- 实行旅游区(点)短期封闭措施，即对那些已经遭到破坏和容易受到破坏的旅游区(点)实行暂时封闭，使它们得到暂时的休养，恢复其自然生态平衡。

2)对水体景观类旅游环境的保护

水体景观类旅游区(点)由江河、湖泊、海洋与海滨、瀑布或泉等一种或多种资源构成，对它们的保护有着不同的侧重点：

- 河湖类旅游区(点)旅游环境的保护

一是要控制工业及生活污水、废水的排放。它们是旅游区(点)水体污染的最大污染源，是环境保障的重点内容。对已有的污染源要使用多种措施加以治理，如：对稍有污染的企业，按照“谁污染，谁治理”的原则，由污染者承担治理职责和费用；对污染严重的企业，采取“关、停、并、转、迁”等强制措施加以处理；对旅游区(点)和居民区产生的日常生活污水和废弃物要予以集中处理，严禁直接排入江河水体中。对有可能造成污染的新污染源，要采取坚决措施，严格限制修建造纸厂、化工厂、制革厂等污染严重的企业，谨慎开发水上旅游活动项目。在农耕地区，引进生态养殖种植技术，防治因化肥滥用造成水体富营养化，引起水质及鱼类或其他生物的大量死亡。

二是要注意河湖的治理。通过河湖截污工程、清淤工程、两岸绿化和护岸工程、上游水源保护工程以及污水处理技术研发、水上旅游交通管制等途径，对河湖水质及整体环境进行治理。

- 海洋与海滨类旅游区(点)旅游环境的保护

一是保护海洋水质及海洋生物多样性。合理利用海洋环境的自净能力，优化各类排污口的分布；对沿海工矿企业和居民生活点所产生的工业、生活污水废水要经过处理并达到一定标准后才予以排放；采取有力措施防止事故性油污染及面源污染；划定海洋自然保护区和海洋生态示范区，强化海洋生物资源管理。

二是保护海滨景观的旅游价值。做好风景区内部规划，尽量采用低密度开发，在建筑物和游乐设施的建设上需要统一规划，保持其建筑风格与环境的协调一致；安排专人对海滩上的各类废弃物予予以及时处理，保证海滩的整洁有序。

- 瀑布类旅游区(点)旅游环境的保护

瀑布是自然山水的结合物，对它的保护主要包括三个方面：一是要保证瀑布水源的涵养，包括对瀑布周边山体和植被的保护，防治水土流失；二是严禁在瀑布上游开办工矿企业，以免造成水质的下降；三是景区周围杜绝建设性破坏。

• 泉水类旅游区(点)旅游环境的保护

泉水景观易受周围环境及其他外来因素的影响,在开发利用时要注意多加保护:一要保护好泉水周围的生态环境,加强水源涵养,保护地表水下渗的通道,防止水质污染;二要处理和解决好泉水景观与工农业生产、居民生活用水的关系,以免发生"争水"的局面。

3)对天象与天气景观类旅游环境的保护

天象与天气景观包括光现象和天气与气候现象,前者包含日月星辰观察地、光环现象观察地和海市蜃楼现象多发地,后者包含云雾多发区、避暑气候地、避寒气候地、极端与特殊气候显示地和物候景观。

对这类旅游区(点)的保护关键在于对气候环境的保护。从大气候的角度看,积极倡导低碳生活,加强大气环境质量管理,改变企业和居民的燃烧方式和能源结构,将污染性较大的能源替换为较为清洁的绿色能源,如将旅游交通车辆升级为无铅汽油和天然气的清洁车辆,减少汽车尾气排放对大气的污染。从区域小气候的角度看,要严格审核和监督景区周围工矿企业的生产运作,鼓励其改革生产工艺,推行清洁生产,防治他们对区域小气候的破坏。

4)对动植物景观类旅游环境的保护

具有生命体征的动植物是这类旅游环境的核心构景要素。对这类资源的保护主要是要维持它们原有的生态系统,让它们在一种稳定的状态下自然繁衍生息,不为外界环境和因素所打扰。

对珍稀濒危动植物的保护,可以通过建立自然保护区的形式进行特殊保护和管理,在保护区的非核心区可适当划出一定区域开展旅游活动;对观赏型或其他普通动植物的保护,可以通过修建动物园、植物园、水族馆及各种繁育中心,加以展示、保存和繁育。除了建立上述这些特殊机构设施对其加以保护外,也可以综合运用生物、化学、物理、工程等多种技术方法。如在对古树名木的保护中,要安排专业人员对其进行复壮和养护管理;全年保持给排水通畅,定期松土、锄草、施肥、修剪、打药驱虫;加强预防措施,避免风雨、冰雪、雷电等恶劣天气对古树的破坏;在有必要的地方设置防护栏,围砌点石,保护古树的生长环境;在树边悬挂宣传牌,宣传相关知识和保护措施。

(2)对人文景观类旅游环境的保护

人文景观类旅游资源包括遗址遗迹、建筑与设施、旅游商品、人文活动四个大类,由它们构成的旅游区(点)在旅游环境保护上各有侧重。

1)对遗址遗迹景观类旅游环境的保护

遗址遗迹具有不可再生性,一旦遭到破坏或失去就无法重新获得。任何复制品都无法取代原生的古迹遗址,因此要以保护管理为主,以开发经营为辅。由于这类资源保护管理难度大、技术水平要求高、环境承载力非常有限,因此对它的保护要贯彻执行"抢救第一、保护为主、合理开发、永续利用"的方针,严格遵守"修旧如旧"的原则,尽量保持其原有的历史风貌。

• 适度加大政府干预,建立专门的保护管理机构,负责日常管理工作,杜绝随意拆毁、占用古迹遗址的行为。

• 提高专业人员的环保意识和业务水平,联合国内外科研机构或高等院校提升相关领域的科研能力。

• 对具有重要价值(包括历史价值、美学价值、科考价值、社会价值等)且濒临破坏的遗址遗迹要实行抢救性保护,使之不再继续被破坏。以就地保护为主,如与新的建设项目发生冲突，则应考虑让后者另选新址。

• 对原址意义并非特别重要且有关系民生的重大建设项目需要在此建造或通过的，可考虑采取异地搬迁保护。

• 对留存的古迹遗址可在保护的前提下进行科学休憩和适当开发，添加新的内涵功用或立碑说明。

• 对已不存在的古迹遗址一般不提倡重建，但可进行一定的测绘和记录留档。

• 保护遗址遗迹的周围环境，进了避免新建项目，对造成污染(包括景观污染)的单位和个人，要责其更改或有计划的迁出。

• 加强修缮和维护，严格控制游客数量，禁止旅游者进入未经维修或缺少保护措施的古迹遗址。

2)对建筑与设施景观类旅游环境的保护

在旅游环境保护方面，建筑与设施类旅游资源主要划分为两大类加以区别对待：一是文物与古建筑类景观；二是其他建筑与设施类景观。

此类的文物与古建筑类景观与遗址遗迹在使用秉性上有着重大区别：前者依然在某种程度上保留着其原始功能，这种功能在民众生活生产中依然有着各自的特有意义，如始建于东晋至今已有1600多年历史的灵隐寺一直以来都有很多信徒前来朝拜，香火长年盛旺，留存了很浓的宗教祭拜意义；而后者随着时代的变迁其原始功能已经发生根本变化或不复存在了，如各类史前人类活动场所。对它们的保护主要从两个层面考虑：

• 一是参照遗址遗迹类旅游区(点)的保护措施，尽量保持文物与古建筑原有的历史风貌、格局和环境氛围。

• 二是注意协调好原有功能保留与现代旅游开发之间的关系，不能本末颠倒，处理好社会效益、文化效益、环境效益与经济效益之间的关系。如在对古街区的开发和保护上，除了要考虑旅游项目开发带来的经济利益，更要保障当地居民的正常生活。

对其他建筑与设施类资源而言，其旅游环境的保护主要是通过合理规划、界定游览时间、划定旅游分区、控制游客数量等方法，体现出并服从于它原本具有的现代科教、文化、体育、交通、水利或行政等功能，实现原功能与旅游功能的资源充分利用。

3)对旅游商品景观类旅游环境的保护

各地旅游商品品种繁多，各局特色，根据其用途来划分，主要有旅游纪念品、旅游用品和旅游耗品三类。

对旅游纪念品而言，其旅游环境的保护主要有以下几个方面：

• 组建专门的调查小组，加强对地方旅游特色商品的挖掘、收集和整理，研发新颖的旅游商品。

• 对已开发的旅游商品，地方政府部门连同相关单位应就它们申请知识产权保护，包括作者权、商标权、地理标志权、外观设计权、专利权等方面的保护。当旅游商品的商业价值引起人们的越发重视时，对其进行知识产权保护就势在必行，否则将严重降低对旅游商品研究和开发的积极性，并造成大面积的旅游商品销售泛滥。

• 在开发旅游商品时，要研究其地方特色、原料取材、制作工艺和外形展示，在考虑消费者偏好的同时，切不可轻易改变其某些特性。

• 走访、寻找民间手工艺人，蓄养传承源头。

• 在旅游商品及其包装的材质上，确保选材的绿色无污染，改良或替代具有污染性的原料。

• 学习、引进新的技术手法和设备，用于旅游商品的开发与保护。

旅游用品是旅游者所购买的在旅游过程中需要使用的商品（如手杖、雨衣等），旅游耗品是旅游者在旅游过程中所消耗的商品（如食品、饮料、消耗性日常生活必需品等）。旅游者对这两类商品的性能要求不亚于其观赏美化要求，因此要着重从原料选材的环保性、制作工艺的地域性、品质内容的实用性、外观效果的愉悦性加以保护。

4）对人文活动景观类旅游环境的保护

人文活动旅游资源包括人事记录、艺术、民间习俗和现代节庆四个亚类和若干个基本类型，除去小部分（如特色服饰）以有形的物质形态存在，它们中的大部分以无形的非物质形态存在，这给其旅游环境的保护带来了一定的难度。

• 各地要在地方政府及相关单位的牵头下，组建专门的调查小组，深入走访基层乡镇各地，广泛地布点拉网进行普查，收集整理相关材料，建立翔实的档案。

• 保护优秀民间艺人，蓄养传承源头。此类资源主要以民间艺人口授身传而得以流传扩散，因此，民间艺人就是此类文化传承的活水源头之所在。政府及相关单位要拨出专款给这些优秀的民间艺人，并鼓励中小学生或社会上的其他人成为后继人才，通过老艺人帮带、请民间艺人授课、举办专题培训班等形式，逐步形成连贯的人才梯队。

• 积极开展并鼓励当地居民参与到各种民间演艺、节庆、赛事和活动中，在条件允许的情况下，吸引旅游者前来参观体验，弘扬并传承本民族或本区域的特色习俗和节庆。

• 鼓励来自民间的社团和个人加入到保护行动中。

2. 测算环境容量，控制客流量

旅游容量是指在可持续发展前提下，旅游区在某一时间段内，其自然环境、人工环境和社会经济环境所能承受的旅游及其相关活动在规模和强度上极限值的最小值。显然，在这个最高限度的"临界点"以下，增加额外的消费人数不会引发问题产生；当超过"临界点"之后，由于存在着负的外溢效应，即外部负效益，增加更多的消费者将减少全体消费者的效用。

（1）国标中的计算方法

《旅游规划通则》(GB/T 18971—2003)中将旅游容量分为空间容量、设施容量、生态容量和社会心理容量四类。对于一个旅游区来说，日空间容量与日设施容量的测算是最基本的要求。

1）日空间容量

日空间容量的测算是在给出各个空间使用密度的情况下，把游客的日周转率考虑进去，即可估算出不同空间的日空间容量。

例如：假设某游览空间面积为 X_i 平方米，在不影响游览质量的情况下，平均每位游客占用面积为 Y_i 平方米 / 人，日周转率为 Z_i，则该游览日空间日容量为

$$C_i = \frac{X_i \times Z_i}{Y_i}（人）$$

旅游区日空间总容量等于各分区日空间容量之和，即

$$C = \sum C_i = \sum \frac{X_i \times Z_i}{Y_i}$$

2)日设施容量

日设施容量的计算方法与日空间容量的计算方法基本类似。

例如：假设一个影剧院的座位数为 X_i，日周转率为 Y_i，则日设施容量为

$$C_i = X_i \cdot Y_i$$

旅游区日设施总容量为

$$C = \sum C_i = \sum X_i \cdot Y_i$$

其中旅游接待设施，如宾馆、休疗养院的日间系数建议为0.4。

3)生态环境容量

生态环境容量的测算是一个比较复杂的问题，但起码要考虑到如下因素：

- 土壤，包括土壤密度、土壤组成、土壤温度、土壤冲蚀与径流。
- 植被，包括植被覆盖率、植被组成、植被年龄结构、稀有植物的灭绝、植被的机械性损伤。
- 水，包括水中病原体的数目与种类、水中的养分及水生植物的生长情况、污染物。
- 野生动物，包括栖息地、种群组成、种群改变、旅游活动对种群活动的影响。
- 空气。

生态环境容量的研究，常采用以下三种方法：

i) 既成事实分析(after-the-fact analysis)：在旅游行动与环境影响已达平衡的系统中，选择不同压力的游客量调查其容量，所得数据用于测算相似地区的环境容量。

ii) 模拟实验(simulation experiment)：使用人工控制的破坏强度，观察其影响程度。根据实验结果测算相似地区的环境容量。

iii) 长期监测(monitoring of change through time)：从旅游活动开始阶段作长期调查，分析使用强度逐年增加所引起的改变。或在游客压力突增时，随时作短期调查。所得数据用于测算相似地区的环境容量。

4)社会心理容量

社会心理容量的主要影响因素是拥挤度。对于它的测算也是一个比较复杂的问题。目前主要有两个模型可以利用：一是满意模型(hyporthetical density)；二是拥挤认识模型(perceived crowding models)。

5)旅游容量的确定

一般对一个旅游区来说，最基本的要求是对空间容量和设施容量进行测算，对生态环境容量和社会环境容量进行分析。有条件的话，也应对后两个环境容量进行测算。如果上述四个容量都有测算值的话，那么一个旅游区的环境容量取决于以下三者的最小值：生态环境容量；社会心理容量；空间容量与设施容量之和。

(2)其他方法

根据不同景区的旅游资源特点，学者们往往对不同区域采用不同的测算方法。例如：成片游览景区采用面积法测算，线性游览区域采用线路法测算，再按景点、景区、公园测算日、年的游客容量。

1)面积法

面积法是以面积为限制性因子的计算模型，适用于游人游览的面状空间。

$$C = \frac{A}{a} \times D \qquad (5\text{-}5)$$

式中：C 为日环境容量（人次）；A 为可游览面积（m^2）；a 为每位游人占有的合理面积（m^2）；D 为周转率（D = 景点开放时间 / 游完景点所需时间）。

2）游路法

游路法是以长度为限制性因子的计算模型，适用于游人只能沿山路步行游览观赏风景的地段。

i）完全游路法

$$C = \frac{M}{m} \times D \qquad (5\text{-}6)$$

式中：C 为环境日容量（人次）；M 为游路全长（m）；m 为每位游客占用合理游路长度（m）；D 为周转率（D = 游路全天开放时间 / 游完全游路所需时间）。

ii）不完全游路法

$$C = \frac{M}{m + m\dfrac{E}{F}} \times D \qquad (5\text{-}7)$$

式中：C 为环境日容量（人次）；M 为游道全长（m）；m 为每位游客占用合理游道长度（m）；D 为周转率，D =（游道全天开放时间 / 游完全游道所需时间）；E 为沿游道返回所需时间；F 为游完全游道所需时间。

iii）瓶颈容量法

$$C = D \times A \qquad (5\text{-}8)$$

式中：C 为环境日容量（人次）；A 为每批游客人数（人）；D 为日游客批数（$D = \frac{t_l}{t}, \frac{t_l}{H} - t_2$；$t_l$ 为每天游览时间；t 为两批游客相距时间；t_2 为游完全程所需的时间；H 为每天开放时间）。

另外，由于不同景区的资源本底不同，对于旅游容量也有不同要求，例如森林、草原、沙漠、海水浴场、滑雪场、溶洞、石窟、古建筑等旅游资源的旅游容量各不相同。对此学者们正在致力研究中。

3. 利益主体的行为约束

（1）以宣传引导为主，增强利益主体的环保意识

对任何行为主体而言，意识和态度决定着他们的行为，而他们的行为又决定着某些事物的最终结果。在区域旅游业的发展规划中，当地居民、旅游者、旅游从业人员等利益主体环保意识的高低直接决定了当地旅游环境保障工作的难度，并最终影响其结果。要提升这些主体的环保意识，就要重视对他们的宣传教育和行为引导，营造出有利于旅游环境保障的舆论氛围。

1）当地居民

对当地居民的宣传引导，主要目的是要改变他们某些不良的传统生活方式。如：将生活垃圾随意堆放路边或直接丢入河流或池塘中，将生活污水和人畜粪便直接倾倒或泼洒在房前屋后的简易小沟里，在作为饮用水水源的溪边清洗衣物或生活物品，林木大量被砍伐以作厨房柴草，容易导致疾病传播的散养家禽、家禽家畜混养的生产方式等。这些生活方式往往在当地居民心中根深蒂固，需要不厌其烦地加以广泛宣传教育，并在政府和企业的

支持下，大力推广各种绿色技术，让居民们主动认识到新科技带来的便利，自发摒弃那些对环境具有破坏作用的生活习惯。

2）旅游者

旅游者是旅游活动的主体，是旅游环境质量的主要评价者和受益者，同时其本身所表现出来的不良旅游行为也会影响到旅游地整体环境以及其他游客的旅游体验。对他们的宣传引导，可以通过电视、报刊、旅游宣传册等实物媒介的宣教，也可以通过旅游从业人员（如旅游饭店服务人员、随行导游等）的口头监督以及其他旅游者的行为引导加以规范和约束。

3）旅游从业人员

旅游从业人员包括旅游企业经营者和旅游企业服务人员。通过缴纳环境责任保证金、评比年终最佳环保企业并予以奖励、组建旅游企业环保协会等形式，力求最大限度地帮助各旅游企业经营者树立环保意识，鼓励他们在企业规划和战略决策中坚持环保理念，积极创新环保措施。对旅游服务人员进行环保宣传教育，不仅可以让他们在自己的工作岗位上为旅游者提供良好的旅游氛围，还可以直接或间接地影响当地居民、旅游者及其他利益主体的行为方式。

（2）完善旅游环境立法，加大执法力度

一个良好的旅游环境，除了需要各方利益主体的环保意识对其加以维护外，还需要国家及各地的法律法规、条例规范来保护其环境，避免环境的破坏。完善旅游环境立法是做好旅游环境保障工作的保证，通过对当地居民、旅游者、旅游经营者及从业人员等行为主体制订行为规范，对他们的破坏行为实行强制性的干涉与惩罚，为旅游者建设打造出经济繁荣、社会和谐、环境优美的旅游环境。

完善旅游环境立法，加大执法力度，离不开当地政府的重视。旅游业是综合关联性很强的产业，在执法过程中，需要得到卫生、质检、公安、城管等其他相关部门的支持和合作，这就需要当地政府统一思想、综合协调，以加大执法力度，提升执法水平，力求执法效果。

（3）灵活运用多种手段，有效控制旅游流

旅游流包括旅游流向和旅游强度（即某旅游节点的旅游规模大小），通过对旅游流的研究分析和有效控制，能够使人类活动在旅游承载力的范围内安全有序地开展，有利于缓和当地的环境压力，促进其旅游业可持续发展，并且在旅游热点地区和温冷地区之间还起到了合理分流客流的效果。

旅游流（尤其是旅游规模）的控制，对区域旅游环境的保障至关重要，必须借以科学有效的方法和措施加以把控。首先，以旅游承载力为依据制订旅游规划，在旅游资源容量、旅游生态容量、旅游经济容量和旅游心理容量的许可范围内，对旅游区进行科学合理的开发；其次，灵活运用多种手段（如价格调控、门票限售或预约、增设配套景点、温冷旅游点的宣传促销等）协调环境与经济、环境与社会等多方利益，有效控制旅游流。

（4）加强服务质量管理，提高从业人员素质

旅游区（点）是旅游者的体验目标，在所营造的旅游整体环境中，旅游者通过对各类旅游对象的游览和旅游服务的体验得到身心上的愉悦与满足。因此，加强各环节服务质量管理，打造良好的人文社会旅游环境，对提高旅游者的感知深度和体验质量具有积极意义。

服务质量有赖于行之有效的员工培训和服务督导，两者共同努力，为旅游者营造和谐温馨的服务环境。员工培训要有针对性，讲究实用性，内容既要涉及岗位基础知识和专业

技能，也要涵盖服务意识、品德修养及其他相关能力，并对其按照轻重缓急加以系统安排，从而提高员工的服务技能和综合素质。服务督导则离不开一套切实可行且便于操作的规章制度、具备相当管理能力且善于沟通的督导人员、科学完善的员工考评机制等构成因素，用以有效激励和约束员工的行为。

【案例分析】

射灯上树，亮了天空害了树

“二沙岛星海音乐厅门前的小榕树上都绑上了射灯，小树能受得了吗？”最近，广州新快报热线陆续接到一批读者的报料，均对广州这种“射灯上树”的做法表示关注……

记者接报后来到星海音乐厅门前的晴波路上，只见珠江沿岸一字排开的小叶榕树上，每棵树都架上了两盏射灯，这些射灯都是用铁线、铁架子固定在树干上的，由于已有一段日子，不少铁线和架子已陷入到树干中去。

记者在晴波路一带随机采访了一些市民。一位来自佛山的游客说，他是白天游玩，主要是看珠江沿岸的景色，不会注意树上的射灯。一位广州市民则说，灯射着树可能不好，但远远看去还是挺美的。而一位来自上海的旅客表示，射灯从地面打光上去最好，不应把灯装到树上去。

据了解，安装这批射灯是广州市“光亮工程”的一部分内容，是由广州市路灯所负责安装的。为了了解“射灯上树”的利弊，记者近日又采访了相关人士。

树木专家：肯定影响树木生长 。

华南农业大学树木研究室庄雪影博士认为：从植物生理学的角度而言，光和热对植物生长都会产生影响，如光照时间的长短对植物开花具有显著的影响。有些植物需要在白昼较短、黑夜较长的季节开花；另一些植物则需要在白昼较长，黑夜较短的季节开花。这两种情况都是植物对自然环境长期适应的结果。在园林实践中，花农常常应用植物的这种特点，通过改变光照时间来调节观赏植物的开花时间。此外，不同颜色的光对植物的生长效果也不同，如青、蓝、紫光对植物的生长有压抑作用，而红光则能促进茎的生长。

说到热，非自然光源发出的热会影响植物本身的“抗逆性”，植物是有生命的，它们用自己的方式去感应外界的变化，如果天气干燥或当天气逐渐变冷时，植物就会进行自我调节——如落叶以减少水分的消耗。而非自然光源发出的热会给树木带来错误的信息，它们会以为，现在天气还很暖和，继续保持旺盛地生长，一旦寒潮突降，因没有足够的抗寒准备，植物会因此遭受冻伤或寒害。

至于用铁丝把灯绑在树干上，因为树皮是树木供养的主要渠道，作用好比人类的血管，如果它们受到的损害很深，受创面积很广，树木就会死去。

因此，长期将射灯或彩灯固定在树体上，会直接影响植物的生长和发育，但有关这种非自然光源对不同植物的影响程度，目前还不清楚。

市路灯所：会适时给树“松绑”。

广州市路灯所的叶先生接受记者电话采访时表示，“射灯上树”是市路灯所请某单位设计的。据他所知，广州市绿化委员会没有参与此方案的拍板。涉及多少树木他也没有统计数据。

当时有没有考虑到树的承受问题呢？叶先生说，有。但实验显示，如果灯光由地面打上去，效果不好，对沿江路的大树尤其如此。所以最后采用了“射灯上树”的办法。他也表示，在没有更好的办法之前，市路灯所会每隔一段时间，就给小树苗“松松绑”。

结合以上材料，请分析以下问题。

请探讨城市旅游开发中，城市生态资源保护和旅游开发的关系。

复习思考

1. 简述旅游政策和法制保障规划的主要内容。
2. 请简述旅游项目投资决策的程序。
3. 请简述旅游人力资源保障的途径有哪些。
4. 举例说明旅游环境保障规划的措施。
5. 请简述旅游可行性研究的作用。

参考文献

[1] 邹统钎.旅游开发与规划[M].广州:广东旅游出版社,1999.

[2] 保继刚,楚义芳.旅游地理学(修订版)[M].北京:高等教育出版社,1999.

[3] 杨振之.旅游资源开发[M].成都:四川人民出版社,1996.

[4] 乌恩,戴尔阜.森林旅游地功能分区规划初探[J].农村生态环境,2001(4).

[5] 徐玉萍.江西国内旅游市场细分策略[J].商场现代化,2007(4).

[6] KOTLER P, BOWEN J, MAKENS J 著;谢彦君译.旅游市场营销(第二版)[M].北京:旅游教育出版社,2002.

[7] 刘晓辉.贵州旅游市场差异化营销分析[J].贵州民族研究,2003(2).

[8] 陆林,曾纪洁.井冈山旅游市场开发规划研究[J].安徽师范大学学报,1999(1).

[9] 程丽辉,李骊明.陕西旅游商品开发及营销研究[J].人文地理,2006(06).

[10] 赵西萍.旅游市场营销学[M].北京:高等教育出版社,1998.

[11] 菲利普·科特勒.营销管理[M].上海:上海人民出版社,2003.

[12] 江波,彭彦琴.整合营销传播的心理优势[J].江西师范大学学报,2002(5).

[13] 金哗.旅游业的整合营销[J].旅游经济,2003 (11).

[14] 周晓龙.营销渠道的作用[J].经济师,2006(5).

[15] 刘锋.旅游系统规划的实施途径与案例研究[J].地理科学进展,2000,19(3).

[16] 郭凤兰.论渠道成员的管理[J].经济论坛,2005(19).

[17] 才书训,王雷震,叶柏青.网络营销[M].沈阳:东北大学出版社,2002.

[18] LIN Y S, HUANG J Y. Internet blogs as a tourism marketing medium: A case study [J]. Journal of Business Research, 2006.

[19] 田勇.中国旅游景区价格管理初探[J].价格月刊,2003 (1).

[20] 李玺.旅游景区定价模式优化研究[J].价格月刊,2005(4).

[21] 李悦.品牌传播中的管理策略[J].中外企业文化,2006(9).

[22] FARQUHAR, P H. Managing Brand Equity[J]. Journal of Advertising Researeh, 1990(8).

[23] 陆娟.现代企业品牌发展战略[M].南京:南京大学出版社,2002.

[24] DOYLE, P. Building Successful Brand: The Strategic Options [J]. Journal of Consumer Marketing, 1990, 7(2).

[25] 梅燕,旅游景区可持续发展新论[J].中南民族大学学报(人文社会科学版),2003,8(23).

[26] 余敏.新时期旅游景区可持续发展研究[J].理论与改革,2003(4).
[27] 沈国鼎,陈德棉.如何提高旅游服务质量[J].江苏商论,2004(8).
[28] 李智虎.谈旅游景区游客服务满意度的提升[J].企业活力,2003(4).
[29] 邓燕萍.论旅游经济发展中的政府作用[J].求实,2005(6).
[30] 陈长.贵州旅游景区营销的现状及对策[J],贵州师范高等专科学校学报(社会科学版),2004,2(76).
[31] 峨眉山管委会课题组,秦福荣等.峨眉山创新旅游营销模式的探索与思考[J].中共乐山市委党校学报,2007(4).
[32] 陈雪钧.旅游景区品牌传播分析[N].北京:中国旅游报,2007-04-09(8).
[33] 郭凤兰.论渠道成员的管理[J].经济论坛,2005(19).
[34] 郭长江等:国内外旅游系统模型研究综述[J],中国人口.资源与环境,2007(4):101-106.
[35] 马勇,李玺.旅游规划与开发[M].北京:科学出版社,2004.
[36] 吴必虎.区域旅游规划原理[M].北京:中国旅游出版社,2001.
[37] 李庚.产业关联:有待释放的潜在功能 中国旅游产业的现实思考[J].旅游学刊,1989,4(2):7-11.
[38] 李天元.旅游学(第2版)[M].北京:高等教育出版社,2006.
[39] 吴必虎.旅游系统:对旅游活动与旅游科学的一种解释[J].旅游学刊,1998,14(1):21-25.
[40] 刘锋.旅游系统规划——一种旅游规划新思路[J].地理学与国土研究,1999,15(1):56-60.
[41] 王家骏.旅游系统模型:整体理解旅游的钥匙[J].无锡教育学院学报,1999,13(1):66-69.
[42] 李学峰,周爱民.投资管理[M].北京:机械工业出版社,2010.
[43] 李瑞,王义民.旅游资源规划与开发[M].郑州:郑州大学出版社,2002.
[44] 吴晋峰,包浩生.旅游系统的空间结构模式研究[J].地理科学,2002,22(1):96-101.
[45] 李文亮,翁瑾,杨开忠.旅游系统模型比较研究[J].旅游学刊,2005,20(2):20-24.
[46] LEIPER N. Tourism Management [M]. Collingwood, VIC: TAFEPublications, 1995.
[47] MILL R C, MORRISON A. The Tourism System [M]. Englewood Cliffs, N J: Prentice Hall,1985.
[48] MITCHELL L. Research on the Geography of Tourism, Travel: A Handbook for Managers and Researchers, Ritchie and Goeld(eds)[M]. New York: John Wiley & Sons,1987.
[49] 王家骏.适用于旅游地理学的一种概念模型[J].地理学报,1994,49(6):561-566.
[50] 王迪云.旅游耗散结构系统开发理论与实践[M].北京:中国市场出版社,2006.
[51] McKERCHER B. A Chaos Approach to Tourism [J]. Tourism Management, 1999, 20:425-434.
[52] 杨新军,刘加明.论旅游功能系统——市场导向下旅游规划的目标分析[J].地理学与

国土研究，1998，14(1)：59-62.
[53] 杨卫武.旅游科学我国休闲旅游业的现状、特征与发展趋势[J].旅游科学，2007(3)：1-4.
[54] 魏小安.中国旅游规划发展的现状与趋势.http://weixiaoan.blog.sohu.com/109067135.html，2009-01-23.
[55] 董观志.中国旅游规划发展历程探析.http://www.ctnews.com.cn/zglybhtml2011—04/29/ content_20613.htm? div=－1.中国旅游报数字版，2011-04-29.
[56] 吴人韦.旅游规划原理[M].北京：旅游教育出版社，1999.
[57] 中国社会科学院财贸研究所重点课题报告[R].用新的发展观指导旅游规划的理论与实践.中国社科院网站，2006-08.
[58] 李瑞等.旅游资源规划与开发[M].郑州：郑州大学出版社，2002.
[59] 许国志.系统科学[M].上海：上海科技教育出版社，2000.
[60] 陆林.旅游规划原理[M].北京：高等教育出版社，2005.
[61] 蔡伟斌.从景观生态学的角度看自然风景区旅游资源规划[J].国土与自然资源研究，2003(1)：62-64.
[62] 刘忠伟，王仰麟，陈忠晓.景观生态学与生态旅游规划与管理[J].地理研究，2001，20(2)：206-212.
[63] 祁黄雄，林伟立.景观生态学在旅游规划中的应用[J].人文地理，1999，14(1)：22-26.
[64] 李蕾蕾.旅游点形象定位初探——兼析深圳景点旅游形象[J].旅游学刊，1995(3)：29-31.
[65] 李蕾蕾.旅游地形象策划理论与实务[M].广州：广东旅游出版社，1999.
[66] 李艳.旅游地形象策划的理论和实践[D].四川：四川大学硕士学位论文，2005.
[67] 住房和城乡建设部标准定额研究所编制.风景名胜区项目评价方法[M].北京：中国计划出版社，2010.
[68] 张立明，胡道华.旅游景区解说系统规划与设计[M].北京：中国旅游出版社，2006.
[69] 魏民，陈战是.风景名胜区规划原理[M].北京：中国建筑工业出版社，2007.
[70] 辛建荣，张俊霞.旅游区规划与管理[M].天津：南开大学出版社，2007.
[71] 付军.风景区规划[M].北京：气象出版社，2006.
[72]吴必虎等编.北京旅游发展总体规划(1999—2010)[R].北京：北京大学旅游开发与规划研究中心，1998.
[73] 全华，王丽华编著.旅游规划学[M].大连：东北财经大学出版社，2003.
[74] 董观志主编.现代景区经营管理[M].大连：东北财经大学出版社，2008.
[75] 赵黎明主编.旅游景区管理学[M].天津：南开大学出版社，2009.
[76] 郭亚军编著.旅游景区管理 [M].北京：高等教育出版社，2006.
[77] 陈才，王斌主编.旅游景区管理 [M].大连：大连理工大学出版社，2011.
[78] 廖建华，贺湘辉主编.旅游景区服务与管理[M].北京：北京交通大学出版社，2011.
[79] 张进福，黄福才编著.景区管理[M].北京：北京大学出版社，2009.
[80] 张凌云著.旅游景区管理 [M].北京：旅游教育出版社，2009.
[81] 王俊鸿，季哲文.旅游企业投资与管理[M].成都：四川大学出版社，2003.

[82] 辛建荣,张俊霞.旅游区规划与管理[M].天津:南开大学出版社,2007.
[83] 马勇,李玺.旅游规划与开发(第二版)[M].北京:高等教育出版社,2006.
[84] 徐虹,康晓梅.旅游企业财务管理[M].大连:东北财经大学出版社,2007.
[85] 张立明.旅游规划与投资决策[M].北京:科学出版社,2006.
[86] 姜若愚,刘奕文.旅游投资与管理[M].昆明:云南大学出版社,2007.
[87] 杨敏,段九利.旅游财务管理实务[M].北京:清华大学出版社,2006.
[88] 新浪财经.http://finance.sina.com.cn/china/dfjj/20110408/09309656852.shtml.
[89] 中国旅游网.